KB186758

대전환

한국 산업기술의 대담한 도전
대전환

지은이 | 한국공학한림원

1판 1쇄 인쇄 | 2019년 12월 5일
1판 1쇄 발행 | 2019년 12월 18일

펴낸곳 | (주)지식노마드
펴낸이 | 김중현
디자인 | 책은우주다, 박희옥
등록번호 | 제313-2007-000148호
등록일자 | 2007. 7. 10

(04032) 서울특별시 마포구 양화로 133, 1201호(서교동, 서교타워)
전화 | 02)323-1410
팩스 | 02) 6499-1411
홈페이지 | knomad.co.kr
이메일 | knomad@knomad.co.kr

값 18,000원

ISBN 979-11-87481-69-0 13320

이 도서의 국립중앙도서관 출판예정도서목록(CIP)은
서지정보유통지원시스템 홈페이지(http://seoji.nl.go.kr)와
국가자료종합목록 구축시스템(http://kolis-net.nl.go.kr)에서 이용하실 수 있습니다.
(CIP제어번호 : CIP2019049035)

* 잘못 만들어진 책은 구입하신 서점에서 교환해 드립니다.

대전환

한국 산업기술의
대담한 도전

Great Transformation

한국공학한림원 지음

축사

우리나라 국가 경제발전을 주도해 온 산업기술의 발자취를 기록한 '한국 산업기술발전사 통사'인 《대전환》의 발간을 진심으로 축하드립니다.

한국 산업기술발전사 통사의 발간은 대한민국 경제발전을 뒷받침해온 산업기술의 역할을 역사적으로 조망하고 대한민국의 산업기술이 재도약 할 수 있는 여러 가지 교훈을 제시하고 있어 매우 뜻 깊은 작업이라고 할 수 있습니다. 그동안 이 책의 발간을 위해 수고하신 한국공학한림원과 편찬위원분들의 노고에 깊이 감사드립니다.

우리의 산업 발전은 '기술입국'을 위해 노력한 공학기술인들의 땀과 헌신이 있었기에 가능한 것이었습니다. 1922년 안창남의 비행기, 59년 금성사의 국내 1호 라디오 'A501', 75년 현대차의 '포니', 83년 삼성전자의 '64kb DRAM' 등은 일제강점기 및 한국전쟁의 폐허를 극복하고 산업강국으로 도약하던 시절에 우리 국민에게 희망과 자신감을 주었습니다. 이제 4차 산업혁명이라는 새로운 도전 앞에 놓여 있는 우리 세대는 후손들에게 어떤 나라를 물려줄 것인가를 고민해야 할 시점입니다.

정부는 현재의 상황과 앞으로의 도전 과제를 엄중하게 인식하고 있으며, 최근 스마트화, 융복합화 등 산업기술 혁신을 통한 "제조업 르네상스 비전 및 전략"을 발표한 바 있습니다. 정부와 공학기술인이 함께 노력하여 산업기술의 발전이 산업현장의 변화로 이어진다면, 우리는 '가보지 않은 길'을 성공적으로 갈 수 있는 혁신역량을 확보할 수 있고 '아무도 흔들 수 없는 나라'를 만들 수 있습니다.

"역사를 잊은 민족에게 미래는 없다"는 단재 신채호 선생의 말씀처럼 역사를 두렵게 여기는 진정한 용기가 필요한 때입니다. 한국 산업기술 발전의 역사에서 교훈을 얻어 미래로 나갈 지침을 구하기를 희망합니다. 다시 한 번 한국공학한림원의 《대전환》 발간을 진심으로 축하드리며, 4차 산업혁명 시대에 한국공학한림원이 한국 산업기술의 발전에 크게 기여할 수 있도록 앞장 서 주시길 바랍니다. 감사합니다.

산업통상자원부 장관 성윤모

발간사

대한민국은 6.25전쟁 이후 눈부신 발전을 이룩하면서 당당히 선진국 대열에 합류하였습니다. ODA 수혜국에서 공여국이 되기까지, 세계가 놀랄만한 성취의 기저에는 산업기술 발전의 역사가 자리 잡고 있었습니다. 하지만 산업기술 발전 역사와 관련한 기록은 희소한 상태였습니다. 이에 한국공학한림원은 산업기술 발전의 역사를 체계적으로 정리·기록하여 후대에 전수하고, 미래에 대한 청사진을 제시하고자 기술 개발 주역들의 목소리를 담은《한국산업기술발전사》를 편찬하였습니다.

현재 세계 경제는 인공지능, 빅데이터, 초고속 통신기술로 촉발된 새로운 패러다임 전환에 직면해 있습니다. 이에 대한민국도 새로운 전환을 모색하고 있지만 현실은 녹록치 않습니다. 경제성장률은 해마다 하락하며 '한강의 기적'을 가능케 했던 도전정신이 위축되고 있다는 걱정이 많습니다. 이에 한국공학한림원은 앞서 편찬한《한국산업기술발전사》를 관통하는 기술발전 프레임을 분석하여 발전 요인을 파헤치고, 기적 뒤의 치열했던 노력을 상기하고자 이 책《대전환》을 발간하였습니다. 서울대학교 이정동 교수가 집필하였고, 여러 전문가들의 감수를 거쳐 완성하였습니다. 대한민국의 기술발전은 그냥 이루어지지 않았습니다. 70년 동안의 끊임없는 도전과 실패를 거울삼아 새로운 도약의 발판으로 삼아야 하겠습니다. 대한민국의 재도약을 기원하며 통사 발간을 위해 애써주신 모든 분들과, 산업기술 발전을 위해 밤낮없이 애쓰셨던 모든 분께 한국공학한림원을 대표하여 진심으로 감사드립니다.

한국공학한림원 회장 권오경

편찬사

우리나라가 광복 후 지난 70년 동안 이룩한 경이로운 경제발전은 수출주도형 산업화에 기반하였으며, 그 핵심 추동력은 세계 시장에서 경쟁할 수 있는 산업기술에 있었음은 자명한 사실이다. 이에 대한 기록은 경제사나 산업사에서 단편적으로 취급된 적은 있으나 본격적으로 산업기술의 변천을 다룬 출간물은 어느 학문에서도 없었다. 세계적으로도 국가 단위의 산업기술을 조명한 저술은 없다. 일본도 2004년에 '산업기술정보센터'를 설립하여 관련 자료를 모으고 있으나 아직 이를 집대성한 책자로까지 만들지 못했다.

2016년 산업통상자원부로부터 '산업기술문화유산사업'을 수탁받은 한국공학한림원(당시 회장 오영호)은 깊은 고민 끝에 어렵지만 우리나라의 산업기술발전사를 편찬하기로 결정했다. 4차 산업혁명으로 산업 패러다임이 급격히 변화하는 시점임을 인식하고, 지난 시간 산업현장에서 기술개발을 이끈 주역들이 퇴역하여 노령에 이른다는 점을 감안하면, 어느 때보다 바로 지금이 자료를 모아 분석·정리하고 주역들의 생생한 경험을 담아 기록으로 남길 적기라고 판단하였다.

처음 시도하는 사업이니만큼 사전 기획이 무엇보다 중요했다. 그래서 우선 '편찬기획위원회'를 구성하였다. 김도훈, 박항구, 손욱, 이은경, 이정동, 장석인, 최영락, 최항순 등 8명이 위원으로 참여해 두 달간 집중적인 논의를 거쳐 편찬기획 초안을 마련하였다. 초안의 주요 내용은 광복 이후부터 2015년까지 지난 70년을 대상 기간으로 정하여, 시대 상황과 국내외 시장, 정책과 제도, 기업가 정신과 인력 및 기술개발 주역 등을 기술발전의 관점에서 분석하여 정리한다는 것이다. 산업기술의 발전 시기를 기본적으로 초창기, 도입기, 체화기, 성숙기, 도약기, 선도기로 구분하되, 해당 기술 분야에 따른 특성에 맞추어 조정하기로 하였다. 또 산업을 10개의 대분류로 나누어 산업별 발전사와 통사 등 모두 11권을 출간하기로 했으며, 집필 수준을 전공 중인 대학생이 이해할 수 있는 내용과 문장에 맞춤으로써 많은 사람과 이 기록을 나누고자 하였다.

다음 단계로 산업별 편찬위원장을 선임하여 해당 편찬위원회를 구성토록 하였다. 10대 산업 분야와 편찬위원장은 다음과 같다. 노승탁(기계), 송달호(운송장비), 권욱현(전기전자), 박항구(정보통신), 추지석(화학), 김학민(소재), 송지용(바이오·의학), 고정식(에너지·자원), 장승필(건설), 임승순·이형주(섬유·식품) 위원장, 그리고 통사는 이정동 교수께 의뢰하였다. 이런 준비 과정을 거쳐 편찬기획위원과 산업별 편찬위원장이 모두 함께 자리하는 전체 편찬위원회의 첫 모임이 2016년 8월에 열렸다. 이 자리에서 편찬기획 초안을 검토하여 안을 확정하였다. 이에 근거하여 각 산업별 편찬위원회는 집필진을 구성, 편찬 작업에 착수하였다.

함께 모여 편찬 방향을 논의하고, 자료를 분석하고, 집필초안을 검토하면서 2년을 훌쩍 넘긴 지난 2019년 초, 드디어 초안이 완성되었다. 그 후 전문가의 감수와 윤문을 거쳤다. 분야별로 차이가 있으나 전체 집필자는 총 277명에 이르고, 감수자는 77명 그리고 11명이 윤문의 노고를 아끼지 않았다. 최종적으로 출판을 맡은 다니기획의 디자인과 편집을 거쳐 2019년 5월 말 드디어 10권의《한국산업기술발전사》가 세상의 빛을 보게 되었다. 이제 산업기술 발전에 대한 이정동 교수의 깊은 성찰을 바탕으로《대전환》이라는 제목의 통사가 출간됨으로써 지난 4년에 걸친 대역사를 마무리하게 되었다.

처음 시도하는 작업이라 미숙한 점도 많고, 짧은 시간 안에 마무리하느라 아쉬움도 남지만, 또 한편으로는 지난 70년간 이 땅에서 이루어진 자랑스런 산업기술 발전의 기록을 11권의 책에 담았다는 뿌듯함도 느낀다. 이는 산업별 편찬위원장을 비롯한 많은 분들이 열정과 자긍심으로 참여해주셨기에 가능했다. 이 분들께 깊은 존경을 표한다. 특히 시작부터 마지막 통사 발간에 이르기까지 편찬기획과 조정, 감수를 열정적으로 맡아주신 편찬기획위원의 모습은 오랫동안 기억에 남아 있을 것이다. 마지막으로 지난 시간 내내 묵묵히 성원해주신 한국공학한림원의 권오경 회장님을 비롯한 임원들, 힘들어도 기꺼이 업무를 수행한 김나래 선임연구원을 비롯한 직원들께 깊은 감사를 드린다.

편찬기획위원장 최항순

또 한 번의 대전환 앞에서 70년을 돌아보다

역사를 기록한다는 것은 두려운 일이다. 자료를 선택하는 일을 비롯해 의의를 발견하고, 켜켜이 쌓인 그 많은 사실의 덤불 속에서 어떤 교훈을 찾아내기까지의 모든 과정은 기록자의 고유한 시각과 책임을 요구하는 일이기 때문이다. 산업기술발전사와 함께한 지난 몇 년은 이 책임감이 무엇인지 날로 깨닫는 시간이었다.

경제사나 산업사와 달리 한국 기술의 놀랍고도 독특한 역사는 지금까지 거의 해석되지 않았다. 이번 통사는 분야를 가로질러 일관된 시각에서 한국의 산업기술 발전 과정을 서술한 첫 해설서로서 의의가 있다. 통사를 쓰기 위해 당시의 주인공을 만나고 자료더미를 더듬는 일은 한국 기술의 수준이 어느 정도이고 그 저력의 근원이 무엇인지를 찾아가는 흥미로운 여정이었다. 원고를 쓰면서는 문장의 율과 격을 따지지 않았다. 지난 몇 년 동안 한국 산업기술의 발전 과정을 추적하면서 받았던 감동과 깨달음, 그럼에도 풀리지 않는 문제를 따라가는 데 충실하고자 했다. 수많은 사실의 뼈대를 추리기 위한 '추상'과 사실들 사이의 빈 공간을 메우는 '상상'을 번갈아 동원하며 한

줄기 교훈을 얻고자 노력했다.

그 고민의 끝에 한국 산업기술의 발전 과정을 '도전과 전환'이라는 키워드로 요약했다. 한국은 누구의 강요가 아닌 스스로의 결정으로 벅찬 목표에 도전했고, 힘겹게 성취하면서 한 칸씩 계단을 밟아 올라갔다. 이러한 미시적인 도전과 성취의 과정 위에서 약 15년 주기로 대전환을 겪으면서 스스로 패러다임을 바꾸어왔다. 그 결과 지금 한국 산업기술의 수준은 그때와 확연히 달라졌다.

이 책의 독자에게 기대하는 바는 다음과 같다. 우선, 한국 기술이 가진 저력은 우리가 생각하는 것보다 깊고 넓다는 점을 깨닫기를 바란다. 또 한 올의 새로운 산업기술조차도 수많은 사람의 끈질긴 도전 없이는 얻을 수 없다는 사실도 알기를 바란다. 무엇보다 오늘의 한국 산업이 있기까지 매 시기 더 높은 봉우리를 향해 한 걸음 한 걸음을 내딛었던 주역들의 땀이 있었음을 기억하길 바란다. 다시 말해, 오늘의 당연한 것이 아무 대가없이 그냥 주어진 것이 아님을 다시금 인식했으면 한다.

통사의 일차적인 목적은 과거를 기록하는 것이다. 따라서 앞으로 무엇을 해야 하는지 방안을 제시하는 것은 목적을 벗어나는 일이다. 이 책도 예외가 아니다. 그러나 한국 산업의 발자취를 찬찬히 돌아보는 동안 오늘과 미래의 얽힌 문제를 풀 실마리를 찾을 수 있을지 모른다.

'도전과 전환'은 과거 한국 산업의 기술발전 과정을 요약하는 키워드이면서 동시에 지금의 우리를 돌아보게 하는 질문이기도 하다.

기술 패권을 둘러싼 전쟁을 앞두고 한국 산업의 생태계와 기술개발의 현장은 어떤 대담한 도전을 하고 있는가. 우리는 한국 산업이 또 한 번의 대전환기에 들어서 있다는 사실을 인식하고 있는가. 나아가 전환의 방향에 대해 국가적 수준의 공감대가 형성되어 있는가. 그런 면에서 이 책은 과거의 성취를 단순히 상찬하는 데 머무르지 않고 미래를 향해 진지한 질문을 던진다. 근거 없는 자기만족과 대안 없는 현실비판 모두 오십보 백보로 도움이 안 되기는 마찬가지다. 과거의 성취를 긍정하되, 버릴 것과 살릴 것에 대한 교훈을 얻어 미래로 나아갈 지침을 구하는 것이 이 책의 궁극적인 목적이다.

저자는 사라지지만 독자는 끊임없이 탄생한다는 말이 있다. 인쇄된 활자는 지금의 형태로 변하지 않겠지만, 이 책을 계기로 또 한 번의 대전환을 이뤄낼 국가적 논의가 활발하게 이루어진다면 계속 살아있는 책이 될 것이다.

지난 4년 동안 통사를 집필하기 위해 많은 사람이 힘을 쏟았다. 이헌준 박사, 김윤영 박사, 여영준 박사, 신기윤 연구원이 손을 바꾸어가며 수년간 함께 하였고, 편찬기획위원분들과 많은 외부 감수위원들이 귀한 시간을 내주었다. 그 외에도 일일이 기록하지 못한 많은 전문가분들이 기획과 감수 단계에서 의견을 더했다. 모든 분께 이자리를 빌어 일일이 고개숙여 감사를 드린다.

서울대학교 이정동

차례

2부 한국 산업기술의 성취와 그 특징

3부 한국 산업기술 발전의 주요 요인

일러두기

한국 산업기술이 수많은 사람들의 참여로 발전했다는 점을 강조하기 위해
기업명이나 인명은 가능한 한 보통명사로 표현하였다.
그러나 미주에서 고유명사를 별도로 제시하였다.

1부

한국 산업기술 발전사를 바라보는 관점

Great Transformation

1장

산업기술 발전사의 거울에 비친 어제와 오늘

한국 산업의 기적적 성장을 가능하게 한 수많은 발자국

한국 산업의 발전은 기적적이었다

:

일제강점기와 전쟁을 겪은 후 한국 산업에 남겨진 것은 황무지였다. 변변한 공장도 없었고, 자본이나 재료는 말할 것도 없거니와 가장 중요한 기술지식과 기술자는 찾아보기 어려웠다. 무엇 하나 제대로 갖추어진 게 없는 텅 빈 공간에서 한국 산업은 불과 70년 만에 전 세계가 부러워하는 산업국가의 대열에 올랐다. 근근이 오징어를 수출하던 나라가 첨단 반도체로 세계를 선도하고, 수입 기술의 매뉴얼을 읽지 못해 애를 먹던 지경에서 세계적인 특허 강국으로 변모했다. 그 결과 대부분의 아프리카 국가들보다 가난하던 나라가 일인당 국민소득 3만 달러의 산업선진국으로 탈바꿈했다. 그것도 변듯한 천연자원이라는 행운도 없이, 게다가 그 짧은 시간에.

개발도상국의 발전을 연구하는 많은 전문가들은 한국의 사례를 마술이나 기적이라고 말한다. 지금도 한국과 같은 기적을 꿈꾸는 많은 개발도상국들은 그 마법같은 레시피가 무엇이었는지 열심히 벤치마킹하고 있다. 그러나 기적은 없다. 단지 기적처럼 보일 뿐이다. 한국 산업의 기적적 성공 이면에는 무모하기까지 보이는 도전과 안타까운 실패, 가슴 뛰는 성취와 쓰디쓴 좌절의 기록이 숨어 있다.

기적 이면에는 수많은 사람의 발자국이 있다

:

영광의 뒷면에는 수많은 사람의 발자국이 어지럽게 찍혀 있다. 발자국의 주인공으로는 기업가와 정책담당자, 연구자, 그리고 무엇보다 산업현장을 밝힌 기술자가 있었다. 허름한 연구실과 실험실, 위험한 생산현장과 낯선 외국 출장지의 작은 호텔방에서 거대한 개미군단처럼 수많은 사람이 각자 맡은 역할대로 벽돌 한 장씩을 집요하게 쌓아 올리면서 한국 기술의 뼈대를 만들었고, 마침내 오늘의 한국 산업이라는 놀라운 건축물을 만들어냈다. 한 사람의 탁월한 영웅은 없었다. 자세히 볼수록 놀라운 점묘화처럼 한국 기술의 역사는 이 많은 사람이 모여 그려낸 치열한 분투의 기록이다.

산업기술 발전사는 기계에서 바이오, 전자, 소프트웨어에 이르기까지 모든 산업의 발전 과정이 동시에 상영되는 멀티플랙스 영화관이다. 동시에 한 분야의 기술이 다른 분야의 기술과 앞서거니 뒤서거니 서로 얽히면서 영향을 주고받는 대하소설이기도 하다. 본 서는 5천 페이지가 넘는 산업기술 발전사를 압축하여 분야가 다름에도 불구하고 기술발전의 이면에서 공통적으로 관찰되는 특징과 교훈을 갈무리해 정리하고자 한다. 아울러 기적이라는 표현 뒤에서 자칫 잊기 쉬운 한 가지 사실, 즉 끊임없는 도전과 전환이 누구도 쉽게 갈 수 없는 가시밭길이라는 점을 간절하게 이야기하고자 한다.

산업기술 발전사가 드러내는 더 깊은 지층의 이야기

표층의 경제사, 중층의 산업사, 그리고 심층의 산업기술 발전사

:

국가는 경제 발전과 산업 발전, 그리고 기술발전이 서로 다른 깊이의 층위를 이루면서 성장해 나간다. 경제 발전은 표층의 성장 결과를 보여준다. 산업 발전은 중층에서 이 표층의 경제 발전 내용이 무엇으로 이루어졌는지를 드러내고, 기술발전은 더 깊은 심층에서 다시 이 산업 발전이 어떤 기술의 힘을 기반으로 이루어진 것인지를 보여준다. 이 세 층위는 서로 영향을 주고받는다. 쉽게 말해, 한 국가 경제의 프레임이 얼마나 혁신지향적인지에 따라 산업발전과 기술발전의 양상이 달라질 수밖에 없고, 반대로 기술의 발전 수준이 결과적으로 산업 및 경제 성장이라는 결과로 표출되기도 한다. 표층의 경제사나 중층의 산업사와 달리 심층의 기술 발전사는 느리지만 강한 추세로 움직이는 특성이 있고, 그래서 기술경쟁력의 추세는 경제와 산업의 성장잠재력을 가늠하는 데 가장 중요한 잣대가 된다.

그간 한국 경제나 한국 산업의 발전 과정을 요약한 자료가 적지 않았으나 한국 기술의 발전 과정을 다룬 자료는 상대적으로 빈약했다. 무엇보다 분야마다 기술의 특성이 극히 다르고, 전문가가 아니고서는 접근이 어려운 내용이 많기 때문이다. 이런 어려움에도 불구하고, 한국의 성장을 이해하기 위해서는 심층적인 역사로서 기술발전의 과정을 요약한 산업기술 발전사를 반드시 들여다봐야 한다.

기술발전은 국가 발전의 전제조건이다

:

산업기술 발전사는 한국 경제와 한국 산업의 기적적인 성취를 만들기 위해 성공이라는 막 뒤에서 기술이 어떻게 발전했는지 그 이면의 논리를 보여준다. 중동의 국가처럼 기술발전 없이도 천연자원만으로 높은 소득수준을 달성하는 국가가 없지 않지만, 기술발전 없이 지속적으로 성장할 수 있는 나라는 없다. 대부분의 개발도상국 사례에서 보듯이, 외국인 직접투자를 받아 대규모 공장들을 짓는다 하더라도 외형적으로야 경제 규모를 확대시킬 수 있겠지만 그 역시 이면의 기술발전이 뒷받침되어야 글로벌 시장에서 경쟁할 수 있는 산업을 가질 수 있다. 기술발전이 국가 성장의 모든 것은 아니지만 필수적인 전제조건이라는 데 전문가 사이에 이견이 없다. 그래서 산업기술 발전사는 한국의 발전을 이해할 수 있는 깊은 지층의 비밀을 드러내 보여주는 귀중한 사료이다.

더구나 산업기술의 발전 과정을 들여다보면 일인당 국민소득이나 첨단산업 수출액과 같은 겉보기 수치에 가려 잘 보이지 않는 연구실과 실험실, 생산의 현장이 보인다. 또한 이 생산현장에서 오랜기간 도전과 실패를 거듭한 연구자, 기술자, 기업가와 정책담당자의 지난한 분투의 노력도 세세하게 잘 보인다. 그런 의미에서 산업기술 발전사는 한국 경제의 성장이라는 거대한 스테인드글라스의 유리 조각 하나하나를 세밀하게 보여주는 미시적 역사로서도 가치가 있다.

묵은 별빛을 타고 미지의 바다로

도입, 체화, 자체기술로 발전한 유일한 성공 사례

:

많은 개발도상국이 부러워하는 오늘날 한국 산업의 규모와 기술 수준은 희미한 별들이 가득한 밤하늘에서도 단연 빛나는 별빛이다. 그러나 이 별은 어느 날 갑자기 반짝이게 된 것이 아니라 끈질기게 도전하면서 한 발씩 걸어온 인내의 결과물이다. 한두 걸음 나아간

듯하다가 다시 되돌아오고 또 나아가는 오랫동안의 인내를 견뎌내고 지금에야 빛나는 묵은 별빛이 바로 한국 산업과 기술의 오늘이다. 그 힘으로 오늘도 산업의 현장 그 어느 곳에는 기술개발의 난제와 씨름하고 있는 수많은 연구자와 기술자가 있다. 그 저력으로 한국 산업은 또 한 걸음 나아갈 것이다.

지금까지의 성취를 되돌아보는 것은 항상 달콤하다. 그러나 어제의 발자취가 내일의 성공을 보장하지는 않는다. 한국 산업기술은 도입기술, 체화기술, 자체기술로 빠르게 전환해왔으나 기본적으로는 선진국에서 검증된 개념 내지 기준에 근거한 경우가 많았다. 즉 선진국에서 개념을 제시한 기술을 가져와서 학습하거나, 스스로의 노력으로 개선하거나, 선진 기술의 수준을 뛰어넘는 것을 목표로 해왔다. 이 단계까지 다다른 개발도상국이 한국을 제외하고는 아직까지 없다. 그 과정이 그만큼 힘겹다는 증거이고, 우리가 스스로를 자랑스럽게 여길 충분한 근거가 된다.

한국 산업기술은
대전환의 시점에 들어섰다

:

그러나 이제 한국 산업 앞에는 지금까지와는 그 결을 달리하는 도전과제가 놓여 있다. 선진국에서 이미 검증된 기술과 상품을 기준 삼아 같거나(good), 더 잘(better) 만드는 것은 우리의 목표가 될 수 없다. 그들도 아직까지 시도해보지 못했던(unique) 기술과 상품에 도전할 단계가 되었다. 발자국이 없는 눈밭에 처음 길을 내는 사람처럼 실패를 각오하고 더 대담하게 시도하면서, 끈질기게 한 걸음씩 나아가는 자세가 필요하다. 다른 말로 하면 지금 우리는 또 다른 대전환기에 들어서 있다. 새로운 개념으로 게임의 룰을 바꾸는 기술, 즉 진정한 선도기술을 목표로 산업의 패러다임을 바꾸어야 할 때다.

우리는 아무것도 없는 황무지에서 오늘의 기적을 일구었다. 더 앞으로 나아가기 위해서는 목표도 접근 방법도, 아니 그간의 모든 관행 자체를 다시 살펴보고 바꿀 것은 과감히 바꾸는 환골탈태의 전환이 필요하다. 그러나 지금까지 매번 도전적 목표를 설정하고 끊임없이 시도하면서 한 걸음씩 성취해왔던 그 깊은 원리만은 기억해야 한다. 또 스스로를 되돌아보면서, 패러다임 전환이 필요하다는 공감대와 국가적으로 모든 주체가 함께 이루어냈던 성공적인 탈피의 경험은 소중히 간직해야 한다. 도전과 전환. 이것이 한국 산업기술 발전사의 깊은 우물로부터 길어낸 빛이다. 새로운 대전환의 시기를 맞아 미지의 바다로 다시 출항하는 한국 산업계가 지침으로 삼을 미래의 빛이기도 하다.

한국 산업기술 발전사의 전개방식

산업기술 발전의 이론, 결과, 원인, 전망

:

활짝 핀 꽃만 보고서 씨앗과 성장 과정을 짐작하기란 어려운 일이다. 게다가 이에 대한 어떤 기록도 없다면 막막함과 어려움이 오죽할까. 한국 산업 및 기술의 발전을 되돌아보는 일도 마찬가지다. 현 시점에서 정신없이 압축성장한 한국 산업과 기술이 반세기도 더 전에 어떤 씨앗으로부터 어떤 과정을 거쳐 오늘에 이르렀는지 복원해내는 것은 언뜻 무망한 일처럼 보인다. 그러나 다행스럽게도 300명에 가까운 경험자들이 5천 페이지에 이르는 상세한 기록을 한국 산업기술 발전사의 10개 분과 보고서로 엮어냈다. 이를 기본 자료로, 한국 산업기술의 발아부터 개화까지의 과정을 다음과 같은 목차로 그려내고자 한다.

2장에서는 성공적으로 압축성장한 한국 산업기술의 발전 과정을 어떤 관점으로 해석해야 하는지에 대한 개념적 틀을 제시한다. 결론적으로 한국의 산업기술은 도전하면서 한 단계씩 성취해왔고, 시기가 무르익었을 때 국가적 패러다임의 전환을 이루어낸 동적 변화의 역사라는 점을 제시한다.

3장에서는 한국 산업기술이 얼마나 빨리 발전했는지를 전과 후를 비교하듯이 몇 컷의 장면을 모아 살펴본다. 경제 성장이 얼마나 빨리

1부	서론	1장 산업기술 발전사에 비친 어제와 오늘
	이론적 틀	2장 도전과 전환의 역사
2부	외형적 성장의 모습	3장 한눈에 보는 산업기술 발전의 드라마
	성장 과정의 특징적 패턴	4장 한국 산업기술 발전의 특징
3부	발전 요인	5장 생산과 기술의 공진 6장 기술개발에 대한 투자 7장 인적자원의 육성 8장 해외기술의 활용 9장 글로벌 시장에 도전 10장 기업가 정신의 발현 11장 정부의 정책적 지원
4부	미래 도전과제	12장 한국 산업기술 발전의 미래

▪ — 한국 산업기술발전사 통사의 구조

이뤄졌는지, 산업과 상품이 얼마나 빨리 고도화됐는지, 기술 수준이 얼마나 빨리 발전했는지, 그리고 마지막으로 기술혁신시스템이 얼마나 빨리 성숙했는지를 톺다운 방식으로 일별한다.

4장에서는 다른 나라와 달리 한국의 산업기술 발전 과정에서 고유하게 나타나는 특징을 정리해서 제시한다. 황무지에서 출발했다는 점, 단순도입에서 자체개발까지 순차적으로 기술이 발전했다는 점, 글로벌 기술주도권을 이전 받았다는 점, 오랜 시간 끈질기게 도전한 사례가 많았다는 점, 연관 분야 산업기술이 동시에 발전했다는 점, 최종재에서 부품소재로 기술이 심화되었다는 점, 그리고 위기를 도약의 기회로 활용했다는 점 등 7가지를 특징적 패턴으로 살펴본다.

이런 특징적 패턴과 함께 한국 산업기술이 어떻게 성장할 수 있었는지를 현실적인 자료를 바탕으로 정리하기 위해 핵심요인을 선정하였다. 이 7가지 요인은 다음과 같다. 생산과 기술의 공진, 기술개발에 대한 투자, 인적자원의 육성, 해외기술의 활용, 글로벌 시장에 도전, 기업가 정신의 발현, 정부의 정책적 지원이 바로 그것이다. 5장에서부터 11장까지는 각 요인별로 산업기술 발전 과정상에서 기술도입부터 자체개발까지 어떤 도전과 성취가 있었는지를 중심으로 살펴본다.

마지막 12장은 앞으로 한국 산업기술이 나가야 할 길에 놓인 과제에 대해 전망한다. 지금까지 한국 산업기술이 겪어낸 도전과 전환의 역사는 그 자체로 자랑스러운 기억이기는 하지만, 현재 한국 산업은 또 다른 대전환의 시기를 맞고 있다는 문제의식을 제시한다. 이전의 성공적인 전환 때와 마찬가지로, 국가적인 패러다임 전환의 공감대를 바탕으로 모두의 변화가 요구되는 시점이라는 것을 마지막 결어로 제시한다.

2장

한국 산업기술 발전사의 해석: 도전과 전환의 역사

산업기술의 발전 단계

도입, 체화, 자체, 선도기술의 발전 단계

:

개발도상국의 산업기술 발전 단계는 크게 도입, 체화, 성숙, 도약, 선도로 구분된다. 이 책에서는 이를 더 단순화하여 도입기술, 체화기술, 자체기술, 선도기술의 4단계로 구분하여 설명한다.[1]

순수과학기술과 달리 산업기술의 발전 과정을 살펴보는 데 있어서는 생산과 기술이 함께 발전한다는 점을 염두에 두어야 한다. 즉 씨줄과 날줄이 번갈아 놓이면서 아름다운 무늬의 천이 완성되는 것처럼 한국 산업기술의 발전 과정은 생산과 기술이 서로를 뒷받침하면서 도입, 체화, 자체기술로 발전해나가는 역사이다. 이를 고려하여 산업기술 발전의 과정을 다음 그림과 같이 간단히 나타낼 수 있다.

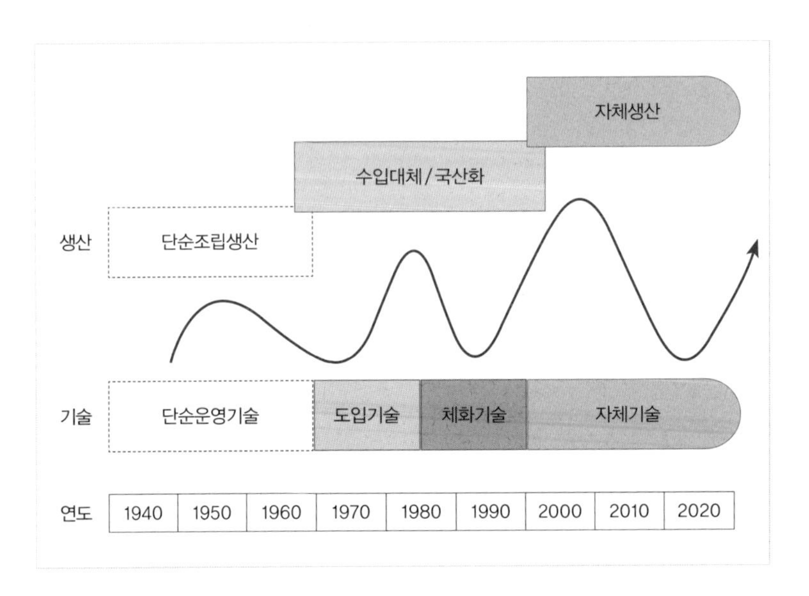

▪ — 한국 산업에서의 기술과 생산의 공진화 과정

산업기술의 각 발전 단계의 특징은 다음과 같다. 기술 수준이 아주 미약한 초기 단계에는 단순조립생산에 주력하고, 이를 뒷받침하기 위한 최소한의 운영기술이 존재한다. 본격적인 산업기술은 '도입기술' 단계에서 출발한다. 산업발전이 본격화되면 일단 생산현장을 만들고 가동시키는 일이 우선인데, 이때 필요한 기술은 대체로 선진국에서 도입한 기술이다. 이 과정에서 도입된 매뉴얼을 학습하기 시작하고, 기술 연수나 지도 등의 방식으로 기술의 원리에 조금씩 다가가기 시작한다. 생산경험이 누적되면서 도입기술에 자체 노하우가 조금씩 쌓이기 시작한다. 생산에 있어서는 대체로 위탁생산을 주로 하되, 조금씩 국산화가 진전된다.

다음 단계는 '체화기술' 단계다. 선진 기술을 단순도입해서 이용하는 단계를 넘어 원리를 해석하고 흡수해 유사하게 만들 수 있거나, 학습한 원리에 근거해 일부 변형 혹은 개선할 수 있는 수준의 단계를 의미한다. 선진 기술의 기본 원리를 원형에 가깝게 복제할 수 있는 것 자체가 중요하기 때문에 기술 대체나 기술 국산화라는 개념에 가깝다고 할 수 있다. 이렇게 체화된 기술로 생산된 상품은 여전히 선진국 제품의 수준과 품질 면에서 차이가 있으나 비용이 낮기 때문에 괜찮은(good enough) 상품이라는 평을 듣게 된다. 기본적인 상품에서는 상당 부분 국산화로 수입대체가 이루어진다.

다음 단계는 '자체기술' 단계다. 기술 경험이 조금씩 더 쌓이면서 선진 기술의 원리가 상당 부분 파악되면, 선진 기술과 유사한 수준의 기술을 스스로 개발할 수 있게 된다. 일부는 선진 기술과 목표는 같되 접근법을 달리 하는 대안적인 기술을 개발하기도 한다. 여전히 선진 기술이라는 벤치마크를 목표로 하고 있지만, 스스로 만든다는 점을 강조하기 위해 자체기술이나 독자기술이라는 표현을 사용하는 게 적합하다. 자체기술을 개발한 경험이 지속적으로 축적되면 선진 기술 수준보다 높은 수준의 품질을 가진 상품을 만들어내거나, 선진국에서 개발된 원천기술을 최초로 상용화하기도 하고, 기술적으로 연관된 신산업 분야로 진출하는 사례도 나타난다. 이처럼 자체기술로 만든 상품은 품질 면에서 선진국 제품과 비교 가능한 수준으로 평가되므로 대체로 좋은(good) 상품이라는 평을 듣고, 더 우수한(better) 상품이라는 평가를 받는 경우도 등장한다. 생산에 있어서도 국산화와 수입대체를 넘어 자체기술에 근거한 자체생산 혹은 독자생산이 이루어진다.

마지막 단계는 '선도기술' 단계다. 선도기술은 새로운 산업을 창출하거나 기술 패러다임을 제시하면서 이끌고 나가는 기술을 말한다. 이미 알려진 기술의 프론티어를 뛰어넘어 게임의 룰을 앞장서 바꿔나간다는 의미를 강조하기 위해 '선도'라는 표현을 쓴다.

한국 산업기술은 도입, 체화, 자체기술로 발전했다

:

한국의 산업기술도 도입에서 체화를 거쳐 자체기술이라는 개도국 기술발전의 전형적인 패턴을 따라 진화했다. 여타 개도국과 결정적으로 다른 점은 그 놀라운 진화 속도다. 일제강점기와 한국전쟁이 끝난 뒤에도 한참 동안 현대적 의미의 산업이 자리를 잡지 못했다. 산업활동이 본격적으로 시작된 때는 사실상 1960년대로 볼 수 있는데, 이때 여러 산업의 원형이 싹트기 시작했다. 당시 산업활동을 뒷받침하는 기술은 기반이 없어 해외 선진 기업에 위탁하거나 단순 이용자로서 활용하는 데 만족하는 수준이었다. 1970년대 이후 중화학공업의 틀을 만들면서 이에 필요한 해외기술을 능동적으로 도입·학습하였고, 이때부터 한국 기술의 뿌리가 본격적으로 뻗어나기 시작했다. 1970년대 초반부터 1980년대 중반까지의 이 시기를 '도입기술' 시대라고 할 수 있다. 단순 기술에서부터 점차 복잡한 기술로 도입기술의 수준도 높아지고, 운영의 경험도 쌓이면서 학습 분야도 늘어갔다. 1980년대 중반 이후 1990년대 말까지 도입을 넘어서서 적극적인 '체화기술'의 단계로 들어서게 된다. 체화 과정은 선진 기술의 원리를 이해하고 일부 변형할 수 있게 되면서 기술 자립으로 이어지는 과정을 일컫는 말로, 본격적인 연구개발투자가 이루어진 시기를 가리키기도 한다. 2000년대로 들어서면서 그간 쌓아온 역량을 바탕으로 선진 기술과 같은 수준을 스스로 만들어가는 자체기술의 시대가 열린다.

산업기술 발전사의 분과별 보고서를 보면 분야에 따라 조금씩 다른 구분 명칭을 사용하고 있기는 하지만 대체로 앞에서 설명한 도입기술, 체화기술, 자체기술의 단계별 발전 과정을 찾아볼 수 있다. 흥미롭게도 분과별 보고서에 의하면, 일부 예외가 있음에도 불구하고 평균적으로 볼 때 선도기술에 완전히 이르렀다는 표현은 드물게 나타난다. 즉 다양한 분야의 전문가들은 한국의 산업기술이 2000년대 이후 현재에 이르기까지 선진국 기술과 비교할 만하거나 더 높은 수준의 자체기술에 이르렀다고 생각하지만, 대부분의 경우 선도기술 단계에는 진입하지 못했다고 판단하고 있다. 산업과 기술의 트렌드를 지배하는 선도기술이란 과연 무엇이고, 그 단계에 이르기 위해 지금부터 무엇을 해야 하는지를 숙고하는 것은 이 시대를 사는 우리에게 주어진 과제다.

한국 산업기술 발전 키워드 1
대담한 도전과 끊임없는 시도

대담한 도전과 끊임없는 시도로 하나씩 성취해갔다

:

한국 산업기술의 단계적 발전은 한국이 아닌 그 어떤 국가라 하더라도 저절로 그렇게 발전하게끔 되어 있는 자동 과정이 아니다. 도전하고자 하는 의지와 끈질긴 시도가 결합할 때 거둘 수 있는 의도적인 노력의 산물이었다.

우선 '도전'을 들여다보자. 빈터 앞에서 망연자실 맥 놓고 있어서는 아무 일도 일어나지 않는다. 일단 공장을 짓고 무언가를 만들고자 마음을 먹을 때 도전 의지는 생긴다. 필요한 돈을 빌려야 하고, 사람을 모으고, 없는 기술은 배우거나 베껴서라도 구해야 한다. 한국 산업기술의 발전 과정을 살펴볼 때 1970년대에서 1980년대 중반까지 도입기술의 단계에서 발현되었던 것이 바로 이 도전의식이다.

이러한 출발 의지는 비단 도입 단계에서만 유용한 것이 아니다. 일단 생산이 궤도에 올랐더라도 막연히 배워온 기술에 만족하지 않고, 스스로 원리를 찾고 내 것으로 만들고자 노력하는 체화기술의 단계에서도 결정적으로 중요한 역할을 한다. 사실 대부분의 개발도상국이 외국자본에 의지해 생산 기반을 만들고 나면, 도입한 기술을 수동적으로 쓰는 데 만족하고 거기서 멈추는 것이 일반적이다. 이를 감안하면 가져온 기술에 안주하는 쉬운 길을 마다하고, 기술을 체화하고 스스로의 힘으로 복제하고자 용기를 내는 것이 말처럼 쉽지 않다는 것을 알 수 있다.

게다가 한 걸음 더 나아가 선진국 기술과 비교 가능한 독자적인 자체기술을 만들기 위해 스스로 연구하고 실험하는 단계로 발걸음을 떼는 일 또한 도전 의지가 없으면 불가능한 도약이다. 이 도전의 결과 선진국 상품과 같은 수준이거나 심지어 성능이 개선된 상품을 내어놓는 자체기술의 단계에 이르게 된다.

생산현장을 조성하고, 기술을 내 것으로 만들고, 나아가 자체기술을 만들어내는 매 단계에서 그냥 머물러 있고 싶은 강력한 관성을 떨치고 새로운 도전에 나서는 의지야말로 한국 산업기술 발전의 단계별 성장을 뒷받침한 결정적인 힘이었다.

둘째, '끊임없는 시도'가 있었기에 한국 산업은 여기까지 올 수 있었다. 대담한 도전은 시작일 뿐 그 결과를 얻기까지의 과정은 지난할 수밖에 없다. 마음먹은 대로 금방 될 기술이었다면 애당초 도전할 필요조차 없었을지 모른다. 한국 산업기술 발전사의 이면에는 각 단계를 지나는 동안 그 어떤 개발도상국도 버텨내지 못했을 끊임없는 시도의 과정이 있었다. 그 기간 동안 스스로 기술을 만들어낼 수 있는 근육이 한 가닥씩 늘어났다.

이런 과감한 도전, 끈질긴 시도, 그리고 성취의 과정은 거기에 참여한 모든 사람의 공감대가 있었기에 현실이 되었다. 그래서 놀라운 한국 산업기술 발전의 역사는 생산과 기술이 공진하면서 도입기술,

체화기술, 자체기술로 진화하는 논리적인 과정인 동시에 그 과정을 힘겹게 밀어올린 도전적인 사람들의 역사이기도 하다. 이 원리는 앞으로 정복해야 할 선도기술을 개발해야 하는 과정에도 동일하게 적용된다. 다만, 어떤 도전을 할지, 그리고 끈질기게 시도할 수 있는 환경을 어떻게 만들지는 고민해야 할 숙제이다.

한국 산업기술 발전 키워드 2
대전환의 역사

세 차례의 대전환이 있었다

:

한국 산업기술 발전사에 등장하는 수많은 기술 하나하나는 앞서거니 뒤서거니 단계를 밟아가면서 제 나름의 속도로 발전했으나, 거시적으로 보면 세 번의 패러다임 대전환을 겪었다. 이 변화를 특별히 '패러다임' 대전환이라고 할 수 있는 이유는, 각 전환의 시기 전과 후를 비교했을 때 기술개발의 목표와 전략뿐만 아니라 산업을 지배하는 루틴이 전반적으로 달라졌기 때문이다.

'1차 전환'의 시기는 산업발전을 본격적으로 시작한 1970년대 초 규모의 경제를 갖춘 생산 기반을 건설하고, 이에 필요한 기술을 과감히 도입하는 전략을 펼치는 때였다. 1960년대까지의 상황이 계속된다면 자칫 농업과 단순 하청제조업 정도에 머무를 수 있었지만, 1970년대에 들어서면서 국가적으로 현대적 산업의 기반이 필요하다는 공감대가 형성되었고 누구랄 것 없이 생산현장을 건설하고 선진 기술을 학습하는 데 최선을 다했다. 교육체제를 바꾸고, 금융이 자금을 공급하고, 정부는 정책으로 기업가와 기술자를 지원했다. 그 덕에 1980년대 초반에 이르러서는 중진국 수준의 생산현장과 선진국 기술을 벤치마킹할 정도의 기술 수준이 되었다.

'2차 전환'은 도입기술에서 체화기술로 패러다임이 바뀌는 1980년대 중반에 일어났다. 1980년대 초부터 기술역량이 뒷받침되지 않고는 선진국에 도달할 수 없다는 공감대가 형성되었고, 이를 계기로 정부와 민간 모두 선진 기술의 원리를 파악하고, 이를 우리 것으로 만들기 위해 총력을 다 하는 때였다. 민간과 공공의 연구개발 투자가 본격화되고, 대학과 연구소가 본격적으로 앞서 내달리기 시작하였다. 기업도 선진국 기술을 자신의 힘으로 만들기 위해 뛰어들었다.

'3차 전환'은 체화기술에서 자체기술로 패러다임이 바뀌는 2000년대 초의 시기다. 이때부터 선진국 기술 수준을 달성 가능한 목표로 두고 한 차원 높은 기술개발에 매진하기 시작했다. 선생님이었던 선진국과 대등한 차원의 협력관계를 형성하면서 대안적이고 독자적인 기술역량을 키워나갔다. 특히 디지털 기술을 중심으로 일부 분야에서는 선진국 기술 수준을 뛰어넘는 목표를 설정하기 시작했다.

각 분과보고서에 기록된 여러 분야 전문가들의 통찰을 종합하면 평균적으로 볼때 우리 산업이 자체기술 단계에는 올랐으나 선도기술 단계에 완전히 올랐다고 보기는 어렵다. 그렇다면 한국 산업기술은 지금 자체기술에서 선도기술로 넘어가는 네 번째의 대전환기에 있다고 볼 수 있다.

지금까지 한국 산업기술이 겪어낸 3차에 걸친 전환과 지금 겪고 있을지도 모르는 4차 전환을 기술발전 단계와 함께 표시하면 다음과 같다. 이 그림에서 선도기술에 물음표를 추가한 것은 선도기술의 정체가 무엇인지, 또한 자체기술에서 선도기술로의 패러다임 전환이 왜 이루어지고 있지 않은지 그 이유를 깊이 성찰해야 한다는 뜻을 강조하기 위해서다.

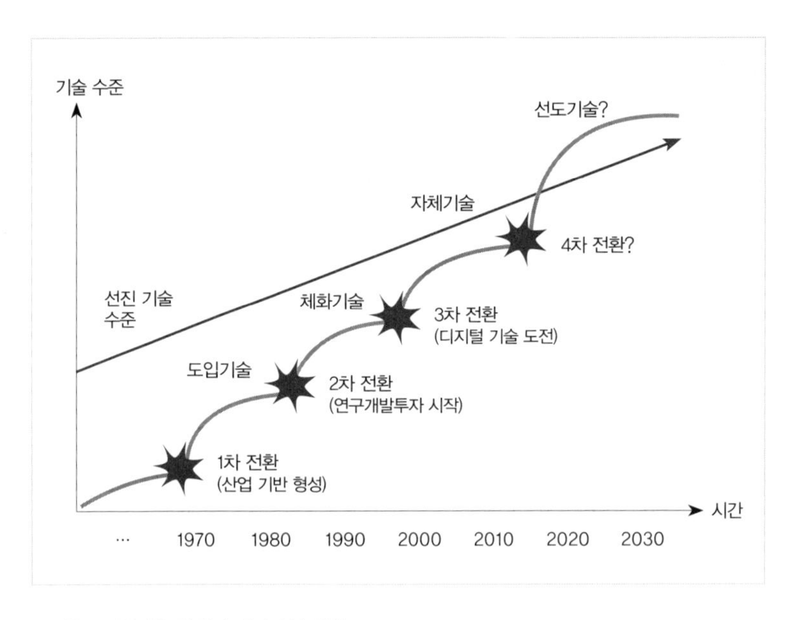

▪—**한국 산업기술 발전의 패러다임 전환**

한국 산업기술 발전을 설명하는 4대 성과, 7대 특징, 7대 요인

외형적 발전의 결과
:

한국의 산업기술이 급속히 성장한 과정은 4대 성과, 7대 특징, 그리고 7대 요인으로 설명된다. 먼저 4대 성과는 외형적으로 드러난 성과로서 표층에서부터 심층까지 순서대로 다음과 같이 정리할 수 있다.

- 경제적 발전
- 산업의 고도화
- 기술역량의 성장
- 혁신시스템의 고도화

드러난 특징적 발전 패턴
:

이 책에서 말하는 '산업기술 발전 과정의 특징'은 다른 많은 개발도상국과 달리 한국에서 관찰되는 특정한 패턴을 가리키는 것으로, 겉으로 드러난 한국의 발전 현상을 요약한 것이다. 다음과 같이 7가지로 정리할 수 있다.

- 황무지에서 출발

- 단순도입에서 자체기술로
- 글로벌 기술주도권의 이전
- 끈질긴 시도
- 연관 분야 산업기술의 동시 발전
- 최종재 기술에서 부품소재 기술로
- 위기를 도약의 기회로

기술발전을 설명하는 요인

:

이러한 특징적 패턴을 보이면서 산업기술이 발전해왔는데, 그 원인을 살펴보기 위해서는 전통적으로 산업기술 발전에 영향을 미치는 것으로 언급되어온 요소를 빠짐없이 살펴볼 필요가 있다. 이론적으로 기술발전을 위해서는 기술개발투자, 인적자원투자, 정부정책의 역할이 중요한 것으로 간주되어 왔다. 여기에 더해 순수과학이 아닌 산업기술의 특성을 감안하여 생산과 기술의 공진 관계를 살펴볼 필요가 있다. 또한 한국 산업은 해외로부터 기술을 도입하고, 수출시장에서 기회를 찾았다는 특징이 있기 때문에 해외기술의 도입과 글로벌 시장에의 도전을 추가적으로 살펴보아야 한다. 마지막으로 인간이 가진 의지의 힘을 보여주는 기업가 정신의 발현을 살펴볼 필요가 있다.

이를 고려하여 다음과 같이 7가지 요인을 중심으로 한국 산업기술의 발전 비결을 요약하고자 한다. 이들 요인은 도전과 전환의 한국

산업기술 발전 과정을 다시 되짚어 볼 수 있는 안내지도 같은 역할을 할 것이다.

- 생산과 기술의 공진
- 기술개발에 대한 투자
- 인적자원의 육성
- 해외기술의 활용
- 글로벌 시장에 도전
- 기업가 정신의 발현
- 정부의 정책적 지원

2부

한국 산업기술의 성취와 그 특징

Great Transformation

3장

한눈에 보는
한국 산업기술 발전의 드라마

국민소득의 성장: 100달러에서 3만 달러로

일인당 국민소득 100달러 수준에서 출발했다

:

1960년대 대한민국은 현재로서는 쉽게 상상이 가지 않을 정도로 무척 가난한 국가였다. 1960년 일인당 국민소득은 158달러 수준이었다.[1,2] 당시 산업 기반시설은 전쟁으로 황폐화되었고, 국민들의 생활수준은 빈곤하기 짝이 없었다. 당시 최빈국으로 분류되던 아프리카 국가의 수준에도 미치지 못하거나 비슷한 수준이었다.

1960년대 중반까지도 한국의 일인당 국민소득은 북한과 필리핀 수준에 미치지 못했다.[3] 세계 최빈국 중 하나였던 한국에는 풀뿌리와 나무껍질로 끼니를 이어가는 농민이 부지기수였다. 도시민 상당수가 품팔이, 지게꾼, 미장이 같은 하루살이 삶에 기대고 있었고, 실제로는

▪ — 1960년과 현재의 청계천 모습[4, 5]

일이 없는 사람이 더 많았다. 1960년대 당시 서울 시민 중 월급이 제대로 책정되는 직업에 종사하는 인구 비율이 20% 정도에 불과했고, 도시민의 60% 이상이 세금을 내지 못할 정도의 저소득층이었다.[6] 판잣집이 줄지어 있었던 서울의 청계천은 식민지와 전쟁을 겪은 나라의 가난하고 불결한 상황을 보여주는 대표적인 슬럼 지역으로 회자되었다.[7] 학급당 학생 수가 70명이 넘던 초등학교에서 도시락을 제대로 챙겨오는 아이는 많아야 다섯 명 이내였다는 관련 자료는 믿기지 않을 정도다.[8] 이런 상황에서 당시 청년들은 살길을 찾아 독일에서 광부와 간호사가 되었고, 또 다른 이들은 열사의 땅 중동에서 건설노동자로 땀을 흘렸다.

일인당 국민소득이 3만 달러를 넘어섰다

:

황폐한 상황에서 시작한 한국 경제는 그 후 짧은 기간 동안 놀랍도록 급속히 성장했다. 세계은행의 통계에 의하면, 2018년 말 기준 일인당 국민소득은 약 3만 1천 달러로, 1960년의 수준과 비교하면 200배 이상 성장했다. 1960년대 한국과 비슷한 경제 수준이었던 극빈국들은 같은 기간 평균 대여섯 배 성장하는 데 그쳤다. 어쩌면 이들의 느린 발전 속도가 평균적인 모습인지도 모른다. 이를 감안하면 1960년부터 지금까지 한국이 이룩한 경제 성장 속도는 단연 도드라져, '기적'이라는 표현이 전혀 이상하지 않다.

선진국이 이미 18세기 중엽부터 산업화의 경험을 축적해온 것과 비교하면 한국의 산업화는 200년이나 늦게 시작되었다. 하지만 한국 경제는 불과 반세기만에 불모지에서 선진국 대열에 들어섰다. 경제 규모로는 현재 세계 11위 수준에 이르렀고, 2011년에는 세계 9번째로 무역 1조 달러를 달성했다. 외환보유고도 4천억 달러를 넘어 세계 9위에 이르는 등 거의 모든 경제 지표에서 선진국의 위상을 띠게 되었다.

이처럼 최빈국으로 분류되던 한국은 어느덧 국제기구의 분류 기준으로도 고소득 국가high income country가 되었다. 제2차 세계대전 이후 새롭게 출발한 개발도상국들 가운데 한국과 같이 놀라운 성장을 기록한 국가는 찾아볼 수 없다. 경제 규모가 커지고, 국민소득이 높아짐에 따라, 평균 수명도 60대에서 80대로 높아졌다. 그리고 영유아사망

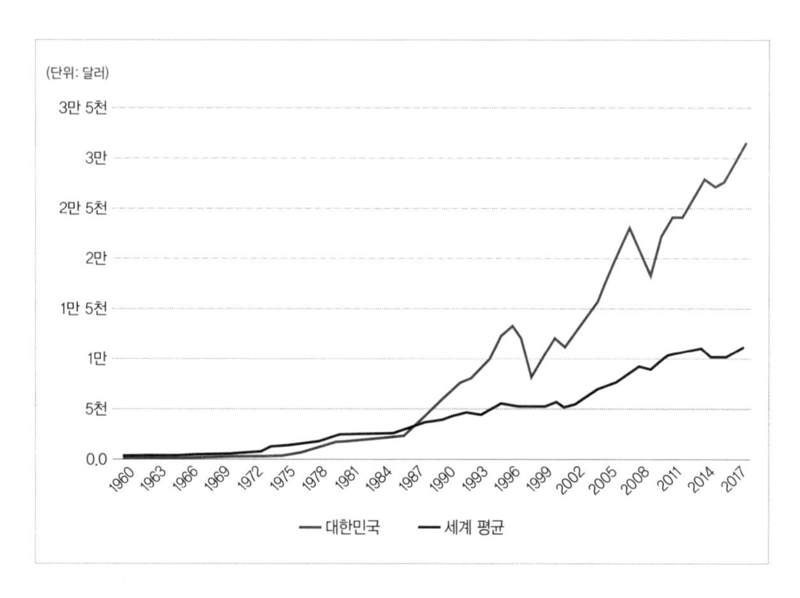

▪ — **한국의 경제성장 추이와 세계 평균 추이의 비교**(1인당 GDP)[9]

률은 1970년 출생아 1천 명당 45명에서 2.8명으로 획기적으로 개선되었고,[10] 40.9%에 이르던 절대빈곤율은 7.6%로 감소하였다.[11,12] 이처럼 그 어떤 지표로도 한국의 놀라운 성장은 명백한 사실임을 알 수 있다.

이를 바탕으로, 현재 한국 경제는 세계적인 신용평가기관으로부터 안정되고 신뢰받는 국가로 평가받고 있다. 글로벌 3대 신용평가기관인 무디스Moody's, S&P, 피치Fitch는 2019년 한국의 국가 신용등급을 각각 Aa2, AA, AA-로 평가하고 있는데, 이는 프랑스, 영국, 벨기에 등의 선진국과 동급에 해당하고, 중국과 일본보다 높은 수준이다.[13] 우리나라는 52개국과 자유무역협정을 체결하고 있어 통상 질서의 중요 구성원으로 대접받고 있다.[14] 그리고 무비자로 여행 가능한 국가 및 지역 수가 189곳으로 독일, 덴마크, 이탈리아, 룩셈부르크, 프랑스, 스페인, 스웨덴 등을 제치고 전 세계 여권 파워 2위에 올라와 있다.[15] 한국 경제가 존재감이 없던 시절 선진국은 늘 부러움과 배움의 대상이었다. 심지어 필리핀과 태국의 경제도 벤치마킹 대상이었다. 그러나 지금은 저개발국은 물론 중간 소득 수준에 오른 개발도상국도 한국 경제의 성장 비밀을 벤치마킹하는 데 열심이다.

원조 받던 국가에서 원조하는 나라로 변모했다

:

최소한의 경제활동도 유지할 수 없던 시절 외국의 경제 원조는 글자 그대로 생명줄이었다. 원조 국가의 국기가 인쇄된 밀가루 포대는 원조 식량에 의존할 수밖에 없었던 전후 시기를 대표하는 역사적 증거물로 남아 있을 정도다.[16,17] 1957년 한 해 동안 우리가 받은 원조액은 3억 8천만 달러에 이르렀는데, 이는 당시 국내총생산 7%를 넘는 수준이었다.[18] 1950년대 동안 한국 경제가 받은 원조액은 총 29억 7,500만 달러에 이르렀다. 이 시기 동안 연간수출액 최고치가 약 4천만 달러에 불과했다는 점을 감안하면, 원조가 얼마나 절대적인 역할을 했는지 알 수 있다.[19] 쉽게 말해 한국 경제는 원조 없이는 돌아가지 않는 경제였다.

하지만 한국은 빠른 경제 성장을 바탕으로 1987년 대외경제협력기금을 창설하고, 1991년 한국국제협력단을 창립하면서 개도국을 지

▪ — 1959년 국제연합한국재건단(UNKRA, United Nations Korean Reconstruction Agency)의 구호물자 전달(왼쪽)[20]과 2018년 예멘과 에티오피아 쌀 원조 출항 기념식(오른쪽)[21]

원하기 시작했다. 이를 바탕으로, 2009년에는 경제협력개발기구OECD의 개발원조위원회DAC에 24번째 회원국으로 가입하기에 이르렀다. 원조를 받던 나라에서 어느덧 원조를 주는 국가로 탈바꿈한 것이다. 개발원조위원회는 고소득 국가 가운데서도 공적개발원조액 규모가 1억 달러를 웃도는 국가를 대상으로 회원국을 선정하기 때문에 가입국은 선진국 중의 선진국이라 불린다. 최빈국으로 선진국의 원조로 겨우 경제활동을 이어가던 국가 중에서 개발원조위원회에 가입한 사례는 지금까지 한국이 유일하다. 또한 2018년부터는 식량원조협약FAC에 가입하고 아프리카 국가에게 쌀을 원조하면서 식량 원조국으로서의 지위를 이어나가고 있다.[22] 태극 무늬가 찍힌 쌀가마니를 실은 배가 아프리카 등 저개발 국가로 향하고 있는 지금, 한국 경제는 많은 개발도상국으로부터 부러움과 벤치마킹 대상이 되고 있다.

제품과 산업의 수준 향상:
오징어 수출국에서 반도체 수출국으로

농업에서 제조업으로 산업 기반이 변화했다

:

산업 발전을 시작할 당시 한국은 생산성이 낮고 영세한 농업 위주의 낙후한 산업구조를 가지고 있었다. 1960년 당시 총인구 2,500만 명 가운데 약 1,400만 명이 농업에 종사하고 있었다.[23] 절반 이상의 농민이 비룟값은커녕 생계를 유지하기에 급급했고, 농사기술은 열악하기 그지 없었다. 제조업에서는 신발 한 켤레도 제대로 생산할 수 있는 기반이 없었다.

그러나 1960년대를 넘어서면서 외국으로부터 도입한 설비와 자본으로 현대적 공장을 건설하기 시작하였다. 생산 기반이 만들어지면서, 농촌을 떠난 이들이 점차 도시와 산업 부문에 흡수되어 갔다. 1960년부터 1980년 사이 총 680만 명 이상의 인구가 농촌에서 도시로 유입되었다.[24] 고향을 떠나 안정적 취업이라는 꿈을 가슴 속에 품은 청년층과 생계를 위해 가족을 이끌고 나선 장년층은 산업도시로 몰렸다. 이와 함께 도로, 철도, 통신 시설 등 산업인프라를 조성하는 데 자원이 집중적으로 투입되었다. 그 결과 농촌을 떠난 수많은 이들에게 일자리가 생기고, 사람들은 빈곤의 덫에서 점차 벗어나기 시작했다.

1970년대에는 공업화 과정이 본격화되면서 점차 철강, 기계, 선박, 자동차, 석유화학 등 중화학공업이 성장하였다. 당시 우리 경제정책에 영향력이 컸던 미국이나 세계은행 등 국제기구들은 노동집약적인 경공업을 중심 산업으로 삼아야 한다는 입장을 고수하고 있었다. 하지만 회의적인 시각을 뒤로 하고, 한국 경제는 모래사장과 허허벌판에 조선 도크, 제철공장, 자동차 생산공장 등을 세우면서, 산업국가로 발돋움하기 위한 대장정을 시작했다.[25] 중화학공업에 대한 투자는 지속적으로 확대되어 1979년에는 누적 투자액 4조 원을 기록하였고, 취업자는 연평균 4% 증가하면서 고도의 경제 성장을 이끈 엔진 역할을 담당하였다.[26] 1970년대 경제성장률은 연평균 10%대에 이르렀다.[27] 중화학공업의 지속적 성장을 바탕으로, 1979년에는 경제 내 제조업 부문이 25%를 차지하여, 21%인 농어업 비중보다 커지게 되었다.[28] 중화학공업 제품의 생산 확대는 수출 증가와 국민소득 증가로 이어져 경제 규모를 더욱 확대시켜 나갔다.

노동집약적 상품에서 기술집약적 상품으로 진화했다

:

1980년대에는 심화된 산업 기반을 바탕으로 생산 품목이 다양해지기 시작했다. 또한 국내 주력 산업의 기술 선진화라는 목표 아래 산업기술 개발에 대한 수요가 급격히 높아졌다. 특히 한국 산업에 대한 선진국의 견제가 본격화됨에 따라, 자체 연구개발 활동을 통한 산업기술 개발은 곧 돈이 된다는 공감대가 산업 전반에 퍼져나갔다. 그에 따라 주요 산업은 글로벌 가치사슬 구조에서 중추 역할을 할 수 있는 기술능력 확보를 위해 꾸준히 투자를 늘려갔다.[29] 특히 연구개발투자 실적은 빠른 속도로 증가했는데, 1980년대 증가율은 경제성장률을 크게 상회하며, 연평균 19.1% 수준에 이를 정도였다.[30]

이를 바탕으로 1990년대와 2000년대에 들어서면서 한국 경제는 점차 기술집약적 산업 구조로 진화해 나갔다. 기술개발에 대한 적극적인 투자 위에 정보통신기술을 중심으로 하는 첨단기술 산업이 본격적으로 발전하기 시작하였다. 그 결과 전 세계에서 가장 빠른 인터넷 속도,[31] 스마트폰 보유율 1위, 인터넷 가입자 수 1위[32] 등 정보화 인프라에서 세계를 선도하면서 'IT 강국 코리아'라는 브랜드를 갖게 되었다. 외국인들은 언제 어디서나 이용할 수 있는 무료 와이파이를 한국의 가장 놀라운 모습으로 꼽기도 했다. 현재는 스마트폰, 디스플레이 패널, TV, 반도체 등 첨단산업에서 한국 기업이 세계 시장점유율 1, 2위를 차지하고 있다. 그리고 2010년대에 이르러 한국 산업은 서비스업의 꾸준한 성장[33]과 함께 기존 주력 산업과의 융복합화를 바탕으로, 새로운 산업기술 개발을 위한 도전과 글로벌 산업경쟁력을 확대하기 위해 분투 중이다.

산업이 고도화되면서 수출도 급격히 증가했다

:

산업의 고도화는 노동집약적 상품을 생산하다가 자본집약을 거쳐 기술집약적 상품을 생산하는 단계로 이어지는 상품다각화의 과정이기도 하다. 한국의 경제 성장 패턴이 바로 농업에서 중화학산업으로, 다시 첨단기술 산업으로 고도화 되어가는 전형적인 다각화의 과정이었다. 다각화는 산업개발 초기부터 한국 산업 성장의 든든한 버팀목이었으며, 그 결과 수출 실적도 급속하게 늘어났다. 초기에는 국내총생산에서 수출이 차지하는 비중이 겨우 5.4%에 불과하였으나 산업구조가 고도화되면서 수출의 상대적 비중도 빠르게 늘어났다. 2018년 말 현재 국내총생산에서 수출이 차지하는 비중은 약 55%에 이르고 있다.[34] 양적인 측면에서도 성장세는 놀랍다. 1964년에는 1억 달러 수출을 달성하였고, 성대한 기념식과 함께 '수출의 날'을 제정했다.[35] 1970년에는 수출 10억 달러를 넘어섰고, 1977년에는 100억 달러를 기록했다. 수출액이 10억 달러에서 100억 달러가 되는 데 불과 7년이 걸린 것이다. 1964년 1억 달러로 세계 88위였던 한국의 수출 규모는 2018년 현재 6천억 달러로 세계 6위에 이르고 있다. 수출 규모가 약 6천 배 늘어난 경이로운 기록을 보인 것이다. 전 세계적으로 수출 6천 억 달러가 넘는 국가는 미국, 독일, 중국, 네덜란드, 프랑스, 일본뿐이라는 사실을 감안하면 글로벌 시장에서 한국 산업의 존재감을 확실하게 느낄 수 있다.

주요 수출품이 천연자원에서 기술제품으로 진화했다

:

주요 수출 품목도 빠르게 고급화되었다. 광복 이후 한국 최초의 무역선에는 울릉도와 강원도 지역을 포함한 동해 앞바다의 오징어와

▪ — 오징어와 건어물이 실린 한국 최초의 수출선(왼쪽)[36]과 최근 부산신항의 모습(오른쪽)[37]

해조류가 가득 실려 있었다. 당시 수산자원을 실어 나를 차량도 변변치 않아, 소에 그물망을 실어 배에 올렸다는 일화도 전해온다.[38] 수산자원을 가득 실은 무역선은 홍콩과 마카오로 향했고, 처음으로 글로벌 무역시장의 문을 두드렸다.[39] 강원도 산골짜기 광산에서 채굴한 텅스텐은 미국으로 팔려나갔다. 현대적 생산 기반이 없던 당시 한국이 내세울 건 땅속과 바닷속에서 채집한 광물과 수산물이 고작이었던 것이다. 1964년 1억 달러 수출을 달성했을 당시 주요 수출품 중 하나는 누에고치에서 뽑아낸 생사였다. 현재는 선박, 자동차, 휴대폰 등 최종재뿐만 아니라 부품소재를 포함한 다양한 상품이 전 세계를 누비고 있다. 산업구조의 고도화를 바탕으로 현재 우리나라는 전체 수출에서 기술집약적인 하이테크 제품이 차지하는 비중이 현재 약 36.3%에 이른다.[40] 이는 미국, 독일, 영국, 프랑스, 일본 등 기술선진국과 비슷한 수준이거나 더 높은 수치이다. 1960년대 철광석과 무연탄,

오징어가 수출 효자상품이었던 시절과 비교할 때 반도체, 선박, 자동차, 디스플레이, 석유제품 등 하이테크 제품을 수출하며 세계 각국에서 '메이드 인 코리아' 상품을 볼 수 있는 현재는 격세지감을 느끼게 한다.

기술 수준의 향상:
수입 매뉴얼 학습에서 국제특허 출원으로

단순 기술도입국에서 출발했다

:

한국 경제는 식민지와 전쟁의 참화를 겪은 직후 모든 산업 기반이 파괴되었고, 기술자도 찾아보기 힘든 사실상 기술 불모지였다. 당시 우리 국민은 순밀가루를 염색해 만든 가짜 항생제를 만병통치약으로 여기고 남용할 정도로 산업제품을 이해할 수 있는 지식이 전무하였다.[41] 이러한 상황에서는 해외 선진 기술을 도입하고 배우는 것이 유일한 길이었다. 전쟁 참전국이 남기고 간 무전기, 라디오, 가전기기 등을 뜯어보면서 희미하게 산업기술을 접하기도 하였다.

한국 최초의 냉장고도 미군부대가 버린 냉장고 모터와 부품을 분해하고 조립하는 과정을 거쳐 개발된 것이었다.[42] 그리고 거의 모든 산업에서 외국설비와 제품을 단순 도입·생산한 후 외국 기업의 상품

로고를 부착하는 단순조립가공 형태의 생산방식을 채택했다. 여기에서 해외로부터 수입한 생산시설 및 기계에 첨부된 매뉴얼과 도면을 번역해 익히는 초보적 수준의 학습이 시작되었다. 더불어 해외 기업 현장을 현지 연수하면서 눈대중으로 설비 운영과 설계도 및 매뉴얼을 해석하는 방법을 배우고, 해외기술자를 자문역으로 삼아 운영 노하우를 알음알음으로 배웠다. 자체적인 기술지식도 없고 국력도 약한 상황에서 설움을 겪는 일도 다반사였다.

오히려 이런 상황이 기술자의 결기를 북돋우었다. 기술자들은 선진 기업으로부터 하나라도 더 배우기 위해 기술개발과 제조현장에 쓰이는 외국어 단어를 수백 개씩 외워가며 열정을 불태웠다. 연수받은 노하우를 잊지 않기 위해 외국 호텔방에서 밤새우면서 지식을 정리하고 노트에 기록해 전파했다. 해외 기업으로부터 받은 도면과 매

▪ — 이탈리아에서 도입한 자동차 모델을 확인하는 모습[43]

뉴얼의 수치 단위를 변환하는 단순작업이나 도면상 수치와 실물 크기를 비교하는 기초적인 작업을 하면서도 지식을 쌓아갔다.[44] 커다란 도면 위에 엎드려 해석법을 익히는 동안 기어 다닌 무릎에 상처가 아물지 않았다는 일화도 옛이야기처럼 전해온다. 생산현장은 매일 생기는 문제를 해결하느라 정신이 없는 흡사 전쟁터와 같았다.

높은 연구개발투자로 특허강국으로 변모했다

:

이처럼 1970년대까지도 해외에서 도입된 기술에 전적으로 의존하던 한국 산업은 현재 필요한 기술을 스스로 개발하는 단계에 이르렀다. 1976년 국내총생산 대비 연구개발 투자액 비율이 0.4%에 불과하였으나 현재는 4.6%에 이르러, 전 세계에서 가장 높은 수준을 보이고 있다.[45, 46] 연구개발투자의 절대액 규모로도 현재 미국, 중국, 일본, 독일에 이어 세계 5위를 점하고 있다.[47, 48]

지속적인 연구개발투자의 결과로 한국 산업기술은 90년대 중반부터 글로벌 위상이 뚜렷이 높아졌다. 일본의 저명한 반도체 기술잡지는 1994년 '한국 D램의 위협'이라는 제목으로 '더 이상 한국 반도체는 일본의 모방이 아니다'라는 내용의 특집기사를 싣기도 하였다. 독자기술로 개발된 한국의 반도체가 일본의 것을 앞설 수 있다는 분석이었다.[49] 1995년에는 세계 최대 크기인 22인치 TFT Thin Film Transistor 액정 디스플레이 LCD; Liquid Crystal Display 제품을 출시한 한국을 두고, 일본 주요 언론사들은 '한국이 일본을 능가하는 세계 최대 액정 디스플레이를 개발했다'고 보도하면서 기술유출 방지 등 특단의 대책을 세워야 할 것이라는 우려 섞인 시선을 표하기도 하였다.[50] 이와 같이 한국의 산업기술 개발 노력은 주요 산업에서 결실을 맺었고, 기술도입을 넘어서 빠르게 선진국 수준을 따라 잡는 지점에 이르렀을 뿐만 아니라 일부 분야는 선진국보다 더 우수한 산업기술을 선보이는 단계로 진화했다. 현재도 세계 최대 가전 전시회 등에서 많은 글로벌 경쟁업체를 제치고 최첨단 기술상과 혁신상을 수상하며 기술력을 자랑하고 있기도 하다.

특허의 양과 질도 빠르게 증가하고 개선되었다. 1980년대 초반까지만 해도 국제특허는 넘볼 수 없는 남의 나라 이야기였으나, 현재는 세계지식재산권기구WIPO의 통계 기준으로 전 세계 5위의 국제특허PCT

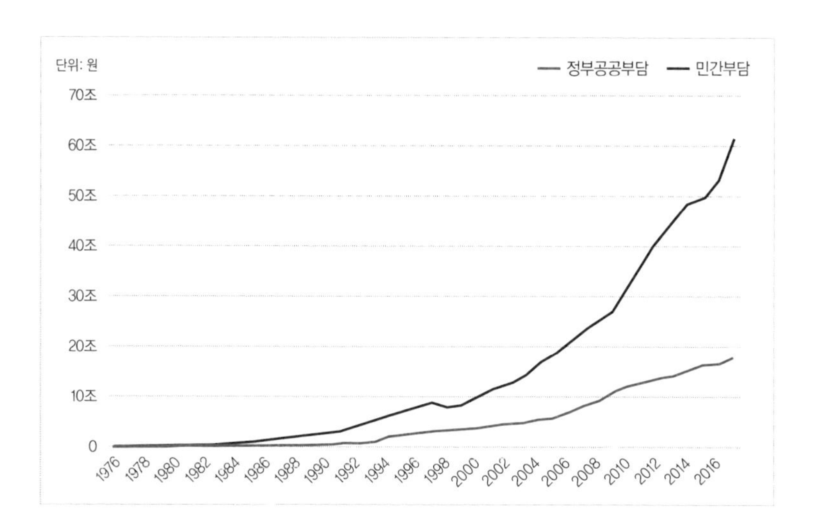

▪ — **연구개발 투자액 변화**[51]

보유국이 되었다.[52] 특허 출원 수를 기준으로 하더라도 한국보다 앞선 국가는 미국, 중국, 일본, 독일에 불과할 정도다. 또 세계지식재산권기구에 따르면, 한국은 디지털 통신, 전자기기, 그리고 컴퓨터 기술 분야의 국제특허 출원 건수에 있어서 국제적으로 각각 1위, 2위, 3위에 위치하고 있다.[53] 세계 10대 국제특허 출원 기업만 보더라도 현재 한국 기업이 두 개 포함되어 있다.[54] 경제 규모와 인구 대비 국제특허 출원 건수의 상대적 비율로 보면 세계에서 가장 높은 수준을 보이고 있다.[55]

특허뿐 아니라 과학기술 및 공학 분야 논문 수의 증가도 눈부시다. 국제학술지에 논문 한 편 발표하는 것이 꿈이던 시절이 있었으나 2018년 현재 국제적으로 공인된 학술지SCI에 연간 약 6만 편의 과학기술 논문을 발표하고 있다. 인구 1만 명당 국제학술지 논문 수는 10편 이상으로 스위스, 덴마크, 영국, 독일, 미국 등 기술선진국과 어깨를 나란히 하고 있다.[56] 세계 피인용 상위 1% SCI 논문 중 한국 비중도 2016년 말 기준 2.8%로 세계 15위에 오르는 등 논문의 질적 수준도 지속적으로 상승하는 중이다.[57]

제품을 성공적으로 납품할 수 있을지 의구심을 받아온 기술 약소국 한국은 어느덧 국제적으로 신뢰받는 산업기술 보유국으로 성장하였다. 눈대중과 알음알음으로 구걸하듯 기술을 학습하던 국가에서 글로벌 첨단기술국의 대열에 오른 한국의 기술발전 스토리는 전 세계에 큰 울림을 주고 있다.

혁신시스템의 고도화: 단순 생산에서 네트워크형 혁신시스템으로

생산현장이 기술혁신시스템의 전부였다

:

기술은 연구실에서 홀로 탄생하지 않는다. 생산현장과 연구소, 대학과 해외기술 집단이 서로 영향을 주고받으면서 진화적으로 발전을 거듭하면서 탄생한다. 이렇게 여러 혁신 주체의 역량과 그들 간 네트워크를 종합하여 한 국가의 혁신이 발현되는 체계를 요약한 개념이 혁신시스템Innovation System이다. 한국의 혁신시스템은 해방 후에는 사실상 존재하지 않았다고 할 수 있고, 1960년대까지는 단순 생산공장이 전부였다. 그 후 현장에서 학습이 일어나고 고급 기술인재가 투입되면서 혁신시스템이 고도화되기 시작했다. 지금은 여러 혁신 주체가 각각 성장했을 뿐만 아니라 이들 간의 연계가 더욱 복잡해지고 있는 단계로 올라섰다. 그러나 이 혁신시스템의 고도화 역시 쉬운 과정이 아니었다.

전후 한국 경제는 생산공장의 절대적인 수가 부족했고 공장을 운영할 수 있는 기술 기반도 극히 열악한 상황이었다. 생산 기반을 마련하기에 급급했던 한국 산업은 해외로부터 도입한 설비를 운영하면서 초보적인 운영기술을 흡수하였다. 여기에서부터 생산현장의 실행역량이 점차 형성되기 시작했고 자체적으로 생산설비를 늘려나가기 시작했다. 1980년대 후반까지 한국 산업의 설비투자 증가율은 연평균 15%를 상회하였고,[58] 이에 따라 전력소비량도 1960년 1,700GWh에 불과하였으나 1980년에는 3만 7천 GWh로 급속히 증가했다.[59] 시설투자를 뒷받침하기 위해 시멘트 수요도 급증했는데, 전후 8만 톤에 머물렀던 시멘트 산업의 생산능력은 1970년대 중반 1천만 톤을 돌파하였고 1980년대 후반 4,200만여 톤을 달성하였다.[60] 이처럼 한국은 산업발전 초기 단계에서 생산설비와 기초적인 인프라를 확충하는 데 집중하였다. 이를 바탕으로 1960년 1만 3천여 개였던 제조업체 수는 1980년대 후반 5만 6천여 개로 빠르게 증가하였다.[61] 대학이나 연구소 등 기술개발과 관련된 주체가 거의 형성되지 않은 1960년대까지 혁신시스템은 공장과 거기서 근무하는 현장기술자가 전부였다고 해도 과언이 아니다.

혁신 주체의 역량이 높아지고 연계되기 시작했다

:

1980년대 전후해서 대학과 연구소의 역량이 급속히 확대되고 산학연 네트워크가 긴밀해지면서 점차 선진국형 혁신시스템이 갖춰지기 시작했다. 1960년 81개에 불과하던 대학 수는 현재 약 5.3배 증가하여 430개에 이르고 있다.[62] 고급 기술인재가 활동하는 공공연구소는 1980년대 후반 164개 정도에 불과하였으나, 현재는 375개에 이르고 있다. 공공연구소, 대학 및 기업을 포함한 연구개발 수행 조직 수도 1980년대 후반 2,800여 개에서 현재 4만 2천여 개로 15배나 성장하였다.[63, 64] 이러한 과정을 거쳐 고급 연구집단이 형성되었다. 현재는 인구 1천 명당 연구원 수 13.9명으로, 일본(10명)과 독일(9.3명), 미국(8.7명) 등 선진국보다 높은 수준이다.[65] 기업연구소도 1990년에 1천여 개에 불과하였으나 현재 3만 9천여 개로 40배 가까이 늘었다.[66] 1980년대 후반 2만 8천 명 수준의 기업 내 연구인력도 현재 34만 3천여 명으로 약 12배 증가하여 산업기술 혁신시스템의 한 축을 담당하고 있다.

또한 기업, 정부, 연구소, 대학, 엔지니어 등 주체들 간의 상호 네트워크도 심화되고 있다. 공공연구소의 기술이전율은 2000년대 중반 32%에서 최근 51%까지 꾸준히 증가하고 있으며, 대학의 기술이전율 역시 해당 기간 내 16%에서 27%로 증가하였다.[67] 이를 바탕으로 2000년대 중반 2천여 건에 달하였던 기술이전 계약 건수는 최근 총 7,500여 건에 달하고 있다.[68, 69] 또한 대학과 기업 간, 대학과 정부 간 공동 특허출원 건수도 급증하고 있는데, 1990년대 중반 약 600여 개에 불과했던 공동 특허출원 건수는 2010년에 이르러 2,400여 개로 껑충 뛰었다.[70] 이를 바탕으로, 새로운 산업기술과 지식이 창출되어 효과적으로 확산, 활용될 수 있는 체제가 나타나게 되었다. 이처럼 한국의 대학, 연구소, 기업은 서로를 끌어주고 밀어주며, 산업기술 발전을 위해 크고 작은 위기를 새로운 도약의 기회로 삼고자 노력하고 있다.

혁신시스템의 진화는 나무가 숲이 되는 것처럼 오래 걸리는 일인데, 한국 산업은 그 과정을 빠르게 압축해왔다. 이렇게 등장한 산업기술은 한국 산업에 강한 생명력과 회복력을 부여하였다.

4장

한국 산업기술 발전의 특징

특징 1 황무지에서 출발

산업발전 초기, 산업 기반과 사회환경이 극히 낙후되었다

:

어려웠던 초년시절을 표현할 때 흔히 흙부스러기를 쥐고 시작했다고 하는데, 한국의 산업과 기술발전 초기가 꼭 그런 모양이다. 일제시대와 한국전쟁이 지나고 나서 한국의 산업에 남은 것은 글자 그대로 폐허뿐이었다. 전쟁 동안 1만 2천 대의 자동차가 불타거나 없어졌는데, 이는 그 당시 보유하고 있던 전체 자동차 대수의 75%에 해당되는 숫자였다.[1] 사실상 물류기능이 존재할 수 없는 지경이었다. 전화교환시설은 80%가 파괴되었고, 1957년이 되어서야 전쟁 이전 수준을 겨우 넘어설 정도로 복구가 되었다.[2] 해방 후 남북한 송전이 끊어지면서 시작된 제한송전이 1964년에 해제되었을 정도였다.[3] 물류도,

통신도, 전기도 없는 환경에서 현대적 산업활동을 시작한다는 것은 우물에서 숭늉을 찾는 것만큼이나 기대하기 힘든 것이었다. 미약하나마 생산 기반이 형성되어 있던 전쟁 전 근대적 산업활동도 흔적만 남게 되었다. 예를 들어 비료산업은 해방 후 삼척에 있던 공장 한 곳에서 질소질 비료를 연간 147톤 생산하는 미미한 수준이었으나 그나마도 전쟁으로 생산이 중단되었다.[4] 당시 농업기반 국가에서 비료를 생산하는 산업이 그 정도 수준이었으니 그 외 산업 기반은 말할 것도 없었다.

사회적 환경도 열악하기는 마찬가지였다. 1947년에 태어난 신생아 중 첫 돌을 넘기지 못하고 죽은 아기가 1천 명당 83.4명으로, 출생아 12명 중 한 명이 1세 이전에 사망하였다는 믿기 어려운 기록도 있다.[5] 전쟁 중 200만 명 이상의 젊은이가 죽거나 다쳤고, 전염병은 일상적이었다. 장티푸스와 발진티푸스 환자가 급증했고, 4만 명 이상 발병한 두창으로 1만 명 이상이 사망했을 정도였다.[6] 문맹률도 1945

▪ — 1967년 국내 최초의 치즈 생산 모습[7]

년 당시 기록에 의하면 77.8%에 이르렀는데, 글을 읽을 수 있는 사람이 10명 중 두 명 남짓인 상황에서 산업이 시작되기는 쉽지 않은 환경이었다.[8] 결론적으로 1960년대 초반까지 산업 기반과 사회적 여건은 요즘 다큐멘터리 필름에 자주 등장하는 전쟁 중인 극빈국의 상황과 전혀 다르지 않았다. 이런 상황에서는 근대적 기술을 언급하는 것조차 사치스러운 일이었을지 모른다.

산업 기반이 없는 환경의 장점과 단점

:

천연자원도 없고, 문맹률도 높고, 삶의 수준도 열악하고, 물려받은 산업 기반도 없는데다, 근대 과학기술혁명의 물결로부터도 사실상 단절되어 있는 환경은 한국의 기술발전에서 특정한 패턴을 낳는 한 가지 원인이 된다. 아무것도 없었다는 것을 긍정적으로 해석해보면, 새로운 시도를 방해하는 기존의 관행이 없다는 뜻이기도 하다. 백지 상태에서는 상상하는 대로 그림을 그릴 수 있다는 의미다. 따라서 1960년대와 1970년대 동안 국가적 마스터플랜에 따른 하향식 산업발전 계획이 만들어지고, 빠르고 효과적으로 집행될 수 있었던 데는 아무것도 없는 산업 기반의 긍정적 면이 큰 역할을 했다. 이 계획을 뒷받침하는 기술도 하향식으로 선정되고, 빠르게 도입될 수 있었던 것도 같은 이유에서다. 철강이나 조선 등 이때 한국이 시도했던 많은 대형 산업에 대해 선진국 전문가들이 입을 모아 반대했지만, 과감히 밀어붙일 수 있었던 것도 변화에 저항하는 기득권 산업이 없었기 때문인데, 쉽게 말해 손에 가진 것이 없으니 포기할 것도 없었기에 가능했다.

특징 2 단순도입에서 자체기술까지의 단계적 발전

도입, 국산화에서 자체개발로

:

한국 산업의 기술발전을 기록한 역사는 대표적으로 세 가지 표현으로 요약된다. 1960년대에서 1980년대 초반까지는 대체로 선진국에서 어떤 기술을 '도입'했다는 이야기가 많다. 선진국 기업과 턴키계약을 맺고 아예 통째로 맡기는 경우도 있지만, 명시적으로 기술도입 계약을 맺거나 아니면 선진 기업에 가서 교육받거나 자문단을 불러와서 전수받는 경우까지, 여러 방법을 통해 어쨌든 기술을 도입한다. 도입의 시대를 거쳐 1980년대와 1990년대 동안에는 '도입'이라는 말이 '대체'라는 의미를 담은 표현으로 바뀐다. 일례로 "그동안 전량 수입에 의존하였는데 국산화에 성공했다"는 표현이 여기에 해당된다. 기술의 원리를 이해하면서 변형하거나 대안적인 방법을 찾는 등 선진국 기술을 발전적으로 대체하는 이른바 체화기술의 단계에 이른 것이다. 1990년대 후반을 넘어 2000년대에 이르면 도입이나 대체라는 표현 대신 처음으로 '자체개발' 내지 '독자개발'했다는 등의 표현이 자주 등장한다. 선진국 기업이 가진 기술과 같은 수준이거나 특정 분야의 경우 더 수준 높은 기술을 스스로 개발할 수 있게 되었다는 의미다. 이러한 단순도입, 체화, 자체개발의 단계적 발전 패턴은 거의 모든 산업에서 공통적으로 발견되는 현상이다.

단순위탁가공에서 독자생산으로

:

기술이 도입에서 체화로, 다시 자체개발로 옮겨감에 따라 글로벌 가치사슬에서 한국 기업의 역할이 단순위탁가공에서 일부 설계를 독자적으로 수행하고, 나아가 자체 상품브랜드로 수출하는 방식으로 진전했다.

단순도입에서 자체개발로 옮겨가는 것이 일반적인 진화 패턴이라고는 하지만, 모든 국가가 성공적으로 이와 같이 발전할 수 있는 것은 아니다. 한국의 경우 산업 분야마다 속도 차이는 있으나 일반적으로 이러한 패턴이 흔히 발견된다는 것은 오늘날 많은 개발도상국의 일반적인 발전 패턴에 비추어 볼 때 특별한 케이스라고 할 수 있다. 포크레인 등 건설기계 분야를 예로 들더라도 1990년대 이전까지 전체 건설기계 수출의 97%가 주문자상표부착방식OEM이었으나 1990년대 하반기에 이르면 거의 독자 브랜드에 의한 수출방식으로 바뀐다.[9]

반도체는 이 과정을 가장 전형적으로 보여주는 산업이다. 처음 한국에 진출한 반도체 회사는 고미高美전자산업인데, 이는 1965년 미국의 코미Kommy 사가 국내의 싼 노동력을 이용할 목적으로 설립한 합작사였다. 고미전자산업은 미국에서 파견된 기술자의 지도에 따라 반도체용 트랜지스터와 다이오드를 단순위탁방식으로 조립생산하였다. 이때 한국의 기술력은 사실상 백지 상태였기 때문에 생산과정에서 발생하는 모든 기술적 문제는 미국 기술자의 도움을 받아 해결할 수밖에 없었다. 1966년 〈외자도입법〉 제정 후 미국의 페어차일드Fairchild, 모토롤라Motorola, 시그네틱스Signetics 등이 국내 진출했고, 1968년에는 일본의 도시바가 한국도시바를 설립해 생산을 시작하였다. 1965년부터 1973년 사이 국내 반도체 산업에는 단순 위탁생산기업이 18개나 되었다.[10] 이때는 주문자상표부착방식이라는 말을 붙이기도 쑥스러운 정도의 단순 조립가공이었다. 그 후 1974년 국내 기업이 한국반도체를 인수하고, 1979년 당시 또 다른 국내 기업이 미국의 AT&T와 합작으로 반도체회사를 설립하면서 주문조립생산의 형태를 갖추기 시작했다.[11] 그 후 얼마 안 있어 1981년에 정부가 반도체공업육성계획을 수립하고, 기업은 1983년부터 비록 선진국에서 이미 개발된 사양을 추격하는 것이기는 했지만 자체적인 설계디자인에 도전하기 시작했다. 늦었지만, '우리도 독자적으로 해보자'는 의지가 발현되기 시작한 것이다. 1983년 64K D램 자체개발을 시작으로 1986년 1M, 1988년 4M, 1990년 16M D램을 자체설계하였다. 이런 자체설계의 경험을 바탕으로 마침내 1992년 세계 최초로 64M D램을 독자설계하였는데, 이때부터 진정한 독자개발의 단계에 들어선 것으로 볼 수 있다. 그 여세를 몰아 1994년 256M, 1996년 1G D램의 독자 생산으로 이어졌고, 2005년 5M 픽셀 이미지센서CIS 개발, 2010년 30나노급 D램 및 20나노급 낸드 양산, 2012년 10나노급 64G 낸드 양산, 2016년 10나노미터 핀펫FinFET 공정 이용 어플리케이션 프로세서Application Processor 양산 등 숨 가쁜 진화 속도로 글로벌 가치사슬을 주도하기에 이르렀다.[12] 한 산업 분야에서 설계도를 받아오는 도입생산에서 출발하여 자체기술의 수준까지 진화하는 과정을 이보다 더 선명하게 보여주는 사례는 세계적으로 드물다. 더 놀라운 것은 한국 산업에는 반도체 이외 여러 분야에서 이러한 빠른 진화 패턴을 흔히 발견할 수 있다는 사실이다.

놀라운 기술추격 속도

:

기술도입에서 독자개발까지는 산업 분야에 따라 수십 년이 걸리는 것이 보통이고, 대부분의 국가는 사실 이런 진화 자체를 이루어내지 못한다. 그러나 한국 산업에서는 이러한 발전 과정을 거의 모든 산업 분야에서 찾아볼 수 있을 뿐만 아니라 거기에 걸린 시간도 그 어느 나라보다도 빠르다. 반도체처럼 기술 기반이 복잡하고 오래된 축적이 필수적인 분야조차 한국 산업은 놀라운 진화 속도를 보여주었다. 1983년 64K D램에서 처음으로 독자적인 설계에 도전하여 성공했을 때 선진국과의 기술 격차는 4년이었다. 그러나 그 이후 256K D램을 독자개발했을 때 격차는 3년으로 줄었고, 1986년 1M D램 단계에서는 2년으로, 1988년 4M에서는 다시 6개월로 단축되었다. 1990년 16M에서는 선진국과 동시에 개발하였고, 1992년 64M D램에서 마침내 선진국보다 앞서 독자기술로 설계를 할 수 있었다.[13] 1983년 자체 설계를 시도했던 시점부터 1992년 세계 최초로 설계를 내어놓을 때까지 걸린 10년의 시간은 길다고 하면 길 수도 있다. 그러나 약 200년의 역사를 가진 전자산업에서 기반기술이 전혀 없던 상태로 출발해 중간단계에 진입하여 이루어낸 성과임을 감안하면 다른 개발도상국과 비교해 믿기 어려운 진화 속도라고 할 수 있다. 한국 산업의 압축적 성장은 이렇게 놀라운 기술추격 속도에 힘입은 것이다.

세계 수준에 도전하는 사례가 등장하기 시작했다

:

1970년대까지도 단순도입으로 선진 기술을 배우기에 급급했던 한국 산업은 2000년대를 지나면서 일부 산업에서 세계 수준을 목표로 하거나 더 우수한 기술 수준에 도전하기 시작했다. 일례로 100년 이상 축적된 선진국의 통신기술에 도전하여 2005년 세계 최초 시연에 성공한 와이브로WiBro 기술로 세계 표준을 선도하고자 시도한 적이 있었다.[14] 결과만을 놓고 보면 실패 사례로 언급될 수도 있지만 세계적 표준을 선도하고자 나선 것 자체만으로도 의의가 작지 않다. 선진기술의 독무대였던 선박엔진 분야 역시 마찬가지다. 선박엔진의 경우 1950년대 핀란드의 바찔라Wartsila 사가 자체 모델을 개발한 이후 전 세계적으로 새로운 엔진설계가 제시된 바가 없었다. 그러나 2000년

▪ — HiMSEN 엔진[15]

한국은 그동안 높은 기술료를 지불하고 생산해 오던 독일 만MAN 사의 디젤엔진과 핀란드 바르질라슐저WartsilaSulzer 사의 엔진이 아닌 순수 자체기술로 개발한 힘센엔진HiMSEN을 선보이기도 했다.[16]

바이오 분야에서도 선진국 수준을 뛰어넘는 자체기술의 사례가 나타나기 시작했다. 2004년 국내 기술진에 의해 처음 개발된 자궁경부암진단용 DNA칩은 세계 최초로 식품의약품안전청의 의약품 품목허가를 받았다. 당시까지 연구용으로만 공급되던 DNA칩을 자궁경부암과 관련해 한국이 처음으로 실제 진단에 사용함으로써 바이오 분야의 새 시대를 연 것이다. 당시 이 기술의 품목허가 과정에 미국 식품의약국FDA의 의약품평가 가이드라인을 적용했는데, 이는 첨단 생명공학 제품의 국제적 표준으로 작용할 가능성을 높임으로써 국내 바이오칩 기술을 세계에 알리는 계기가 되었다.[17] DNA칩에 대한 품목허가는 세계적으로도 처음이어서 한국 의학사에 새로운 전기를 마련했다고 할 수 있다.

이와 같이 세계 표준에 도전하는 사례가 속속 등장함으로써 단순 도입부터 출발한 한국의 산업기술이 자체개발 단계로 상당히 진입하였음을 알 수 있다.

특징 3 글로벌 기술주도권의 이전

미국, 일본으로부터 기술주도권을 이어받았다

:

한국 산업기술의 발전 과정에서 보이는 또 다른 특이한 현상은 한 산업 내에서 기술주도권을 선진국으로부터 가져오는 사례가 자주 나타난다는 점이다. 대표적인 예로 디스플레이 산업을 들 수 있다. 디스플레이 산업은 1970년대까지 미국이 절대강자였으나 일본이 1980년대와 1990년대 중반까지 기술지배권을 넘겨받았다. 그러나 1990년대 말부터 지금까지는 한국이 세계의 디스플레이 기술 트렌드를 주도하고 있다.[18] 디스플레이 산업의 패권 이동을 세부적으로 살펴보면, 디스플레이의 새로운 패러다임이라고 일컬어지던 플라스마 디스플레이PDP 시장에서 일본 기업의 선두위치는 난공불락이었다. 2001년 당시 일본은 세계 시장의 97%를 차지하고 있을 정도였다. 그러나 한국이 뛰어든 이후 2003년 세계 시장의 32%를 한국이 차지하였고, 2005년에는 56.6%로 세계를 선도하게 되었다.[19] 수동형 유기발광다이오드PMOLED 기술도 2000년대 초반까지 일본과 대만의 독무대였으나 2004년부터 한국이 시장점유율 1위를 차지했다.[20] 그 결과 2009년 TV 부문에서 한국 기업이 1, 2위를 차지하고 세계 TV 시장을 주름잡던 일본의 소니는 3위 브랜드로 밀려났다.[21]

조선산업도 유사한데, 1960년대 미국과 유럽이 기술과 생산의 측면에서 절대적 위치에 있었고, 1970년대와 1980년대 초까지 일본의 기술이 지배적이었으나, 역시 1990년대 이후부터는 한국이 세계의 조선산업을 선도하는 위치에 이르렀다.[22] 반도체도 유사하게 미국에서 일본으로, 다시 한국으로 주도권이 넘어온 사례다. 이밖에도 산업 규모가 작은 여러 분야에서도 유사한 패턴이 관측된다. 여기서 주도권의 전환은 단순히 생산량의 상대적 순위 변화를 의미하는 것이 아니다. 값싼 노동과 같이 생산비용의 우위를 점하기 위해 개발도상국에 생산을 위탁하는 경우 개발도상국의 생산 규모가 상대적으로 급격하게 커질 수도 있다. 그러나 한국의 경우는 생산을 뒷받침하는 기술 수준이 세계적 트렌드를 따라갈 정도로 높은 수준으로 발전했다는 점에서 특이한 사례라 할 수 있다.

선진국 기술의 최초 상용화 사례가 등장했다

:

또한 한국 산업기술 발전 과정에서 선진국의 원천기술을 최초로 상용화하는 사례가 등장하기 시작했다. 참고로 미국은 20세기 초반까지 유럽에서 싹튼 많은 기술을 상용화하면서 본격적으로 국제 무대에 등장했고, 일본 역시 2000년대 전까지 미국에서 개발된 기술을 성공적으로 상용화하면서 세계적인 기술 트렌드를 이끌게 되었다. 1970년대까지 기술을 단순도입하기도 급급했던 한국도 2000년대를 전후해 선진국이 개발한 기술을 최초로 상용화에 성공한 사례를 만들기 시작했다. 일례로 전기자동차용 리튬이온 전지의 경우, 이차전지 자체의 실용화 기술은 1991년 일본 소니가 최초로 완성했지만, 이를 대량생산 기술을 갖추어 실제 자동차에 적용할 수 있을 정도로 상용화에 성공한 것은 국내 화학회사였다.[23]

한국이 최초로 상용화한 예로 휴대용 MP3 기기도 빼놓을 수 없다. 데이터 파일을 압축하기 위한 MP3 기술은 1987년 미국에서 처음 등장했다. 압축률이 높은데도 음질이 우수하여 1990년대 중반부터 PC용 오디오파일로 많이 활용되기 시작했다. 그러나 이 기술을 활용해 휴대용 MP3 플레이어를 만든 나라는 전자산업의 주도권을 장악해나가던 한국이다. 1998년 국내 기업이 세계 최초로 MP3 플레이어를 출시했는데, 이 제품은 16MB 메모리 용량에 다섯 곡 정도의 음원 파일을 저장할 수 있었다. 그 이후 벤처붐 시기에 많은 국내외 벤처기업이 MP3 플레이어를 출시했다.[24] 시장에서 큰 성공을 거두는 듯했으나 같은 기술을 채택한 애플 아이팟이 지배적 제품으로 등장하면서 사실상 무대에서 사라졌다. 흔히 실패한 사례로 언급되지만, 선진국 기술이 한국에서 최초로 상용화된 사례라는 면에서 좋은 시도로

▪ — 초창기 국내 2인치 OLED 시제품(왼쪽)[25] 과 최신 55인치 곡면 OLED TV(오른쪽)[26]

평가할 필요가 있다.

현재 한국 기술이 세계를 주도하고 있는 유기발광다이오드OLED; Organic Light Emitting Diode도 선진국 기술을 한국이 본격적으로 상용화한 대표적인 사례이다. OLED의 기술적 아이디어는 미국과 영국이 1990년을 전후해 완성하였다. 1987년 미국 코닥 사가 유기박막으로 구성된 2층 구조 OLED에 전류를 흘리면 녹색 빛이 나온다는 사실을 발견했고, 1990년 영국 케임브리지 대학팀이 용액 공정이 가능한 고분자를 이용한 OLED를 발명했다.

처음 이 기술의 상용화에 나선 것은 전자산업의 축적된 기반이 있던 일본 기업이었다. 파이오니어, 산요, 소니 등 일본 회사가 초기부터 적극적으로 OLED 상용화에 착수하였다. 파이오니아 사는 1993년에 OLED 개발 연구를 시작하면서 미국 코닥 사와 라이선스 계약을 맺고, 1996년 수동구동 방식의 PMOLED를 세계 최초 개발하여 자동차 FM 수신기에까지 적용했다. 파이오니아 사의 이 시도는 OLED 상용화 가능성을 확인한 많은 기업이 연구를 시작하게 하는 기폭제가 되었다. 1990년대 중반부터 한국 기업도 OLED 연구를 시작했고, 여러 기업이 OLED 상용화 연구에 나섰다.[27] 2000년대에 들어서 대규모 생산이 가능한 진정한 상용화에 성공했고, 현재는 한국 기업이 전 세계 OLED 시장의 트렌드를 이끌고 있다. 구체적으로 살펴보면, 2005년 40인치 능동형 유기발광다이오드AMOLED TV 시제품과 20.1인치 AMOLED 패널 개발을 통해 선진 기업의 기술 수준을 따라잡았고, 2007년부터 AMOLED 대량생산 체제에 들어감으로써 세계 OLED 시장을 주도할 수 있게 되었다. 특히 OLED TV의 경우 2013년 55인치 OLED TV 양산 성공 이후 2014년 8세대 양산 라인을 세계 최초로 구축함으로써 세계 시장을 확대해가고 있다.[28, 29]

특징 4 끈질긴 시도

수년간 끈질기게 시도한 사례가 많다

:

산업기술은 계획한다고 모두 그대로 개발할 수 있는 것이 아니다. 시작 단계에서는 도전적 목표를 세우고 작은 파일럿 프로젝트를 수행하는 동시에 생산현장에서 시도를 거듭하면서 조금씩 노하우를 쌓는 지난한 과정을 견뎌야 한다. 그러다보면 오랜 시간이 걸릴 수밖에 없는데, 이 기간을 버틸 수 있는지가 관건이다. 많은 개발도상국에서 자체기술이라고 할 만한 것이 탄생하지 않는 이유도 끈질기게 시도하는 과정을 버티지 못하기 때문이다. 흥미롭게도 한국 산업기술의 발전 과정에는 10년씩 걸린 끈질긴 시도 끝에 성공한 사례가 자주 발견된다. 자동차 엔진의 자체개발 과정은 가장 전형적인 사례다. 1970년대 우리나라는 선진국에 기술사용료를 지불하고 가져다 쓰는 수준에서 출발했다. 첫 국산차 포니를 만들 때도 일본 미쓰비시에게 엔진기술 대가로 대당 7만 원, 변속기기술 대가로 대당 10만 원 내외의 당시로서는 비싼 사용료를 지불했다. 엔진 자체개발을 선언한 1983년 이후 1984년 영국 리카르도Ricardo 사와 기술협력 계약을 맺고 개발을 시작한 후 기록된 시행착오만 2천 번이 넘는다. 이런 끈질긴 도전 끝에 마침내 1991년 102마력의 알파엔진을 자체적으로 개발했다.

알파엔진은 1991년 수출용 스쿠프 모델에 처음 장착되었고 이후 엑센트, 아반떼 등 후속 모델에 연속적으로 적용되면서 업그레이드해 나갔다. 알파엔진의 성공을 시작으로 베타, 델타, 시그마, 오메가, 세타, 람다, 뮤, 감마엔진 등을 2006년까지 연이어 개발에 성공하는 저력을 보여주었다. 이 가운데 세타엔진은 2004년 미쓰비시와 크라이슬러로부터 사용료를 받고 기술 수출을 하는 등 상당한 수준에 이르렀다.[30] 이 사례는 기술도입 후 단순한 이용자에 불과하던 한국 자동차산업이 1983년부터 최소 1991년까지 수년간 끈질기게 시도한 끝에 기술 수출까지 이룩한 과정을 잘 보여주고 있다.

반도체 또한 1983년 독자개발을 선언하고 세계 최초로 시제품을 만든 1992년까지 끈질긴 시도를 이어나갔다. 2011년 전 세계 최초로 성공한 TV용 AMOLED 패널도 금방 만들어진 것이 아니라 AMOLED 연구팀을 꾸리고 10년간 끈질기게 시도한 후에야 성공을 거둔 것이다.[31]

이런 사례는 한국 산업 곳곳에서 찾아볼 수 있는데, 정밀화학 산업의 꽃이라고 할 수 있는 촉매의 자체기술 개발 과정도 그중 하나다. 촉매는 200년 이상 화학산업의 지식과 경험 기반이 있어야 접근할 수 있는 대표적인 선진국형 기술이다. 현재 한국은 프로판 탈수소 PDH 공정의 핵심 촉매를 자체기술로 생산하고 있다. 뿐만 아니라 우리 기술로 만든 촉매에 기반하여 프로판 탈수소 공정 또한 자체기술로 디자인했는데, 전 세계에서 한국 기업을 포함해 세 기업만 이 기술을 보유하고 있다. 이런 성과도 알고 보면, 1990년대 초반 미국 회사의 촉매를 쓰면서 더 나은 촉매를 만들어보겠다는 도전의식을 가진 것이, 작지만 담대한 출발이었다. 한국은 1992년 자체개발에 착수하여 끈질기게 시도하면서 조금씩 지식을 쌓아갔다. 그로부터 5년 후 촉매의 레시피를 처음 스스로 개발한 다음 상용 공정에 일정량을 투입하면서 성능을 확인하였다. 이를 바탕으로 1998년 개선된 촉매 레시피를 개발하면서 양산기술을 확보하였고, 마침내 상용화기술을 완성하기에 이르렀다. 그 후로도 현장 적용 과정의 지난한 시도를 거듭했고, 2005년 자체개발한 촉매가 프로판 탈수소 공장에 전면적으로 투입되기에 이르렀다. 성과를 확인한 결과 수입하던 미국 기업의 촉매보다 수율이 높게 나오는 등 우수한 것으로 판명되었다. 그 이후 지속적으로 개선이 누적되어 2013년에는 자체 촉매에 기반한 프로판 탈수소 공정의 설계를 독자적으로 수행할 수 있는 수준에 이르렀다.[32] 기술선진국의 장벽을 뚫기 위해 한국이 1990년대 초반부터 2000년대까지 10년 이상의 치열하고도 끈질긴 시도를 어떻게 해왔는지 이 사례를 통해 들여다 볼 수 있다.

1,128번 시도한 끝에 신약을 만들어냈다

:

목표를 달성할 때까지 끈질기게 시도한 사례는 특정 사례를 꼽기가 힘들 정도로 셀 수 없이 많다. 팩티브에 이어 한국에서 개발한 신약으로 미국 FDA승인을 받은 두 번째 기술제품으로, 급성 세균성 피부 및 연조직 감염치료제인 시벡스트로도 그중의 한 예다. 1990년대 말 연구를 시작한 지 3년만인 2002년에 이르러서야 867번째 시도에서 미국 화이자의 항생제보다 약효가 16배 뛰어난 후보물질을 발견하고 환호하였다. 그러나 동물실험에서 예상치 못한 독성 문제가 나타났고, 연구원들은 좌절했다. 조금만 더 해보자는 각오로 처음 개발했던 물질에 수백 가지 물질을 붙이고 떼는 실험을 거듭한 끝에 2004년 마침내 독성이 없는 항생제를 개발했다. 그 후로도 상용화를 위해 2년의 시간이 더 걸렸고, 연구진 중 절반 이상이 정년으로 회사를 떠났다. 2006년 전임상 시험을 끝내고 2007년 미국 기업과 협력하여 글로벌 2상 임상시험, 2008년에는 독일 기업과 협력하여 3상 임상시험을 진행했다. 그 후로도 스케일업 투자를 지속한 끝에 마침내 2015년 미국 FDA와 유럽 의약품기구EMA로부터 신약 승인을 받았다. 여기에 참여한 연구원들은 1,128이라는 숫자를 기억하는데, 신약 허가를 받은 물질이 1,128번째 시도에서 만들어진 물질이라는 사실을 잊지 않기 위해서다.[33] 1990년대 말에서 2015년에 이르기까지 1,128번의 시도 끝에 성공한 이 사례는 놀라운 이야기이지만, 한국 산업기술 개발 역사에서 유일한 이야기는 아니다.

1997년 7월 국산 신약으로 1호 허가를 받은 항암제 선플라주(헵타플라틴)도 당시 한국 제약산업의 도약을 알린 대표적인 사건이었다. 이 성취도 1990년 5월 본격적으로 착수한 개발 프로젝트가 수년의 시도를 거듭한 끝에 맺은 인내의 열매였다.[34] 아직도 기술도입 단계나 도입된 기술의 소화 단계에 머물러 있는 많은 개발도상국과 한국의 차이는 바로 이런 대담한 도전과 끈질긴 시도를 거듭했는가의 여부에 있다.

수년간 적자를 감수하고 시도를 거듭했다

:

산업기술이 발전함에 따라 우리가 만든 제품의 수준 역시 높아졌지만, 해외 시장에서 인정받는 것은 녹록치 않은 일이다. 이미 일본, 미국, 독일 등 선진 기업이 점유하고 있는 시장에 진입해야 하기 때문이다. 그들 제품은 오랜 시간 시장을 지배하면서 기술력과 브랜드

이미지를 쌓아왔지만, 우리 제품은 기술에 대한 신뢰도 자체가 낮은 상태였다. 그럼에도 불구하고 우리 기업은 포기하지 않고 초기 판매 부진을 견디며 생산을 지속했고, 기술역량을 쌓는 가운데 마침내 시장에서 안정적인 위치를 차지하게 되었다.

디스플레이도 한국이 후발주자로 시작해서 끈질긴 시도를 거듭한 끝에 성공을 거둔 대표적인 상품이다. 1995년부터 노트북용 LCD 수출을 시작했지만 초기 품질이나 판매 실적은 극히 부진하였다. 당시 수출시장은 글로벌 리더인 일본 업체의 제품만 쳐다볼 뿐 한국 기업의 제품은 거들떠보지도 않았다. 이를 반영하듯 LCD를 생산하는 대표적인 국내 기업의 1995년 한 해 영업적자가 1,100억 원에 이를 정도였으며, 이후로도 4년간 LCD로부터 단 한 푼의 수익도 얻지 못했다. 하지만 한국 기업은 이러한 어려움 속에서도 생산 시설에 투자하면서 지속적으로 기술역량을 업그레이드했다. 마침내 1999년 한 해에만 8,370억 원의 영업이익을 내며 그간의 적자를 모두 만회하였다.[35] 초기의 판매 부진에 좌절해 투자를 중단했다면 LCD 관련 산업기술은 우리나라에서 사장되고 말았을 것이다. 하지만 그 과정을 묵묵히 견딘 결과 2000년대 이후 한국은 디스플레이 강국으로 발돋움했다.

특징 5 연관 분야 산업기술의 동시 발전

기술개발은 연관 산업의 기반 위에서 이루어진다

:

자동차 엔진을 만들려면 양질의 철강이 있어야 하고, 스프링, 베어링 등 좋은 품질의 기계 부품도 있어야 한다. 또한 제어기술 관련 경험과 부품이 있어야 하고, 생산공정을 관리하는 장치와 이를 뒷받침하는 시스템 운용기술이 있어야 한다. 이렇듯 기술은 홀로 발전하는 것이 아니라 연관된 산업기술의 발전과 보조를 맞추면서 진화한다.

한국 산업기술 발전의 초기 단계에는 모든 산업 분야가 취약했기 때문에 기술적 아이디어가 있다고 해도 구현하기가 어려웠다. 예를 들어 1970년대 불소화합물의 제조기술을 개발할 때만 하더라도 불산을 취급한 경험이 부족하여 여러 건의 사고가 발생하였고, 실제로 실험에 참여한 연구자가 부상당하는 경우도 비일비재했다. 반응촉매도 제대로 생산하는 곳이 없었고, 장치 설계도 할 수 없었다. 불산을 견뎌내기에 적합한 소재의 재질이 무엇인지조차 몰라 시행착오가 곳곳에서 발생했다. 일례로 불산에 견디는 우수한 니켈 강이나 '스테인리스 스틸347' 등이 필요했지만, 국내 생산하는 곳이 없어서 실험에 필요한 최소 필요량도 해외에서 구입해야 했다. 그러나 이마저도 값이 비싸 연구비는 늘 부족한 상황이었다. 1980년대 중반에는 불산 생산용 고점성 고압반응기[Kneader]에 대한 특허를 획득하고, 설계 및 국내 제작에 성공한 적이 있었다. 그러나 이 경우에도 국내에서 특수 내식용, 내마모성 재료는 구할 수 없어 스위스 버스Buss 사로부터 불화수소HF 생산용 반응기Buss Kneader만 구입해 1989년 울산화학의 불화수소 생산에 적용하기도 하였다.[36] 연관 산업의 발달이 미숙하면 기술개발 과정이 더디 진행될 수밖에 없다는 것을 잘 보여준다.

주요 산업의 동시다발적 발전으로 기술개발이 촉진되었다
:

한국 산업기술 발전 과정을 살펴보면 여러 산업 분야가 동시다발적으로 발전하면서 각 산업기술 분야의 발전이 공진하는 현상을 발견할 수 있다. 통상 모터라고 불리는 전동기 기술의 발전 과정도 그렇다. 1970년대 전동기 업체가 전동기 기술을 개발하고자 하나둘씩 나섰으나 당시 핵심소재인 열간압연 규소강판을 제대로 생산할 수 있는 곳이 국내에는 없었다. 다행히 1979년 말 국내 종합제철소가 연간 8만 톤의 전기강판을 생산할 수 있는 공장을 완공함으로써, 고가 재료의 수입 부담없이 국내에서 전동기를 자체개발할 수 있는 기반이 만들어졌다. 이후 철강 분야에서도 지속적으로 개선이 이루어져 2017년에는 친환경 자동차산업과 고효율 프리미엄 가전제품에 쓰이는 최고급 전기강판 생산공장을 준공하였다.[37] 이 첨단 철강소재는 전기자동차 구동 모터코어와 청소기, 냉장고 등 고효율을 요구하는 가전제품 및 산업용 대형발전기 기술에 꼭 필요한 소재로서 중요한 역할을 하고 있다.

산업의 동시발전을 꾀하기 위해

정책적으로 마스터플랜을 적용했다

:

많은 개발도상국이 산업 기반이 없을 때 한두 가지 특정 산업에 집중함으로써 산업육성에 나선다. 그러나 연관 산업이 동시에 발달하지 않은 탓에 흔히 수입부품소재를 조립하는 방식으로 내실없는 산업을 갖게 되는 경우가 적지 않다. 한국도 1970년대까지 일부 조립가공형 경공업을 제외하고 산업 기반이 거의 없었고, 기술적으로 새로운 것을 시도하고 싶어도 근본 한계가 있었다. 다행스럽게도 1970년대 중반 이후 기계, 전기전자, 철강, 화학, 정보통신 등 다른 산업에 기초적인 부품과 소재를 공급할 수 있는 기반 산업이 동시에 발달하기 시작했다. 그 결과 자동차 산업기술의 발전에 기계, 철강, 전기전자 등의 산업 기반이 활용되었고, 그 역도 마찬가지로 작용했다.[38] 그러나 여러 주체의 투자행위가 비슷한 시점에 동시에 일어나기는 쉽지 않은데, 이를 흔히 산업발전 과정에서의 코디네이션 실패cordination failure라고 일컫는다. 1970년대 한국 산업의 동시 성장은 이런 코디네이션 실패를 국가적 마스터플랜으로 극복한 대표적인 사례라고 할 수 있다. 시대 상황이 바뀌었으므로 이러한 하향식 계획이 여전히 유효하리라고 볼 수 없겠지만, 연관 산업의 동시 발전은 한국 산업기술 발전 과정에서 특징적으로 나타난 현상임에는 분명하다.

한 산업의 발전이 후속적으로 연관 산업의 발전을 견인했다

:

특정 시점에서는 산업기술의 발전이 연관 산업의 발전 정도에 의해 결정되지만, 동적으로 보면 이전 단계에 어떤 산업기술이 개발됐는지가 다음 단계와 연관된 다른 산업기술이 꽃필 수 있는 출발점이 되기도 한다. 이를 두고 '산업기술 발전은 경로의존성Path dependency을 갖고 있다'고 한다. 한국의 산업기술도 이런 경로의존성을 지닌 채 연관 기술이 지속적으로 발전해 온 역사이기도 하다.

예를 들어 1980년대 말부터 시작하여 1990년대 초반까지 행정전산망용 주전산기 기술이 개발되었고, 타이컴이라 명명된 주전산기가 보급되었는데, 이 개발 과정에서 축적된 경험은 후에 컴퓨터 소프트웨어 산업의 마중물이 되었다. 주전산기 기술개발 과정에서 데이터베이스 시스템의 기반기술이 축적되었고, 관련 산업이 형성되기 시

▪ — 타이컴 시제품(타이컴 I (왼쪽), 타이컴 II (가운데), 타이컴 III (오른쪽))[39]

작한 것이다. 그 중심에는 '바다'라는 데이터베이스 관리 시스템 기술개발이 자리하고 있다. 1989년부터 2000년까지 바다 Ⅰ, Ⅱ, Ⅲ, Ⅳ, Ⅴ로 이어진 연구개발 과정에서 관련 기업체가 생겨났고 전문인력도 200명 이상 배출됐다. 그들은 지금도 관련 산업계에서 활약하고 있다. '바다' 관련 개발 과정으로부터 주기억장치와 관련된 데이터베이스 관리 시스템뿐만 아니라 지리 정보에 특화되거나 공개 소프트웨어 분야 및 기타 특화된 소규모 솔루션을 제공하는 많은 중견급 소프트웨어 벤처기업이 성장했다.[40]

특징 6 최종재 기술에서 부품소재 기술로

부품소재산업을 발전시키지 못하는 것이 개발도상국의 일반적 패턴이다 :

한국 산업기술의 발전 과정은 전형적으로 최종재를 생산하면서 관련 기술을 확보하고, 이 최종재에 필요한 부품소재기술을 하나하나 내 것으로 만들어가면서 기술을 심화시켜온 역사다. 자동차를 조립하다가 엔진을 만드는 과정을 떠올리면 쉽게 이해할 수 있다. 개발도상국이 흔히 이러한 진화 과정을 염두에 두고 최종재 생산을 시작해 보지만, 부품소재기술로 진입하지 못하는 경우가 대부분이다. 최종재를 생산하면서 얻는 얼마 안 되는 이윤에 만족해 거기서 멈추는 경우가 많고, 최종재와 달리 부품소재기술은 오랜 기간 경험을 쌓아야 하는 등 기술적 진입장벽이 높기 때문이다. 그러나 한국 산업에서는 최종재에서 부품소재로 이어지는 기술 심화의 사례를 곳곳에서 발견할 수 있다.

예를 들어, 한국은 1990년대 자동차산업이 어느 정도 궤도에 올라갈 무렵부터 고부가 복합수지인 초고강도의 범퍼 재료에 도전하기 시작했다. 초고강도 범퍼 재료는 소비자의 고품질 요구도 충족시키면서 비용절감도 할 수 있는 소재기술 분야였으나 선진국 기술의 진입장벽이 높은 대표적인 분야였다. 1993년 공공연구소와 국내 기업이 협력하여 초고강성 5마일 범퍼 패시아5mile bumper facia의 연구개발에 착수하였다. 2년여 연구 끝에 1995년 개발에 성공해 특허를 획득하였으며, 국내 생산되던 여러 자동차 모델에 실제 적용되었다.[41]

선진국의 핵심소재를 국산화하는 사례가 나타났다

:

한국이 자랑하는 디스플레이 분야 기술도 마찬가지다. 한국은 1998년 편광판 사업을 시작하였으나 주요 원재료를 일본에서 수입할 수밖에 없는 소위 전형적인 가마우지 상황[42]에 있었다. 그중에서도 표면처리 필름은 편광판 제조원가의 약 20%에 해당하여 가장 큰 비용을 차지할 뿐만 아니라, 축적된 기술이 필요한 재료였다. 당시 표면처리 필름의 주요 제조사는 DNPDai Nippon Printing, 일본제지, 도모에가와Tomoegawa, 니토 덴코Nitto Denko, 토판Toppan 등 일본의 소재기업이었다. 당시 한국은 기술 격차 때문에 쉽게 국산화할 엄두를 내지 못했고, 이를 알고 있는 일본 기업은 높은 가격을 요구하기 일쑤였다. 이런 상황을 타개하기 위해 국내 기업은 광학용도의 표면처리 소재에 대한 연구를 시작했다. 다행스럽게도 1990년대 초반부터 플라스틱용 코팅 소재 연구를 진행해온 연관 분야의 축적된 경험이 기반이 되었다. 수년간의 시행착오 끝에 표면처리 필름을 국산화하는 데 성공했고, 2007년 편광필름용 점착제를 자체기술로 개발하는 수준에 이르렀다.[43]

이뿐 아니라 디스플레이 공정에서 구리배선을 새겨 넣는 데 필요한 식각액Etchant은 기판, 포토레지스트Photoresist 등에 손상이 없어야 함은 물론이고 대형 기판에서의 균일성과 생산성 향상을 위해 빠른 식각율Etch Rate이 요구되는 하이테크 소재이다. 이 역시 일본 소재기업들이 전적으로 생산하고 있었으나, 국내 중소기업이 국산화에 성공했다. 또 다른 국내 소재기업은 2004년 초정밀 금형 및 사출 기술을 활용하여 LCD 핵심소재인 백라이트용 프리즘 도광판을 개발하기도 했다.[44] LCD 컬러필터용 오버코트overcoat 소재기술도 오랜 시간이 걸렸으나 결국 국내 기업이 개발하는 데 성공했고, 컬러 포토레지스트color photoresist, 블랙 매트릭스black matrix, 컬럼 스페이서column spacer, 기능세정액 등을 만드는 기술도 하나하나 국내에서 개발되었다.[45]

기술 축적이 필요한 대표적인 분야인 공작기계도 유사한 진화 패턴을 보이고 있다. 1990년대까지 수치제어NC 공작기계 부품의 국산화율은 65%에 불과했다. 더구나 핵심부품인 NC 장치, 서보모터 및 드라이브, 스핀들 모터, 볼스크루, LM 가이드guide는 국산품 사용 비율이 10~20%에 불과할 정도로 수입에 절대적으로 의존하고 있었다.[46] 이들 핵심부품이 원가에서 차지하는 비중이 35%를 넘어가는 상황을 감안하면, 공작기계 기술개발에서 가장 시급한 과제로 핵심부품의 국산화를 꼽는 것은 지극히 자연스러운 결과였다.[47] 지금도 공작기계 분야에서는 초정밀 모터를 비롯하여 여러 핵심부품 기술을 국산화하기 위해 분투 중이다. 그러나 이 또한 다른 사례에서와 같이 도전을 멈추지 않는다면 하나하나 극복할 것이다.

최종재 산업의 호황을 부품소재 기술개발의 기회로 활용한 사례가 등장했다

:

최종재 산업에 뛰어들었다고 해서 부품소재 산업이 자동적으로 발달하는 것은 아니다. 최종재 산업이 호황을 맞이하거나 정책적으로 육성하는 상황이 되었을 때 이를 핵심부품소재를 국산화하는 계

▪ — 1,400kW급 선박용 고압전동기[48]

기로 삼아 최종재의 부가가치를 높이겠다는 의지가 있어야 가능하다. 조선산업의 핵심부품소재 기술개발도 조선산업의 호황기 때 집중적으로 이루어졌다. 1990년대 말과 2000년대 초반 조선산업이 호황기를 맞이하자 고출력의 선박용 고압전동기 기술개발에 집중 투자했던 사례가 대표적이다. 수년간의 시행착오 끝에 2001년 개발된 선박용 고압전동기는 경량재료를 사용함으로써 무게가 15~28% 정도 가벼워졌고 생산원가도 10~20% 절감되었다. 이렇게 되면 최종재인 선박의 국제경쟁력이 높아지는 것은 당연하다. 게다가 이 과정에서 냉각 통풍 및 열해석 기술과 구조해석 기술 등을 확보하기도 했다.[49]

공공의 수요가 부품소재 개발을 견인하기도 했다

:

공공 인프라 수요가 부품소재 기술개발을 자극하기도 했다. 우리나라에서 지하철이 처음 개통된 때는 1974년이지만, 당시에도 핵심적인 전기장치는 수입에 의존하고 있었다. 또한 국내에 철도차량용 인버터 구동 유도전동기가 처음 도입된 것은 1992년 과천선부터지만 이후에도 일본 도시바와 기술제휴를 통해서 200kW급 견인전동기를 1995년부터 라이선스 생산하기 시작한 수준에 머물러 있었다. 1990년대 중반 정부와 철도차량제작사가 공공출연연구소와 함께 지하철용 철도차량의 핵심부품인 견인전동기 기술개발에 착수하였다. 1996년 공동연구를 시작하여 수년간 개발과 테스트를 반복한 끝에 마침내 2002년에 광주지하철 1호선에 국내 기술로 개발된 210kW급

견인전동기가 처음 탑재되어 현장 운전을 시작했다.[50]

최종재 대기업과 부품소재 중소기업 간 협력이 심화되기 시작했다
:

최종재 생산과 부품소재 공급은 대기업과 중소기업의 분업체제로 이루어지는 것이 대부분이다. 특히 하이테크 부품소재 기술의 경우 최종재 기업과의 긴밀한 공조가 전제되어야 기술개발의 결과물이 바로 채택되어 쓰일 수 있다. 한국은 1980년대 중반을 넘어서면서 단순 납품관계를 넘어 기술개발 과정에서 최종재 기업과 부품소재 기업 간 진전된 협력관계가 나타나기 시작했다. 반도체 소재기술의 국산화 과정이 이를 전형적으로 보여준다. 포토레지스트의 경우 1980년대 후반부터 중소기업과 소재전문 대기업이 국산화를 위한 개발에 나서기 시작했다. 그 결과 1989년 G-line 포토레지스트 개발에 성공하였다. 개발된 포토레지스트는 먼저 제조공정이 단순한 OLED 제조공정에 응용하여 그 성능을 검증 받은 후 메모리 반도체 제조공정에도 성공적으로 사용되었다.[51] 포토레지스트를 생산하는 국내 부품소재 기술의 수준이 높아지면서 선진 기업들이 특허를 무기로 기술 보호 장벽을 강화하기 시작했다. 이 장벽을 넘기 위해 국내 기업은 기본 소재부터 기술적 차별성을 갖도록 독자개발하는 데 초점을 두면서 소재 관련 특허를 본격적으로 출원하기 시작하였다. 반도체 대기업들도 포토리소그래피Photolithograph 공정 개발에 포토레지스트와 같은 소재가 중요한 역할을 한다는 데 공감을 하면서 새로운 공정개발의 초기 단계부터 선진 기업뿐만 아니라 국내 소재 업체에도 소재를 테스트해 볼 수 있는 기회를 제공했다. 또한 그들은 소재 기초기술에 대한 공동 기술개발도 진행하기 시작했다. 2002년 이후 국내 소재기업은 공동개발의 기회를 얻으면서 반도체 공정의 특징에 맞는 고청정 소재를 생산하는 등 제조와 품질 관리 노하우를 축적하면서 신뢰감과 자신감을 쌓아갔다. 그 결과 국내 소재 업체는 불화아르곤ArF 포토레지스트뿐만 아니라 F2(157nm)용 포토레지스트, EUV(13.5nm)용 포토레지스트 등을 동시다발적으로 개발하기 시작했다. 2002년에는 국내 중견 소재기업이 미국 텍사스 인스트루먼트Texas Instruments 사에 ArF 포토레지스트를, 2004년에는 국내 반도체 회사에 ArF 포토레지스트와 ArF 반사방지막을 공급하는 등 선진 기업과 기술을 겨룰 수 있는 수준까지 올라섰다.[52] 이 과정에서 이 중견 기업에 기초소재를 공급하는, 더 원천적인 원자재 산업도 발전하기 시작했다. 기초적인 용제solvent와 포토레지스트 및 반사방지막용 고분자 제품이나 광산 발생제 기술이 국내에서 개발되었고, 자체기술과 생산역량을 가진 국내 중소기업의 숫자가 눈에 띄게 늘어났다. 아직 극복해야 할 분야가 많고 더 심화시켜야 할 기술적 과제도 많지만, 이러한 사례를 통해 알 수 있는 것은 최종재 조립기술에서 시작한 한국 산업기술이 조금씩 부품소재 원천기술로 심화하면서 다각화해 왔다는 점이다. 다만 그 진화 속도를 더 높이려면 조립 대기업과 부품소재 중소기업 간 보다 진화된 협력관계가 필요하다는 점은 두 말할 필요가 없다.

고부가 부품소재 기술발전에 집중한 결과 1990년대까지 만년 적자를 면치 못하던 부품소재 산업이 2011년 600억 달러가 넘는 수출을 하기에 이르렀고, 2018년 말 기준 3,100억 달러가 넘는 수출 실적을 기록하였다. 무역흑자만도 360억 달러가 넘는 규모가 되었다.[53] 개별 품목을 보더라도 상당한 기술 축적이 필요한 에어컨과 냉장고의 핵심부품인 로터리 컴프레서는 1992년부터 수출되기 시작했고, 1998년 말까지 누적 600만 대 이상을 수출했다. 1995년에는 원천기술을 가지고 있던 일본의 샤프 사에 국내 최초로 개발된 인버터 타입의 로터리 컴프레서를 수출하기도 했다.[54] 여전히 기술개발을 기다리고 있는 핵심부품소재가 많지만 이렇게 하나하나 극복해온 과정에서 교훈을 얻는다면 우리가 바라는 목표 지점에 더 가까워질 것이다.

특징 7 위기를 도약의 기회로

내외부 경제 환경의 위기를 기회로 활용했다

:

한국의 산업기술 발전은 크고 작은 위기를 새로운 도약의 발판으로 삼아 도전하는 과정의 연속이었다. 선진국의 견제도 전화위복의 계기로 작용했다.

자본집중식 설비투자로 조립형 산업의 기반을 만들었던 1970년대의 방식이 1980년대에 들어서면서 한계를 보이기 시작했을 때도 한국 산업은 오히려 도전에 뛰어들었다. 1980년대 중반을 넘어서 한국 산업이 요구하는 기술 수준이 점점 높아지면서, 기술선진국은 기술이전에 소극적인 태도로 입장을 바꿨고 더 나아가서는 특허 장벽을 치거나 기술개발을 저지하려는 적극적인 움직임을 보이기 시작했기 때문이다. 일례로 건설기계 분야에서는 1980년대 후반부터 핵심부품을 공급해주던 일본 기업이 물량 부족 등의 납득하기 힘든 이유를 대며 수출 물량 자체를 제한하는 조치를 취했다. 그 결과 국내 건설기계 생산 자체에 차질이 생겼다. 이를 해결하고자 우선 독일 및 이탈리아, 미국 등으로 부품 수입 선을 다변화하고, 핵심부품기술을 자체적으로 개발하기 위한 연구개발투자를 늘려나갔다.[55] 이처럼 위기와 도전, 그리고 전화위복의 패턴은 한국 산업기술의 발전에서 흔히 보이는 흐름이다.

선진국의 견제뿐 아니라 내부적 위기에 대한 대응도 마찬가지였다. 1994년 10월 성수대교 붕괴 후 건설기술 분야는 치열한 자기성찰 끝에 그동안 전혀 관심을 갖지 않던 '건설사업관리 기술'과 '운영 및 유지관리 기술' 분야에 노력을 기울이기 시작했다.[56] 그 결과 다 지으면 끝나는 건설기술이 아니라 짓고, 쓰고, 폐기하는 전 과정을 모두 담당하는 건설기술로 그 개념을 확대·심화했다.

한국 산업은 1980년대 초 2차 오일쇼크, 1990년대 말 아시아 금융위기, 2000년대 말 글로벌 금융위기 등 수많은 위기를 극복하면서 성장해왔다. 이 과정을 잘 살펴보면 위기가 현실화되고 혼란이 극에 달했던 기간에도 끊임없이 새롭게 기획하고 기술개발에 투자함으로써 위기 이후 오히려 더 성장하는 재도약의 기록을 어렵지 않게 찾아볼 수 있다.

화학공업은 1980년 전후 세계적인 2차 오일쇼크와 국내 정치적 혼란 중에도 새로운 수준의 공장 건설에 도전하기도 했다. 일례로 1970년대 중반부터 석유화학산업의 새로운 발전 방향을 모색하던 중 한 국내 기업이 1978년에 각각 연생산 8천 톤 규모의 메틸아민 공장과 디메틸포름아마이트DMF; Dimethyl Formamide 공장 및 연생산 1천 톤 규모의 콜린클로라이드Choline Chloride 공장, 연생산 7천 톤의 일산화탄소 정제 공장 건설을 목표로 기획에 들어갔다. 1978년 여름부터 메틸아민 공장 부지의 정지 작업을 시작했고, 1980년 6월 준공식을 여는 것으로 정밀화학 분야의 첨단기술에 본격적으로 첫 발을 내딛었다.[57] 다시 말하지만 이때는 국내적으로 정치적 혼란이 극심했고, 국외적으로도 2차 오일쇼크가 본격적으로 세계 경제를 흔들어놓던 시기였다.

국가 위기 중에도 기술개발 노력을 지속했다
:

연구실도 국내외적 위기와 상관없이 도전하기는 마찬가지였다. 1980년 12월 한국과학기술원KAIST의 촉매공정연구실은 국내 기업과 함께 코발트카르보닐Cobalt Carbonyl 촉매를 이용한 말론산에스터 제조에 대해 공동연구를 하기로 하고, 1981년부터 2년간 연구를 거듭한 끝에 국내 최초 말로네이트 제조기술 개발에 성공했다.[58]

전자식 비디오카세트레코드VCR 기술개발 역시 1980년 4월에 착수해 1981년 2월 시제품 제작에 들어가 그해 5월에 시제품을 완성했다. 곧이어 6월 생산조직을 갖추고, 9월에 국내 최초 전자식 VCR 1호를 생산하기 시작했다.[59]

수많은 기업이 일거에 파산하고 실업자가 쏟아져 나오던 아시아 금융위기 한가운데서도 기술개발은 계속되었다. 1990년대 말 한국의 전자산업이 커지면서 적층세라믹콘덴서MLCC; Multi-layer Ceramic Capacitor 산업도 확대일로에 있었다. 그러나 이에 필요한 핵심소재인 BT파우더Barium Titanate Powder는 일본 소재기업에 전적으로 의존하는 상황이었다. 적층세라믹콘덴서의 수요가 급증하면서 일본 BT파우더 소재기업은 일본의 콘덴서 기업에 우선 공급하는 정책을 펴고 있었고, 따라서 한국 기업으로서는 수급이 안 될 수도 있는 불안정한 상황이 계속되었다. 이러한 불확실한 상황을 타개하기 위해 1998년 BT파우더를 자체개발하기로 결정하고, 끈질긴 도전 끝에 2000년 실험실 수준의 개발을 완료했다. 2001년 양산기술을 완성하고 공장 건설에 착수했으며 2002년 본격적으로 생산에 돌입, 시장에 공급하기 시작했다.[60] 이때가 아시아 금융위기가 폭풍처럼 한국 산업계를 휩쓸고 지나가던 시점임을 다시 되새길 필요가 있다.

1세대 디지털 TV 수신 칩셋도 아시아 금융위기가 막 시작된 1997년 10월 세계 최초 개발되었는데, 알고 보면 1993년부터 연간 600여 명의 인력을 투입한 결과였다. 그 여세를 몰아 1998년에는 2세대 디지털 TV 수신 칩셋 상용화에도 성공했다. 이 과정에서 500건 이상의 특허가 탄생했고, 아날로그 TV 시장에서 일본에 절대 열세에 놓여 있

던 한국이 디지털 TV 시장에서 주도권을 잡는 데 결정적인 발판을 마련할 수 있었다.[61]

이런 과정을 되짚어보면 국내적으로 정치·경제 환경이 급변하고 세계 경제 환경이 요동치면서 국가 전체를 흔들만 한 큰 위기가 삼각 파도를 일으키는 와중에도, 생산현장과 연구실 같은 깊은 심연에는 수많은 기술자가 느리지만 꾸준한 호흡으로 기술개발에 매진하고 있는 모습이 그려진다.

디지털 기술 패러다임에 적극적으로 대응했다

:

기술 패러다임의 전환도 기업에게는 큰 위기가 될 수 있다. 아날로그 기술을 대체할 새로운 패러다임으로 디지털 기술이 본격적으로 등장하던 1990년대가 그런 시기였다. 한국은 이 기술적 패러다임 전환의 시기에 과감하게도 아날로그가 아니라 디지털 기술에 승부를 걸었다. 디지털 TV 기술의 성공이 그 대표적인 사례다. 아날로그 기술 시대 TV 산업의 절대강자는 일본 기업이었다. 일본은 이미 1960년대부터 아날로그 방식의 HDTV 개발을 시작했고, 1991년 11월부터는 아날로그 방식 HDTV 시험 방송을 하루 8시간씩 하면서 세계 표준을 리드하기 위해 막대한 국가적 노력을 기울였다. 그러나 디지털 패러다임이 등장하기 시작한 시기에 한국 기업은 선진국과 같은 선상에서 출발할 수 있는 디지털 HDTV 기술에 집중하기 시작했다. 1987년 연구가 시작되었고 1991년과 1992년 무렵 핵심기술을 개발했다. 이를 위해 디지털 TV의 원천기술을 가지고 있던 미국의 제니스 사를 인수합병하는 등 선진 기술의 학습 노력도 병행했다. 마침내 1998년 세계 최초 디지털 TV를 개발하기에 이르렀다.[62] 이때부터 한국이 일본을 앞질러 TV 부문에서 절대강자의 자리에 올랐다. 후발주자로서 기술 패러다임이 변화할 때 기존의 축적된 기반이 필요한 기술이 아니라 새롭게 출발하는 기술로 승부를 걸어 성공한 대표적인 사례라 할 수 있다. 그러나 새로운 기술은 아직 시장에서 검증되지 않았기 때문에 실패할 가능성이 높고, 벤치마킹 모델도 없어 스케일업하는 데 시간과 노력이 많이 든다는 단점이 있다. 쉽게 말해 실패 위험성이 무척 높은 전략이다. 현재 세계 트렌드를 지배하고 있는 디지털 기술 기반의 한국 제품은 대체로 1990년대 말과 2000년대 초반 위기 시 위험을 무릅쓰고 새로운 패러다임에 과감히 도전한 결과물이다.

3부

한국 산업기술 발전의
주요 요인

Great Transformation

5장

한국 산업기술 발전 요인 1
생산과 기술의 공진

산업기술이 실현되는 곳, 생산현장

생산현장은 산업기술의 모판이다

:

연구실에서 만들어진 아이디어와 실험 결과는 생산현장에서 꽃을 피울 때 비로소 산업기술이 된다. 여기 말하는 생산현장은 단순히 물건을 만들어내는 공장factory만 의미하지 않는다. 야외의 건설현장도 생산현장이 될 수 있고, 소프트웨어 개발자가 잔뜩 모여 있는 사무실일 수도 있다. 어쨌든 부가가치가 창출되는 물리적인 공간이라면 모두 생산현장이다. 아무리 훌륭한 아이디어라도 결국 생산현장을 통해서 물리적으로 구현되어야만 손으로 만질 수 있는 가치가 탄생되기 때문에 과학기술과 달리 산업기술은 반드시 생산현장이 있어야 한다.

산업기술은 현장의 문제를 해결하려는 노력에서 움튼다. 따라서 생산현장은 산업기술이 탄생하는 모태라 할 수 있다. 어떻게 하면 더 빨리 굳는 콘크리트를 만들 수 있을까, 어떻게 하면 더 소리가 적게 나는 엔진을 만들 수 있을까 등 예를 들자면 끝도 없다. 이렇듯 대부분의 산업기술 아이디어는 생산현장에서 출발한 것이다. 그래서 실험실에 있는 연구자 못지않게 기능공과 여러 분야의 엔지니어까지 현장기술자의 역할이 무척 중요하다. 그들 모두 문제 제기자로서 역할을 할 수 있다. 생산현장의 중요성은 이뿐만이 아니다. 기술적 아이디어를 스케일업하는 과정에서 시행착오를 발견하고 수정해나가야 하는데, 그 과정이 이루어지는 물리적 테스트베드가 바로 생산현장이다. 따라서 현장이 없으면 스케일업이 불가능하고, 결과적으로 스스로 기술을 개발하기보다 남이 스케일업 해놓은 완성된 기술을 가져올 수밖에 없게 된다. 한국의 산업기술 발전 과정을 살펴보면, 문제를 제기하고 해법을 테스트하는 장으로서 생산현장의 역할이 잘 드러난다. 그런 의미에서 보면 한국의 산업기술은 연구자와 현장기술자가 같은 역할 비중을 담당하면서 함께 만들어낸 성취라고 할 수 있다.

생산현장 건설이 산업기술 발전의 첫 단추였다

:

생산현장의 확보는 모든 산업기술 발전의 첫 단추다. 한국의 경우 일제강점기와 전쟁을 거치며 공장 수도 절대적으로 부족했고, 인프라도 대부분 파괴되어 산업 기반이 전혀 없었다고 해도 과언이 아니었다. 이러한 상황에서 공장을 세우고 생산활동을 시작하기 위해 피땀 어린 노력이 있었다. 전쟁 후 산업기술 개발 초기 때 공장은 지금 기준으로는 허름한 공작소 수준에 불과한 작은 규모였다. 하지만 기본적인 생계조차 힘겨웠던 그때 상황을 그려보면, 공장 설립은 당시 기업가와 기술자에게 대단한 용기와 도전정신이 있었기에 가능했다. 생산현장을 만들거나 운영해 본 경험이 전혀 없었기 때문에 외국의 기술과 자금을 들여올 수밖에 없었다. 정부는 부족한 자금을 효율적으로 마련할 수 있도록 해외 원조자금을 연결하고 조정하는 등 정책적으로 지원했다. 농촌사회를 떠나 도시로 이주하여 생산현장에 참여하면서 산업기술 개발의 선봉에 선 초기 현장인력의 기여 역시 무시할 수 없다. 이러한 각 주체의 노력이 있었기에 초기 생산현장이 구축될 수 있었다.

기술을 이해하여 스스로 제품을 만들게 되었다

:

초기 공장 운영에 참여한 현장의 산업인력은 아무것도 모르는 상태에서 일단 수입된 낯선 기계를 붙들고 운전해보기 시작했다. 이 과정에서 처음 겪는 문제를 풀어야 했고 무수한 시행착오를 반복했지만 그러면서 조금씩 근대적 산업활동의 지식이 쌓여갔다. 들여온 매뉴얼을 이해하고 이를 적용해보는 과정이 생산현장에서 진행됐으며 실행역량은 이러한 운영경험 속에서 커져갔다. 현장인력이 문제를 해결하는 과정에서 기술의 원리를 하나씩 이해하기 시작하면서 도입된 매뉴얼을 재해석하고 변형할 수 있는 능력을 갖추게 되었다. 능동적인 기술 학습이 시작된 것이다. 기존 제품을 분해하고 그것을 재조립하면서 기술 원리를 파악하는 역설계reverse engineering[1]은 이 시기 생산현장에서 시행된 기술 학습의 대표적인 방법이었다. 한편, 한 산업의 생산현장 설비와 지식을 활용하여 연관된 다른 산업의 기술개발이 시작되는 연쇄 파급 효과도 나타났다. 비료산업에서 얻은 초보적인 생산 지식을 바탕으로 석유화학산업의 싹이 트고, 기계산업의 발전이 자동차산업의 발전으로 이어진 것이 여기에 속한다. 국내의 생산현장에서 이렇게 자체적으로 만든 부품과 기계로 만들어내는 제품이 점차 늘어나기 시작하면서 제품의 국산화율 역시 높아졌다.

생산현장이 고도화되면서 첨단기술 개발의 기회가 생겼다

:

생산현장의 수준이 높아지면 첨단산업기술의 새로운 기회가 열린다. 더 높은 수준의 고급 제품 생산을 달성하려면 이전과는 다른 차원의 기술이 필요하기 때문이다. 필요한 기술 수준이 높아진 만큼, 이 기술을 얻기 위한 방법 역시 달리할 필요가 있는 것이다. 처음에는 외국에 의존하여 기술을 도입하다가 그 다음에는 역설계 등의 방법을 통해 기술을 익혔다면, 이때부터는 본격적인 연구개발을 통해 생산현장에 자체기술이 활용되기 시작한다. 첨단의 산업기술 개발은 연구개발과 생산이 별개로 움직이는 것이 아니라, 서로 피드백을 주고받으며 소위 공진화하는 모습을 보여준다. 현장의 엔지니어가 기술적인 개선이 필요한 첨단의 문제를 제기하면 연구자가 기술적 해법을 제시하거나, 반대로 연구자가 새로운 기술 가능성을 제시하면 현장의 엔지니어가 이를 구현하기 위해 노력한다. 산업 수준이 높아질수록 현장과 기술 간 상호작용은 더욱 긴밀해진다.

최근 산업기술이 발전함에 따라 생산현장 역시 첨단에 이르고 있다. 지금까지는 세계 최고 기술을 보고 빠른 연구개발과 생산현장에의 적용을 통해 이를 따라잡는 식으로 산업기술 개발이 이루어졌다면, 이제는 첨단 생산현장을 활용해 선진 기술보다 더 높은 수준의 산업기술을 제안하고 있다.

어떠한 생산 기반 경험도 없이 출발했다

산업발전 초기, 생산 기반이 전혀 없었다

:

생산현장은 연구실에서 이룬 발명을 산업기술로 만드는 곳이다. 따라서 산업기술 개발에 착수하려면 생산현장이 먼저 마련되어야 한다. 그런데 1950년대만 하더라도 거의 모든 산업 기반이 절대적으로 부족한 상황이었다. 일례로 1948년 북한에서 송전을 중단하면 그나마 얼마 없던 모든 공장의 조업률이 20%로 내려가는 등 정상적인 산업활동을 수행할 수 없을 정도였다. 여기에 더해 한국전쟁은 그나마 있던 생산현장마저 파괴했다. 전쟁으로 인해 공업 기반 시설의 약 50%가 파손되었으며, 약 22억 달러 규모의 막대한 물질적 손실을 입었다. 전쟁 이후 복구를 위한 기반과 장비조차 마땅치 않아 참전국 공병이 사용하던 장비를 기증받고, 여러 선진국의 경제원조로 들어온 기계로 도로를 복구하고 교량을 건설하는 시절이었다.[2] 철강산업의 경우는 상황이 더 심각했다. 한국전쟁으로 국토가 남북으로 분단됨에 따라 철강제조설비의 90%가 북한 지역에 남게 되었고 남은 10% 가량도 제대로 가동할 수 없는 상황이었다.[3] 산업활동을 위한 인프라 역시 전쟁으로 큰 피해를 입었는데, 철도의 경우 기관차의 61%(674대 중 417대), 객차의 69%(1,183량 중 816량), 화차의 57%(1만 1,425량 중 9,512량), 동차의 86%(42대 중 36대)가 파괴되었다.[4] 도로망 또한 손실을 피할 수 없었다. 1953년 도로 총 연장은 2만 6천여km으로 1944년 수준(2만 5,549km)에 머물렀으며, 포장도로 연장은 580km으로 1944년(1,066km) 대비 절반 가까이 줄어 들었다.[5] 이렇듯 한국은 일제강점기와 한국전쟁을 겪으며 그나마 남아 있었던 생산 환경마저 잃었고, 산업활동을 위한 기반 시설 역시 대부분 파괴되어 이를 복구하는 것으로 산업기술 발전을 시작할 수밖에 없었다.

열악한 환경에서도 생산현장이 만들어졌다

:

이렇게 생산 기반과 경험이 거의 없는 상황에서도 한국은 산업기

▪ — 시발자동차 제작 과정과 1955년 생산을 시작한 시발자동차의 모습[6]

술 개발을 시작하기 위해 생산현장 확보에 나섰다. 지금 기준으로 생각하면 비록 작은 공작소 수준에 불과한 설비와 인력을 가진 공간이지만 이런 현장에서라도 생산을 시작하는 게 중요했다. 시발始發자동차 사례로 많이 알려진 한국 자동차산업의 시작 역시 매우 열악한 환경에서 이루어졌다. 1950년대 버스 및 특장차 제작의 시작은 드럼통을 이용해 버스 차체를 만드는 것이었다. 시발자동차 역시 한국전쟁 이후 폐차 처분된 미군용 지프를 불하받은 후 부품을 긁어모아 다시 개조 및 조립한 재생자동차였다.[7] 지금 전 세계를 달리고 있는 한국 자동차의 시작은 이렇듯 미약하고 초라했다. 그러나 생산 기반이나 생산경험이 전혀 없는 상태에서 생산을 시작했다는 것만으로도 산업기술 발전사에 기록될 만하다.

생산에 필요한 장비조차 없는 상태에서 생산을 시작했다

:

마땅한 장비가 없던 환경에서 도전적으로 산업기술 개발 목표를 설정해 실행에 옮긴 것은 지금 돌아봐도 쉽지 않은 결정이었다. 1968년 서울-수원 간 공사 기공식을 시작으로 경부고속도로 건설 공사를 시작했지만, 한국은 고속도로 건설에 필요한 장비가 절대적으로 부족한 상황이었다. 자료에 의하면 당시 국내의 덤프트럭, 크레인 등 건설기계 대수는 총 1,647대에 불과했고, 그마저도 대부분 한국전쟁 전후에 도입된 것이라 이미 15년이 넘은 노후된 장비였다. 덤프트럭만 하더라도 계획상 1,187대가 필요했는데 국내에는 200대 정도만 사용 가능했으며, 크레인도 107대가 필요했지만 실제 활용 가능한 것은 단 2대에 불과했다. 이러한 상황에서 고속도로를 건설하려면 외국 장비를 들여오는 수밖에 없었다. 미국, 영국, 프랑스, 스웨덴 등의 건설업체로부터, 그것도 외상으로 필요한 장비를 받아야 공사에 필요한 숫자를 겨우 맞출 수 있었다.[8]

생산에 필요한 기초적인 장비와 해당 지식이 없는 상황에서 생산을 개시하기란 여간 어려운 일이 아니었다. 생산현장의 인력은 어디서 시작해야 하는지조차 모르는 암울한 상황이었지만 당시 사람들은 시행착오를 반복하며 기술을 익혀나갔다. 한국 최초로 인쇄잉크를 만들 당시에도 잉크 제조에 쓰이는 기본적인 장비도 없이 생산을 시작했다. 품질 검사 장비가 없어 혀끝에 잉크를 떨어뜨려 직접 산도를 체크하거나 손가락에 잉크를 묻혀 피부에 닿는 느낌으로 점도와 농도를 평가하기도 했다. 이렇게 잉크를 생산해도 담을 용기가 없어 미군부대에서 대량으로 나오는 커피 깡통을 재활용해 잉크통으로 사용하는 수준이었다.[9] 비누 공장을 세워도 공정에서 빠질 수 없는 계면활성제 역시 구하기 어렵기는 마찬가지였다. 계면활성제 생산은 1965년 무렵에 시작됐지만 당시 화학공장에는 펌프와 정밀저울은 말할 것도 없고 유량계, 온도계, 압력계, 심지어 제품 포장용기까지 화학물질 생산에 필요한 도구를 생산하는 국내 기업은 찾기 어려웠다. 이러한 상황에서 화학공장의 산업인력은 펌프가 없으면 물지게로 물을 날랐고 황산 등의 화공약품도 용기가 없어 손으로 들고 나르는 등 지금으로서는 상상하기 어려운 위험을 무릅쓰고 생산을 해냈다. 이러한 노력의 결과 비록 품질은 조악했지만 가격은 수입품의 몇 분의 일에 불과한 계면활성제를 국내 생산현장에서 만들어냈다.[10] 이런 모습이 생산현장이 막 만들어지던 시점에서의 일반적인 풍경이었다.

현장기술자의 지식 역시 미흡했다
:

생산 기반도 허술했지만 현장 가동에 필요한 인력의 지식 수준도 높지 않았다. 시작인 만큼 생산경험이 없었던 것은 어찌 보면 당연한 일이기도 했다. 1964년 울산정유공장 준공은 한국 화학산업의 새로운 전기가 된 역사적인 일이었지만, 처음 보는 생산시설에 적응해야 하는 현장기술자로서는 시설 익히기에도 바빴다. 당시 화학공학을 전공한 몇 안 되는 대학생도 졸업 전 견학할 수 있는 공장이라고 해봐야 소규모 맥주공장, 화약공장, 페인트공장 등이 전부였고, 제대로 된 규모의 화학 및 정유산업 현장은 구경도 할 수 없었다.[11] 1961년 당시 충주비료공장 출신의 일부 기술간부를 제외하면 본격적인 화학 산업의 생산경험을 가진 인력은 거의 없었다.

이렇듯 생산 기반 및 시설, 장비와 인력이 턱없이 부족한 상황에서 한국은 산업기술 개발을 시작해야만 했다. 필요한 기술과 장비 등을 외국에서 들여오기는 했지만, 이러한 어려움 속에서 산업기술 개발을 시작할 수 있었던 것은 바로 생산현장이 없으면 어떤 기술개발도 시작할 수 없다는 사실에 대한 공감대가 산업 전반에 퍼져 있었기 때문이다. 그 결과 생산역량이 급속히 커졌고 동시에 기술 학습도 가능하게 되었다.

초기 생산현장은 기술 학습의 장이었다

생산경험을 통해 실행역량을 쌓았다

:

어렵게 조성한 생산현장은 제품을 만드는 곳 이상으로 기술개발 시작에서 중요한 발판 역할을 했다. 바로 기술자들이 생산경험을 체화하는 데 필요한 물리적 장소가 되어 준 것이다. 처음 생산현장이 만들어질 당시 생산인력에게는 어떤 지식과 경험도 없었기 때문에 외국기술에 진적으로 의존할 수밖에 없었다. 하지만 생산을 거듭하면서 현장기술자들은 조금씩 운영기술을 흡수해 나갔다. 이 점이 다른 개발도상국의 산업발전 역사에서 잘 관찰되지 않는 특징이라고 할 수 있다. 다른 개발도상국도 처음 산업활동을 시작할 때는 한국과 마찬가지로 외국기술과 자본의 신세를 지지만, 운영과정에 능동적으로 참여하면서 운영기술을 배워나가는 경우란 흔치 않다. 운영도 외국 기업에 맡기고 자국 인력은 단순 생산에만 참여하는 경우가 대부분이다. 하지만 한국의 경우 현장기술자는 미흡한 지식에도 공장 운영에 적극 참여했으며 그 결과 낮은 단계의 운영기술부터 차례차례 흡수해나갈 수 있었다.

1961년 준공된 충주비료공장의 경우 준공 당시에는 미국으로부터 설계와 장비, 그리고 운영기술에 이르기까지 모든 것을 의존했지만, 준공 이후부터 국내 기술자가 참여하여 공장 운영에서의 문제점을 개선하기 위해 노력했다. 그 과정에서 미국에게 설비 운영 및 조업에 관한 자문을 집요하게 구하였고, 스스로의 힘으로 고장 없이 생산현장이 돌아가도록 하기 위해 최선을 다했다. 그 결과 준공 4년 후인 1965년에는 111일 동안 쉬지 않고 가동하는 기록을 달성했고, 그 해 총 8만 6,646톤의 비료를 생산했다. 이는 설계 당시 목표 계획량의 102%에 해당하는 성과였다.[12] 1960년대 비료공장뿐만 아니라 다른 산업의 초기 공장에서도 이와 유사한 방식으로 각종 운영기술을 빠르게 학습하였다.

기술설명서, 즉 매뉴얼을 제대로 이해하고 스스로 생산 과정에 적용하는 능력도 현장에서의 시행착오가 있었기에 키울 수 있었다. 초고압 변압기 개발 사례는 외국으로부터 들여온 기술을 낮은 단계부터 학습해가는 과정을 잘 보여준다. 한국은 1962년 154kV급 초고압 변압기 생산에 돌입했는데, 당시 미국 기업과 기술제휴를 맺고 기술자료를 도입했다. 이때 생산현장에서는 절연거리 및 절연물의 종류에 따른 절연내력을 테스트하면서 기술설명서의 내용과 비교 검증하는 작업을 집요하게 반복하였다. 매뉴얼대로 스스로 생산 공정을 운영할 수 있는지 확인하는 절차였던 것이다. 그 과정에서 기술설명서에 명시적으로 쓰여 있지 않는 노하우를 갖추지 못해 온갖 문제가 발생했지만, 실험을 거듭함에 따라 기술자들은 결국 기술설명서에 쓰여 있는 전반적인 내용을 이해할 수 있게 되었다. 이러한 과정을 통해 공장 준공 이후 7년이 지난 1969년 154kV 변압기에 대한 자체생산 설계 기준을 확보하기에 이르렀다.[13]

역공학을 통해 기술의 원리를 학습했다

:

한국은 도입된 기술을 배워서 익숙하게 활용하는 것에 그치지 않고 그 원리를 해석하기 위한 시도에 나섰다. 기술 원리를 파악해야 단순 활용을 넘어 기술을 변형하거나 조합할 수 있기 때문이다. 예를 들어, 외국기술의 도움으로 압축기 공장을 지어 무리없이 생산을 한다 하더라도 필요에 따라 더 작은 압축기나 조금 다른 압축기를 만들려면 원래의 압축기 기술이 어떤 원리로 만들어진 것인지 이해해야 한다. 이렇게 하려면 역설계를 활용할 줄 알아야 한다. 다시 말해 라이선스를 받아 생산하고 있는 제품 내지 수입된 제품을 분해하고 다시 조립해보며 기술적인 원리를 파악해나가야 한다. 이 역공학이라고도 불리는 역설계가 이루어진 곳 역시 생산현장이었다.

1970년대 후반 개발된 VCR Video Cassette Recorder과 VTR Video Tape Recorder 역시 역설계를 통한 기술 학습의 결과였다. 당시 관련 기술은 일본 기업이 장악하고 있었는데, 이들은 VCR 생산기술과 관련한 노하우를 철저히 비밀에 붙여 한국과의 기술제휴 자체를 거부했다. 기술제휴라는 쉬운 길이 막혔지만 국내 제조업체는 포기하지 않았다. 당시 어느 정도 생산역량을 갖추고 현장에서 다양한 경험을 축적해오던 기술자들이 VCR을 자체개발하기로 나섰다. 기술 잡지를 펼쳐놓고, 일본 제품을 분해하고 다시 조립해가면서 기술 원리를 파악해나갔다. 그 결과 1979년 기계식 VCR의 원형을 만들었고, 1980년에는 전자식 VCR 모델을 생산하기 시작했다. 이런 과정을 거쳐 VTR의 경우 일본, 네덜란드, 독일에 이어 세계 네 번째로 국내 개발에 성공하였다.[14] 냉장고의 핵심부품인 컴프레서 기술도 이런 역공학을 통해 기술을 확보했고, 이 밖에도 많은 초기 기술이 역설계 방식을 거쳐 내재화되었다. 중요한 것은 역설계를 하려면 관련 생산현장 경험이 많은 기술자가 있어야 한다는 사실이다. 1960~1970년대 조성한 생산현장은 운영기술을 학습할 수 있는 초창기 기술학교의 역할을 넘어 다음 단계의 역설계를 가능하게 한 테스트베드로서 기능하였다.

생산현장을 건설하면서 설계 기술을 체화했다

:

생산현장을 통해 생산경험을 쌓았을 뿐 아니라, 일부 자체 설계기술 또한 확보할 수 있었다. 이 역시 공장 설립을 전적으로 외국 기업에 맡긴 것이 아니라 국내 기술자가 적극 참여하였기에 가능했다. 석유화학공장 건설의 역사는 생산현장에서 이뤄지는 설계기술의 학습 과정을 보여주는 대표적인 사례이다. 1960년대 초 한국이 처음 석유화학에 뛰어든 당시에는 어떠한 기술적 배경도 갖추지 못했기 때문에 대부분 기술료를 지불하고 기술 자체를 도입했다. 구체적인 예로 1972년 가동을 시작한 울산석유화학공단을 들 수 있다. 이 공단은 공장 설계부터 구매 및 건설에 이르는 일체의 업무를 외국 기업과의 계약을 통해 맡기는 일괄도급계약Turnkeybase contract 방식으로 지어졌다. 나프타 분해 공장NCC; Naphtha Cracking Center과 방향족BTX; BenzeneTolueneXylene 공장 건설도 미국 기업이 주도하고 일본 기업이 참여하여 완성되었다. 하지만 이들 공장의 설계 및 건설 과정에서 한국 기업은 어떻게든 학습 기회를 갖기 위해 외국 기업과 합작회사 형태로라도 참여하고자 하였다. 이후 저밀도 폴리에틸렌LDPE; Low Density Polyethylene, 비닐클로라이드모노머VCM; Vinyl Chloride Monomer, 고밀도 폴리에틸렌HDPE; High Density Polyethylene 등 연관 공장을 건설할 때도 역시 한국 기업이 참여해 조금 더 진전된 설계 기술을 익혔다. 그 결과 1973년 여천석유화학공단 조성 계획에서는 한국 기업이 상세 설계의 상당 부분을 맡는 등 석유화학공장 설계 기술의 체화가 상당히 이루어졌다.[15]

이러한 사례는 석유화학산업을 포함한 여러 곳에서 나타나는데, 원자력발전소 건설 역사 역시 마찬가지다. 처음 건설된 고리 및 월성 1호기 발전소의 경우 하청계약을 통해 준공되었지만 현장인력과 기술진이 꾸준히 설계 연수를 받은 결과 이후 울진, 고리, 영광 등의 발전소 설계에는 자체적으로 개발한 증기터빈 설계 기술이 포함되었다.[16]

철강산업 역시 마찬가지였다. 포항제철소 제1기 건설 당시에는 예비 엔지니어링 작성부터 기획, 설비 도입, 건설, 조업에 이르는 전 과정을 외국에 의존하였으나 2기 건설부터는 일반기술 공통내역서 작성과 구매업무 및 건설계획 수립 등은 직접 수행했다. 공장 건설 과정에서 설계 기술의 내재화를 이룬 결과 3기 단계에서는 종합엔지니어링 및 일부 설비의 구입 내역에 대한 검토, 조언 등을 제외하면 거의 대부분을 국내 기술진이 담당하기에 이르렀다.[17] 이런 과정에서 여러 생산현장과 건설현장이 외국기술을 체화하는 학교 역할을 하였다. 물론 이와 같은 체화 과정은 적극적으로 참여하고 배우겠다는 의지가 있었기 때문에 가능하다.

'규모의 경제' 효과가 기술개발을 촉진했다

생산현장 확보와 생산을 동시에 진행하였다

:

생산을 시작하더라도 일정 수준 '규모의 경제'에 이르지 못하면, 지속가능한 수익을 거두기 힘들 뿐만 아니라 기술개발 활동도 다각적으로 일어나기 어렵다. 쉽게 말해 다양한 시도를 해볼 수 있는 기회가 충분히 주어지지 않는다는 뜻이다. 한국 산업은 많은 외국 전문가들의 우려에도 불구하고 시작 단계부터 조기에 일정 규모 이상의 생산 기반을 마련하기 위해 갖가지 전략을 동원했다. 조선산업의 생산현장 확보전략은 그런 면에서 전 세계 유례가 없는 사례다. 국내 최초의 현대적 조선소인 울산조선소는 1973년 완공되었다. 하지만 한국이 최초로 선박 수주 계약을 따낸 것은 조선소가 완공되기 무려 2년 전인 1971년이었다. 조선소가 존재하지도 않은 상황에서 그리스 선사로부터 26만 톤급 초대형 유조선 두 척을 수주한 것이다. 연이어 1973년에는 일본 선사로부터도 총 8척의 선박을 수주하였다.[18] 조선소가 다 완공되기도 전에 선박 건조를 시작한 사례는 세계적으로도 매우 드문 일이었다. 하지만 한국 조선업체가 생산현장을 빠르게 확보함에 따라 세계 선박시장에서 안정적으로 수주할 수 있는 기틀이 마련되었고, 다시 그 수주 계약을 기반으로 차관을 도입해 조선소에 투자하는 선순환이 이루어질 수 있었다. 이후 한국 조선산업은 빠르게 규모를 확장시켜 1979년에는 전 세계 선박 수주 2위에 올랐다. 이 과정에서 조선소 건립 및 운영에서의 경험, 그리고 대형선박 생산에 없어서는 안 될 각종 기술적 경험을 쌓을 수 있었다.

생산성의 증대가 있었다
:

생산 규모가 크면 규모의 경제가 생기고, 누적 생산량이 증가할수록 제품의 질과 공정의 효율성이 개선되는 학습 효과가 커지기 때문에 생산성이 가속적으로 높아진다. 즉 생산경험을 축적함에 따라 제품의 질이 향상되고 단위 생산비용이 낮아지는 산업기술의 선순환적 상승효과가 나타난다. 일례로 1980년대 중반 국내 무선전화기 시장이 커지면서 규모의 경제 효과가 생기고, 후속적으로 기술발전이 이루어진 경우를 들 수 있다. 1983년 민간의 수요를 뒷받침하기 위해 형식이 승인된 기기를 민간이 자유롭게 구매할 수 있도록 처음으로 허용했다. 그 후 무선전화기 수요는 급증했고, 이에 발맞춰 국내 기업이 생산경험을 축적할 기회도 많아졌다. 기본 기술은 미국과 일본이 장악하고 있었지만, 정책적으로 외국 기업에게까지 국내 주거환경의 특성에 맞춘 독자적인 기술 규격을 요구하면서 그 과정에 참여한 국내 기술자의 기술 학습이 가속화되었다. 해외 기업을 포함해 치열하게 경쟁을 치르는 동안 국내 기업의 생산경험이 누적적으로 쌓였고, 기술력도 빠르게 상승했다. 그 결과 1980년대 후반부터 한국은 세계 최대의 무선전화기 제조 및 수출국으로 올라섰다.[19] 경쟁에서 이기기 위한 기술개발 노력은 이후 코드분할다중접속CDMA; Code Division Multiple Access 이동통신시스템으로 이어졌고, 최근 세계 최초 5G 시스템 상용화에 이르는 성과의 밑바탕이 되었다.

연관 산업으로 기술이 파급되었다

산업 간 지식 파급이 이루어졌다

:

산업기술은 독립적으로 개발되는 것이 아니라 서로 다른 산업의 기술과 조합되면서 발전한다. 그래서 한 산업에서 기술발전이 이루어지면 이와 연관된 다른 산업으로 긍정적 파급 효과가 전파되면서 순차적으로 혹은 동시다발적인 발전 양상을 보인다. 이런 특성 때문에 기술은 흔히 경로의존적으로 진화한다고 말한다. 한국은 산업기술 개발을 시작할 당시 몇 개의 특정 핵심산업을 우선적으로 발전시키는 전략을 채택했다. 이 핵심산업에서 생산을 시작하면서 기술을 축적하고, 연관 산업으로 빠르게 파급시켜 나가면서 전반적인 기술 발전을 꾀하는 전략이다. 그래서 집중 육성의 대상이 된 산업은 파급 효과가 크다는 공통점이 있었다.

1960년대 초 생산을 시작한 충주비료공장은 한국 산업에서 최초의 현대적 화학공장으로서, 기술자들이 생산과 운영 경험을 처음으로 학습하고 타산업으로 전파하는 학교의 역할을 하였다. 이때 축적된 화학공학 관련 지식은 1968년부터 건설을 시작한 울산석유화학공업단지의 기술적 기반을 형성하는 데 결정적으로 기여했다. 충주비료공장에서 복합화학공단인 울산공단 건설로 경험이 확대전파되고, 이어서 그 다음 단계의 진화된 화학공단인 여수석유화학공단 조성에 대거 활용되었다.[20]

한국 반도체기술도 긴밀하게 연관되어 있는 전자제품 분야의 관련 기술과 서로 긍정적인 영향을 주고받으면서 발전한 대표적인 예이다. 한국이 반도체산업에 첫발을 조심스럽게 놓던 1970년대 중반에는 반도체 관련 기술이 거의 없었다. 그러나 1960년대부터 시작된 가전산업에서 생산 및 운영 기술이 조금씩 쌓여갔고, 전자공학 인력이 배출되면서 기반 지식이 형성되기 시작했다. 이 가전산업에서 역량을 쌓은 기업들이 1980년대 들어 반도체산업에 본격 진출하면서 두 분야의 기술이 동반 발전하기 시작했다.

디스플레이 기술의 발전도 한 제품에서 시작해 기술의 넓이와 깊이를 확장하면서 차세대로 진화해나간 대표적인 사례다. 디스플레이 기술의 시작은 가전산업인 흑백 TV부터였다. 흑백 TV의 경우 1946년 미국이 양산을 시작했다. 한국은 1966년 최초로 생산을 시작, 미국과는 약 20년의 기술 격차가 있었다. 한국은 흑백 TV에서의 생산경험을 축적한 후 1985년 세계에서 다섯 번째로 형광체를 개발하여 컬러 TV 관련 핵심기술의 국산화를 이루어냈다. 한층 더 높은 기술을 요구하는 디지털 TV의 경우 1998년 세계 최초로 국내 기업이 개발에 성공했다.[21] 성공적인 디지털 TV 기술의 개발은 이후 PDP, LED, OLED로 이어지는 평판 디스플레이 시장에서 한국이 주도권을 잡는 원동력으로 작용했다. 한국이 자랑하는 첨단 디스플레이 산업에서의 기술역량은 전통적인 TV산업에서의 경험이 있었기에 갖출 수 있었다.

수직적으로 연계된 연관 산업 간 파급 효과가 있었다

:

수요-공급 관계로 서로 연결되는 산업 사이에서는 상관관계가 크다. 예를 들어 설명하면, 부품소재산업의 발전이 조립산업 기술의 발전을 이끌기도 하고, 그 반대도 가능하다는 얘기다. 한국이 2000년대 초반부터 흔히 비메모리반도체로 불리는 시스템반도체에 진입할 수 있었던 데는 반도체를 부품으로 쓰는 TV 부문에서 수준 높은 반도체를 요구한 것도 한몫했다. 1990년대 후반 디지털 TV 기술을 개발하면서 비디오 및 오디오 관련한 핵심기능을 모두 지원하는 칩셋이 필요하게 된 것이 중요한 계기가 되었다. TV 산업에서의 요구를 받아 반도체산업에서 관련 기술을 성공적으로 개발했고, 그 덕분에 디지털 TV의 핵심기술을 국산화할 수 있었다. 이때 개발된 칩셋은 총 6종이었는데, 이 중에서 디지털 사운드 칩의 경우 소프트웨어의 변경만으로 디지털 비디오 디스크DVD나 PC 등에 활용할 수 있는 수준이었다.[22] 이 칩셋 기술은 디지털 TV뿐만 아니라 이후 다양한 곳에서 활용되면서 발전했고, 초창기 시스템반도체의 발전에 중요한 계기가 되었다.

유사한 방식으로 자동차산업 기술의 발전은 철강산업의 발전을 유도했고, 바이오산업의 발전은 바이오 엔지니어링 플랜트 기술의 발전을 촉진했다. 이 모든 수요와 공급의 고리가 한국 산업생태계 내 존재하는 것은 아니었지만, 핵심산업들이 국내에 존재하고 있어 상호 긴밀하게 영향을 주고받을 수 있었다.

최종재의 생산역량이 부품소재산업 발전의 기반이 되었다

:

한국은 최종재 생산이 어느 정도 안정화 단계에 오르자 부품소재 기술로 눈을 돌리기 시작했다. 부품소재 기술은 기술 난이도가 높고, 암묵적인 노하우도 많아 기술개발에 오랜 시간이 걸린다. 최종재 조립기술을 쉽게 이전해주던 선진국도 부품소재 기술에는 보호 방침을 적용한다. 부품소재 기술을 발전시키려면 이 기술을 적용해볼 수 있는 후방산업으로 최종재 생산현장을 갖추는 것이 중요하고, 전방산업으로 부품소재 자체를 뒷받침하는 기초 산업이 탄탄해야 한다.

열에 잘 견디는 소재인 내화물의 경우 최종재 산업인 철강산업의 발전과 함께 국산화에 성공한 사례이다. 1970년대 중반 종합제철소가 본격 가동되면서 소재기업인 내화물 생산업체의 수와 수요량이 폭발적으로 증가하였다. 이 과정에서 국내 종합제철소는 이전까지 수입에 의존하던 내화물의 국산화를 시도하게 되었다. 이 시기 국내 중소기업은 국산화 계획에 동참하기 위해 종합제철소 인근에 최신 시설의 공장을 건설하고 제철용 내화물을 공급하기 시작했다. 이를 위해 기술제휴 등을 통해 선진 기술을 경쟁적으로 도입하는 한편,

철강 기업과의 기술개발 협력관계도 갖추어 나갔다. 이런 선순환 관계는 국내 철강산업 현장이 있었기에 가능한 일이었다.[23]

전자레인지의 핵심부품도 같은 방식으로 국산화되었다. 한국은 1979년부터 전자레인지 조립기술을 확보하고 자체 생산에 돌입했지만, 핵심부품인 마그네트론은 기술 부재로 일본에서 전량 수입할 수밖에 없었다. 하지만 당시 일본 기업은 미래 경쟁 상대가 될 수 있는 한국 기업에게 마그네트론을 팔지 않으려고 했다. 역설계를 통해 전자레인지를 만들긴 했지만 마그네트론 없이는 생산과 판매가 불가능했다. 대부분 힘든 협상 끝에 일본 기업으로부터 구매하면서 생산을 이어갔다. 그러나 이런 상태로는 일본에의 종속 관계가 심화될 수밖에 없었다. 이에 한국 기업은 과감하게 핵심부품의 국산화에 도전했다. 마그네트론의 기술개발 자체는 1970년대 후반에 이미 성공했지만 제조기술의 노하우와 라인업을 위한 설비가 전혀 없는 상황에서 대량생산은 쉽지 않았다. 그러나 국내 기업은 중간 진입 전략으로 우선 외국으로부터 마그네트론 설비를 인수하고, 필요한 기술을 기술제휴 형식으로 도입하면서 1983년에 마그네트론 공장을 준공하고 생산을 시작하였다. 당시 이 공장은 세계에서 세 번째로 큰 마그네트론 공장으로서, 규모의 경제 효과를 누릴 수 있는 크기로 지어졌다. 생산량이 누적되면서 각종 기술 노하우가 축적되었고, 국산 마그네트론을 채택한 전자레인지의 가격경쟁력 또한 높아졌다. 결국 미국 전자레인지 시장에서 1위였던 일본을 누르고 시장점유율을 30%까지 끌어올렸다.[24] 이 기세를 몰아 마그네트론을 만드는 데 들어가

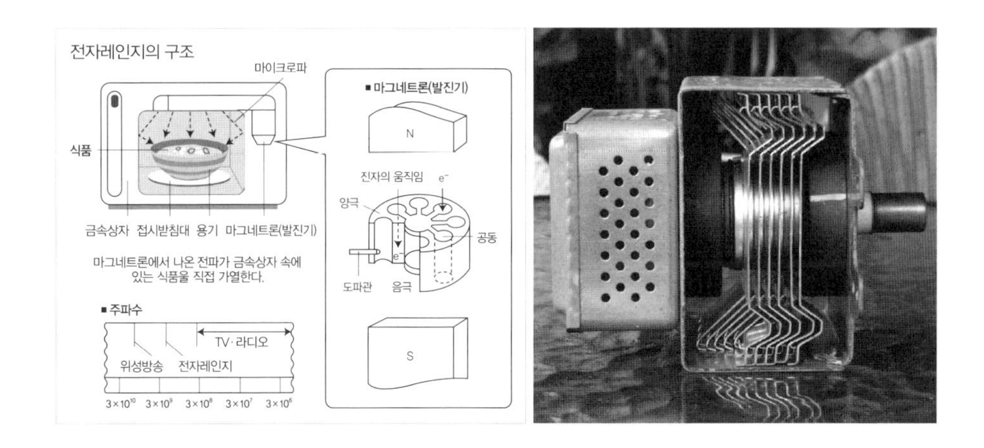

■ — 전자레인지의 구조와 마그네트론[25]

는 핵심부품인 몰리브덴 부품 또한 1995년도에 국내 중소기업이 국산 생산에 성공하였다. 그 결과 2015년 기준 한국 기업이 전 세계 마그네트론 시장의 50%를 점유하는 데 이르렀다.[26]

연관 산업의 생산역량이 새로운 기술의 기반이 되었다

:

여러 산업 부문의 생산역량이 잘 갖추어져 있으면 그와 연관된 새로운 기술을 개발하기 쉽다. 인공지능 기술을 개발하려고 하는데, 주변에 시스템반도체 생산 기반이 튼튼하게 자리잡은 경우와 그렇지 못한 경우를 비교하면 쉽게 이해할 수 있다. 한국이 세계 최초로 상용화에 성공한 CDMA 이동통신시스템 역시 주변 연관 산업의 생산 역량이 축적되지 않았다면 개발이 불가능했을 것이다. 국내 기업은 이미 1980년대 TV와 PC로 대표되는 전자산업에서 상당한 생산역량을 확보하고 있었다. 또한 1970년대 후반부터 대규모 정책 과제로 추진되었던 전전자교환기TDX; Time Division eXchange 기술개발이 성공함에 따라 교환기 및 네트워크와 관련하여 탄탄한 생산 기반까지도 보유할 수 있었다. 이동통신시스템의 개발을 위해서는 이미 확보한 교환기 기술에 더해 소비자와 중계기 간 무선접속 기술이 필요했는데, 이 부분에서 원천기술을 가지고 있던 미국 퀄컴 사와 협력함으로써 부족한 기술을 채웠다. 전자산업과 컴퓨터 및 교환기산업에서의 확보된 생산역량과 경험을 기반으로, 부족한 부분은 해외기술 파트너와의 협력을 통해 보충함으로써 CDMA 이동통신시스템이라는 새로운 기술의 역사를 쓸 수 있었다.[27]

반면, 관련 산업의 생산역량이 부족해 신기술 발전이 지체되는 분야도 있다. 예를 들어 한국은 반도체 및 OLED용 진공 로봇 등 일부 분야에서 상당히 우수한 로봇 기술을 가지고 있다. 그러나 센서나 제어모듈, 엑츄에이터, 정밀모터 등 연관 산업의 생산역량이 충분히 성숙하지 못해 첨단의 로봇 기술을 개발하는 데 한계를 보이고 있다. 특히 최근에는 인간협업용 로봇, 양팔로봇, 로봇 물류 자동화 시스템 등 생산현장의 효율화를 추구하는 로봇이 미국, 일본, 중국 등에서 출시되고 있지만 한국의 경우 아직 개발 수준에 머물러 있으며 상품화되지 못하고 있는 상황이다. 이들 로봇의 조속한 상품화를 위해서는 관련 생산현장이 미래 첨단 로봇에 대한 수요를 제기하고, 연관 산업 육성에 나설 필요가 있다.[28]

생산현장의 실전적 문제해결 경험이 기술개발의 중요한 원천이었다

신기술의 상용화에 생산경험이 결정적으로 기여했다

:

역설계와 생산경험을 통한 기술 학습은 주로 현장에서 실제로 부딪치는 문제를 해결하는 데 주안점이 있었다. 따라서 이 과정에서 현장기술자의 노하우가 자연스럽게 만들어졌다. 그런데 이 실전적 문제해결 역량이 다른 산업에서의 기술적 진보를 만드는 데도 큰 역할을 했다. 1990년 무렵 한국과학기술연구원KIST에서는 가스터빈용 날개를 위한 방향성 및 단결정 주조 블레이드 제조 기술에 도전하고 있었다. 이 기술은 고도의 과학기술적 지식이 필요한 분야로, 항공 및 산업용 가스터빈, 터보차저turbo charger 등에 들어가는 핵심부품의 기반기술이다. 선진국 기업에게도 이 부품의 설계 및 제조기술은 핵심기술이었기 때문에 기술이전을 극도로 기피했다. 당시 한국과학기술연구원KIST은 보유하고 있던 소규모의 진공용해로를 통해 기초적인 지식을 습득했지만 기술의 산업화를 위해서는 대규모의 진공주조로를 갖춰야 했다. 이때 정밀주조 산업에서 생산경험을 축적하고 있던 현장기술자들이 뛰어들면서 기술개발에 결정적인 기여를 했다. 한국과학기술연구원KIST 내 진공정밀주조 공장이 설립되었고, 국내 정밀주조업체가 협력을 통해 생산역량을 전수해 주었다.[29] 과학기술적 원리

▪ — 신개념 눈부심 방지 표면처리 필름(좌)와 기존 필름(우) 비교[30]

가 상용화되는 과정에서 연관 분야의 실전적 문제해결 역량이 큰 역할을 한 것이다.

1998년부터 시작된 LCD 편광판 개발 과정도 마찬가지다. 개발 과정에서 원가의 20%를 차지할 정도로 비중이 높은 핵심부품소재인 표면처리 필름을 자체적으로 만들어야 했는데, 고도의 과학기술적 원리가 필요한 하이테크 기술이었고, 일본 기업이 전량 생산공급하고 있던 소재였다. 이들 일본 기업이 물량과 가격을 통제하고 있어 국내 기업이 겪는 어려움은 이만저만이 아니었다. 표면처리 필름을 개발하기 위해서는 과학적 원리를 알아야 함은 물론, 실제 생산을 할 수 있는 노하우가 있어야 했는데, 이것은 또 다른 현장기술의 영역이었다. 다행스럽게도 한국은 그 이전에 장판, 벽지 등의 산업용 소재를 생산하면서 축적한 롤 코팅 관련 기술, 그리고 플라스틱용 코팅 소재 연구로부터 얻은 기반 생산 기술을 갖고 있었다. 이들을 바탕으로 수년간 노력 끝에 마침내 편광필름 기술을 완성해냈다. 결과적으로 한국은 2010년에 이르러 세계 편광필름 시장에서 점유율 32%를 기록하며 세계 1위에 오르는 성과를 거두었다.[31]

기술상용화에 필요한 생산역량이 조직 내부에 있었다

:

산업기술 개발은 결코 자연스럽게 되는 것이 아니다. 기술 수준이 향상될수록 상용화 과정에서 고난도의 어려움에 직면하게 된다. 한국은 기업 내부에 쌓인 생산현장의 역량을 밑거름으로 이러한 어려움을 극복하면서 산업기술의 자체개발을 이어나갔다.

2003년 국내 최초로 팩티브가 미국 FDA의 승인을 받았는데, 이때까지 미국 FDA에 신약 승인을 받은 국가는 10개국에 불과하였다. 당시 이 소식은 국내뿐만 아니라 전 세계 제약계에 큰 충격을 주었다. 라이선스 받은 선진국 약의 단순 카피형 제조 국가로만 알고 있던 한국이 오래 축적된 과학적 기반이 필요한 신약에 도전해서 혁신적 성과를 거둔 것도 놀랍거니와, 그 개발 과정 전반을 국내 기업이 자체적으로 진행했다는 것도 전혀 예상하지 못했기 때문이다. 이 약은 개발에 필요한 연구를 연구개발 조직이 전담했지만, 임상개발에 필요한 샘플, 소재 등은 기업 내부에 축적된 생산역량이 뒷받침하였다. 언뜻 수준 낮은 것으로 취급되는 제약산업의 생산역량이 신약 개발에 결정적인 기여를 한 것이다.[32] 최근 급성장하고 있는 한국의 바이오시밀러 산업도 알고 보면 반도체와 디스플레이 산업의 생산경험을 통해 쌓인 기업 내부의 역량을 이용해 다각화한 사례로 볼 수 있다.

연관 분야에서 축적된 생산역량을 바탕으로 상용화 단계의 어려움을 이겨낸 사례는 정밀화학 부문에도 있다. 유사 이동층 흡착분리 공정SMB; Simulated Moving Bed을 개발할 당시 이 공정에 필요한 파라디에틸벤젠PDEB; ParaDiethylbenzene이나 고순도 노말 헥산, 노말 헵탄 등은 전량 수입에 의존하고 있었다. PDEB의 경우 미국 기업으로부터 전량 수입해 1999년 기준 연간 100억 원 이상을 지출하고 있었으며, 고순도 노말 헥산과 노말 헵탄 역시 일본 기업으로부터 연간 약 30억 원 이상을 수입하고 있었다. 이에 국내 기업은 주요 해외 업체가 독점적으로 보유하고 있던 SMB 흡착분리 공정 기술과 필요한 소재를 자체적으로 개발하겠다는 계획을 세웠다. 프로젝트 시작 이후 약 3년간 연구개발 끝에 플랜트 단계에서의 분리 공정 개발에 성공을 거뒀다. 그러나 이를 상용화하는 것은 또 다른 문제였다. 2002년 시운전을 시작한 이후 밸브 작동이나 공장제어 등 여러 곳에서 복잡한 문제가 잇달아 발생했다. 이러한 현장의 문제를 해결하기 위해 기술자가 현장에 상주하며 설비를 계속 실제 운용해보면서 문제의 원인을 파악하고 조치하는 과정을 끈질기게 수행하였다. 마침내 2003년 말 설계 당시의 목표 수준으로 공장을 정상 가동하는 데 성공했고 연간 생산 5천 톤 규모의 상용 공정 가동에 돌입함으로써 그간의 수입 물량을 전량 대체할 수 있었다.[33] 어려움을 이겨내고 산업기술의 발전을 이룬 배경에는 그동안의 경험을 통해 축적한 생산역량이 있었다. 또한 개발 과정에서 발생하는 여러 가지 어려움 속에서도 이를 스스로 해결해 자체

산업기술을 확보하고자 한 도전적 목표가 있었기 때문이기도 하다.

생산현장의 업그레이드가 더 높은 기술발전을 견인했다

생산현장 간 연계를 통해 산업기술이 발전했다

:

생산현장이 복잡해지고 분화됨에 따라 한 기업이 제품의 개발과정 전체를 담당하기보다는 다른 기업의 생산현장과의 연계를 통해 제품을 개발하고자 하는 시도가 늘고 있다. 이러한 기업 간 연계는 전문화를 통한 비용 감소뿐만 아니라 지식 공유를 통해 산업기술 생태계를 활성화시킬 수 있다는 점에서도 긍정적이다. 반도체산업의 경우 1980년대 당시 소재의 대부분을 일본과 미국에서 수입해야 하는 상황이었다. 하지만 1990년대 이후 포토레지스트의 국산화와 함께 반도체 포토리소그래피 공정 소재의 국산화 역시 시작되었다. 포토리소그래피 공정소재 중 하나인 스핀온카본의 경우 2009년 국내 기업이 개발에 성공해 국내 반도체 대기업뿐만 아니라 해외 수출로까지 이어졌다.[34] 반도체 린스rinse액의 경우 계면활성제 기술과 생산 경험을 보유하고 있던 한 중소기업이 이를 응용해 반도체 공정소재 시장에 진출, 대기업에 납품하고 있다.[35] 한편 포토레지스트용 희석액은 국내 중소기업과 대기업이 공동연구를 통해 개발에 성공하고 양산 체계를 구축했는데 이를 통해 소재에서 완제품으로 이어지는 생산현장의 연계가 이루어지고 있다.[36] 관련 기업과의 협력을 통해 산업기술개발의 가능성을 높이는 시도는, 기술이 갈수록 전문화되는 오늘날 매우 바람직한 미래지향적 기술개발 시스템의 모습이다.

생산과 기술역량이 동시 진화하고 있다

:

한국은 선진국에 비해 뒤늦게 산업기술 개발에 뛰어든 만큼 그들의 기술을 추격하는 것이 선제적인 목표였다. 처음에는 차근차근 기술을 따라갔다. 그러다 어느 순간부터는 기술 수준이 높아지고 생산 공정이 복잡해짐에 따라 이전 속도로는 선진 기술을 따라잡을 수 없는 상황이 벌어졌다. 이때 한국 기업은 그때까지 유지한 생산현장과 연구개발의 동기화 전략을 십분 활용하였다. 연구개발이 종료되면 생산에 들어가고 그 양산이 마무리되면 그 후에 다시 연구개발에 들어가는 순차적인 방식이 아니라, 연구개발과 생산을 동시에 진행하는 방식을 채택한 것이다. 한국의 초창기 D램 개발 역사는 이를 잘 보여준다. 국내 기업은 1991년 세계에서 두 번째로 64M D램 시험 시제품 개발에 성공하고, 이듬해 세계 최초로 완전제작 시제품을 생산하는 데 성공했는데, 이렇게 할 수 있었던 배경에는 생산과 기술개발의 동기화를 통한 빠른 산업기술 개발이 있었다. 처음에는 어느 정도 기술 격차가 있었다. 이에 국내 기업은 개발인력을 나눠 차세대 제품과 차차세대 제품을 동시 개발함으로써 시간을 압축하는 전략을 썼다. 1990년 4월 4M D램 양산이 시작되자마자 4M D램 개발팀은 차세대 제품인 16M D램이 아닌 차차세대 제품인 64M D램 개발에 나섰다. 이때 16M D램은 이미 개발 완성 단계에 접어든 상황이었다. 연이어 16M D램 개발팀은 개발 성공 이후 바로 256M D램 개발에 착수하였다.[37] 이러한 병행개발 엔지니어링 방식을 통해 한국은 세계 D램 시장을 선도할 수 있었다. 이러한 전략은 생산현장과 연구개발이 서로 지식을 빠르게 주고받으면서 산업기술을 발전시킬 수 있다는 확신 없이는 실행이 불가능한 방식이다.

혁신적인 생산현장이 나타나기 시작했다

세계 최초의 혁신현장을 구축하고 있다

:

지식과 생산은 서로 공진화하며, 이에 따라 생산현장의 모습도 조금씩 달라진다. 최근 선진국의 생산현장은 스마트공장 개념을 바탕으로 하드웨어로서는 첨단 공작기계와 산업용 로봇을 포함한 메카트로닉스 기술을 과감히 도입하고, 소프트웨어로서는 스마트화에 필요한 인공지능, 사물인터넷 등을 도입하는 방향으로 진화하고 있다. 한국 역시 자체적인 로봇 시스템 구축을 통해 스마트공장에 도전하고

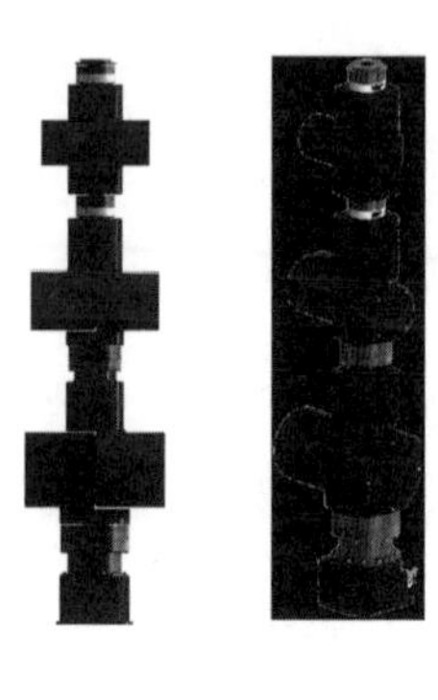 

▪ ─ 7축 수직관절형 협업로봇[38]

있다. 국내 중소기업에서 2016년 개발한 양팔로봇의 경우 시각인식 시스템과 연계해 생산현장의 자동화 시스템 구축에 이용되고 있다. 또한 이 중소기업은 양팔로봇에 더해 기존에 보유한 직교로봇, 수직관절형 로봇 등을 통해 IT 제품을 생산하는 무인 자동화 조립 시스템을 구성, 스마트공장 시스템을 개발해 산업현장에 적용하고 있다.[39]

스마트공장과 함께 한국은 새로운 개념의 생산현장을 창출하고 있다. 제당산업은 다양한 세계 최초 공정기술을 활용해 글로벌 시장에서 영향력을 높이고 있는 대표적인 사례이다. 한 국내 기업은 지난 2011년 코코넛 쉘로부터 자일로스를 생산하는 공정을 개발, 세계 최초로 적용하였다. 그동안 버려지던 폐원료였던 코코넛 쉘을 활용해 새로운 생산현장을 만든 것이다. 이 기업은 2013년 생산 제품 4종에 저탄소 인증을 받는 등 생산공정 혁신을 지속하고 있다.[40] 세계 최초의 기술이 적용된 생산현장 덕에 품질의 안정성 및 균일성을 확보할 수 있었으며, 나아가 세계적인 선도기술을 더 빨리 개발할 수 있는

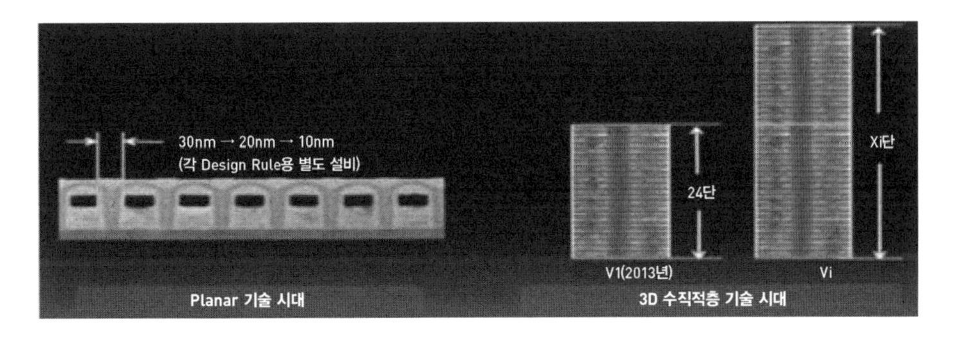

▪— 2차원 Planar 구조(좌)와 3차원 수직적층 구조(우) 비교[41]

첨단의 현장 기반을 얻게 되었다.

생산현장에서 새로운 개념이 나타났다

:

한편 특정 생산현장에서 경험을 쌓은 기술자가 본인이 경험하지 못한 산업기술에 뛰어들어 새로운 가능성과 개념에 도전하는 사례도 등장하고 있다. 국내 기업은 2013년 세계 최초로 VNAND 양산 제품을 출시했는데, 이는 D램의 성공 과정에서 쌓은 생산 경험과 기술력이 있었기에 가능한 일이었다. VNAND의 경우 D램과는 달리, 아무도 성공한 예가 없었기 때문에 불확실성이 높았지만 연구자뿐만 아니라 현장기술자의 도전 정신과 개념 제시는 새로운 영역을 선도할 수 있는 기회를 만들었다.[42] VNAND의 양산을 통해 소자와 제품, 설비 및 소재에 이르는 전 과정을 아우르는 새로운 반도체 생태계를 구축하는 파급 효과도 발생하고 있다.

6장

한국 산업기술 발전 요인 2
기술개발에 대한 투자

산업기술 발전을 견인하는 연구개발

연구개발과 생산역량은 기술발전의 두 바퀴이다

:

산업은 생산을 하면서 각종 노하우를 익히고 선진국에서 도입한 기술을 해석함으로써 적용하는 힘을 키운다. 그러나 더 높은 수준의 수요와 맞닥뜨리는 순간 새로운 기술을 개발할 수밖에 없다는 인식에 다다른다. 이때 기술의 과학적 원리를 이해하지 못하면, 기술 자체의 변형이나 다른 기술과의 조합은 불가능하다. 이 기술의 원리를 파악하고 새로운 기술을 만들어가는 과정이 바로 연구개발 과정이다. 그런 의미에서 생산역량과 연구개발은 산업기술이라는 자전거를 굴리는 두 개의 바퀴라고 할 수 있다.

한국 산업은 초기 생산역량을 키우고 실행하는 힘을 갖게 되자

자연스럽게 연구개발의 필요성을 절감하게 되었다. 기술 없이 원가만으로 경쟁하는 수준의 한계를 느끼면서 연구개발에 눈을 뜬 것이다. 많은 개발도상국이 이러한 자각 없이 생산에 머무른다는 점을 감안할 때, 한국의 산업기술 개발 과정은 남다르다고 할 수 있다. 특히 한국은 처음부터 수출시장을 목표로 생산을 시작했기 때문에 기술개발의 필요성을 더 빨리, 더 민감하게 느낄 수밖에 없었다.

연구개발 활동이 가능하려면 다양한 주체가 참여해야 한다. 공공연구소, 기업연구소, 대학 등이 대표적인 참여자이며 해외 지식 집단도 중요한 역할을 한다. 본 장에서는 공공연구소와 기업연구소, 그리고 대학의 역할을 주로 살펴보고, 해외 부문은 다른 장에서 다루고자 한다.

연구개발의 역할은
산업발전 단계에 따라 진화한다

:

기술을 단순도입하여 성공적으로 적용하기에 바쁜 산업발전 초기에 연구개발은 무언가를 실제로 개발하는 것이기보다 기술을 무사히 도입하도록 돕는 데 초점을 둔다. 따라서 이때는 도입된 설계도 내지 매뉴얼을 해석하는 수준에 그치는 경우가 많다. 그러나 기술의 원리를 파악해야 변형이나 국산화가 가능하다는 인식이 생기면 과학기술적 원리에 기반한 연구개발에 관심을 두게 된다. 그러나 아직 연구개발에 투자할 자원과 인력이 부족한 상황이므로, 정부의 정책적 지원을 받는 공공연구소가 먼저 선도적 역할을 맡게 된다. 이 단계를 지나 산업이 어느 정도 성숙하고 독자적인 기술을 추구하기 시작하면 기업 스스로 연구개발에 적극 투자하는 단계에 이른다. 이때 공공연구소는 민간을 지원하는 역할을 줄이고, 민간 부문에서 하기 힘든 공적 목적의 기술개발이나 미래지향적인 과제를 탐색하는 일에 힘을 쏟는다. 한국 산업기술 발전 과정에서도 공공연구소의 역할은 이러한 요구 변화에 맞게 변화해왔다.

연구개발에서 정부정책은 중요한 역할을 담당한다. 연구개발이 가진 사회적 파급 효과 때문에 공적 지원은 당위성으로 인정된다. 또한 정부정책은 기업 간 협력을 촉진하고, 산업계 전반에서 활동할 수 있는 인력 육성 같은 개별 기업의 의사결정 범위 밖에 있는 공적인 사안에도 많은 영향을 미친다.

한국의 경우 산업발전의 초기 공공연구소를 중심으로 민간의 연구개발 활동을 보조했으나 1980년대 중반 이후 정부가 연구개발투자를 크게 확대하면서, 민간기업의 연구개발 활동을 촉진하는 데 정부의 정책적 지원이 결정적 역할을 했다. 이 과정에서 산학연 협력을 촉진하거나 표준 인증 인프라를 제공하는 등 차원 높은 연구개발정책을 펴왔다.

초창기 공공연구소는 산업계 문제해결자이면서 인재 유치의 통로였다

산업발전 초기, 기업은 연구개발에 필요한 충분한 역량이 없었다

:

1960년대까지도 한국 기업은 외국의 설계도와 매뉴얼을 도입하거나, 아예 일괄계약(턴키베이스)으로 설계부터 건설까지 외국 기업에게 맡기는 등 일단 생산현장을 만드는 데 급급했다. 당시에도 기술이 중요하다는 사실은 알고 있었지만, 생산현장을 제대로 운영해서 설계도에 명시된 계획 생산량을 맞추는 데만도 정신이 없었다. 현장에서는 연구개발이라는 개념 자체가 생소할 정도였다. 일부 국산화가 시도되었으나 기술의 원리를 알고 스스로 만든 것이라기보다 외국 제품을 뜯어보고 비슷하게 만드는 정도였다.

이러한 상황에서 한국 정부는 미국 정부로부터 1천만 달러의 원조를 받는 한편, 바텔연구소Battelle Memorial Institute를 벤치마킹하여 1966년 한국과학기술연구원KIST을 세우는 등 민간 부문의 부족한 기술개발 역량을 보완해나가기 시작했다. 한국과학기술연구원KIST은 설립 초창기(1967~1969)에 화학공학부 소속 6명을 포함해 총 25명의 해외유치 연구자를 귀국시켜 채용하였다. 그 후 1970년대 산업화가 본격 진행되면서 한국과학기술연구원KIST 규모는 급속도로 커졌다. 그러나 이들의 초창기 주 업무는 첨단의 과학적 주제를 탐구하는 것이 아니라 도입된 매뉴얼을 번역하고 해설해주거나 기업의 현장 문제를 해결하는 등 산업 기반 조성에 필요한 지식을 잘 흡수하도록 지원하는 것이었다. 일례로 종합제철소 건립 당시 현장기술자 가운데 각종 기술문서를 제대로 이해할 수 있는 사람이 없었기 때문에 한국과학기술연구원KIST 연구진이 영어와 일어로 된 문서를 번역해가면서 관련 지식을 현장에 전달해주었다.

공공연구소가 기술개발의 씨앗을 뿌렸다

:

초창기 공공연구소는 기술 흡수를 도왔을 뿐만 아니라 기술인력을 품고 확산하는 역할도 하였다. 한국과학기술연구원KIST에서 근무하면서 현장 문제를 접하게 된 연구자들은 그 후 여러 산업 분야와 대학에 진출하면서 연구개발 인력의 배양토로서 역할을 톡톡히 했다. 특히 해외에 체류하고 있던 한국인 과학기술자들이 공공연구소 기반의 인재유치 사업을 통해 귀국함으로써 선진 기술의 귀중한 통로가 되기도 하였다.

뿐만 아니라 아직 산업계가 연구개발의 개념을 충분히 인지하지 못한 시절, 그들이 선도적으로 기술개발에 나섬으로써 뒤이어 산업계가 기술개발에 도전할 수 있는 기반을 마련해주었다. 일례로 한국의 반도체산업은 1983년 기업이 자체개발을 선언하면서 본격적인 기술개발에 나서기 시작했는데, 사실 그보다 10여 년 전 1970년대 초 한국과학기술연구원KIST의 반도체장치연구실에서 이미 반도체 관련 연구개발에 착수했다. 공식적으로는 1973년에 해외 한인과학자를 반도체장치 연구실장으로 유치하고, 6명의 연구원과 함께 반도체 연구에 필요한 중고장비를 미국으로부터 들여온 것이 시작이었다.[1] 이 연구실은 초기에 TV용 반도체를 연구했는데, 상업적 성공 여부를 떠나 민간 기업이 본격적으로 기술개발을 하기 10년 전부터 기초적인 연구활동을 시작함으로써 우리 산업계의 반도체 기술에 대한 관심과 이해도를 높였다는 데 의미가 크다. 그 후 이 연구조직은 국제부흥개발은행IBRD; International Bank for Reconstruction and Development의 차관을 이용하여 한국전자기술연구소로 독립하였고, 1985년에 한국전자통신연구소ETRI로 이름을 바꿔 자리 잡게 된다. 이 과정에서 우리나라 메모리반도체 기술

▪ — 1969년 한국과학기술연구원KIST 준공식[2]

의 싹과 추후 CDMA 시스템 같은 세계 최초 이동통신기술이 개발된다. 이처럼 초창기 한국 산업에서 기술개발이 움트도록 토양을 다지면서 출발한 공공연구소는 민간 부문의 성장과 함께 스스로 진화하면서 발전하게 된다.

중소기업과의 협력으로 산업계 문제해결사 역할을 하였다

:

산업 기반이 심화되고, 기업이 연구개발에 관심을 가짐에 따라 공공연구소와 기업 간 공동연구도 실질적인 역할 분담을 통해 내실을 갖추기 시작했다. 특히 대기업과 공공연구소 간 협력은 1970년대 초반부터 그 원형이 자리 잡기 시작하였고, 기술개발에 투입할 수 있는 자원과 인력이 절대적으로 부족한 중소기업과의 협력은 더 직접적인 효과를 보였다.

현재 프리미엄 제품으로 세계 시장에서 당당히 대접받고 있는 한국산 압력밥솥도 중소기업과 공공연구소가 힘을 합쳐 만든 결과물이다. 1990년대까지만 해도 일본 출장을 가면 일명 '코끼리밥솥'을 하나씩 사오는 게 관례일 정도로 일본산 전기밥솥이 세계 시장을 주도하고 있었다. 국내 중소기업이 일본 제품보다 더 좋은 제품을 만들겠다는 목표로 1982년부터 전기밥솥의 안쪽인 내솥의 코팅기술을 개발하고자 부단히 시도했으나 일본 기업의 특허를 피해 독자적인 기술을 만들기란 쉽지 않았다. 그 과정에서 한국기계연구원과 손 잡고 내솥 코팅을 위한 소재 개발을 목표로 공동연구를 시작하였다. 한국

기계연구원이 보유한 기반기술을 활용하고, 중소기업이 생산기술을 개발하는 식의 역할 분담이 충실히 이뤄졌고, 결국 불화탄소수지를 코팅한 알루미늄 소재를 개발하는 데 성공하였다. 새로운 소재는 기존의 수입 알루미늄 소재에 비해 내열성, 내식성, 내마모성 등이 뛰어나 전기밥솥에 알맞으면서도 원가경쟁력도 뛰어났다. 한국기계연구원으로부터 개발된 기술을 이전받은 기업은 생산기술을 지속적으로 개발하여 1998년 드디어 일본 제품과 동일 품질이면서 저렴한 전기밥솥을 출시하였다.[3] 현재 이 전기밥솥은 아시아 시장에서 갖고 싶은 전기밥솥 1위 브랜드로 꼽힐 정도로 높은 명성을 갖고 있다. 이 사례는 중소기업과 공공연구소가 어떤 방식으로 역할을 분담하면서 기술개발을 해야 성공하는지를 잘 보여주고 있다.

정부의 정책적 기술 과제가 대형 첨단기술 개발을 선도하였다

임계 규모 이상의 국가미션형 사업을 추진했다

:

통신이나 컴퓨터, 전력 등 대형 시스템 산업의 기술은 선진국이 오래도록 기반을 닦아 온 기초과학기술에 기반해 있고, 여러 세부 기술이 모여 하나의 시스템을 구성한다는 특징을 갖고 있다. 따라서 한

시스템이 진화하면 여러 기술이 동시에 바뀌어야 하기 때문에 각 산업 분야에 미치는 파급 효과도 대단하다. 쉽게 말해 하나의 요소기술을 개발한다고 상업적 성과를 거둘 수 있는 것이 아니라 여러 분야가 동시에 어우러져 하나의 시스템이 될 때 비로소 현실에서 작동하는 혁신의 결과물이 된다. 뿐만 아니라 통신이나 전력 등 대형 시스템 산업기술은 대체로 모든 국민이 동시에 사용하는 경우가 많아 정부정책의 영향을 많이 받는다. 그래서 선진국에서도 이런 대형 시스템 산업은 국가 주도로 기술도 개발하고 산업도 보호육성하는 것이 대부분이다.

우리나라도 초기에는 이런 기술 시스템을 외국에 전적으로 의존하고 있었으나, 1970년대 중반 이후 산업의 기반이 조금씩 형성되는 추세에 맞춰 통신이나 전력과 같은 기반 산업에 관심을 두기 시작했다. 그에 따라 이를 뒷받침하는 기술을 확보하기 위해 연구개발에 적극 나섰다. 이런 대형 시스템 산업의 기술은 범위가 넓고 투자 규모가 커서 민간 기업이 스스로 모두 감당하는 것은 불가능하다. 그래서 1970년대 중반부터 정부의 정책과제 형태로 기술개발을 지원하기 시작했다. 대표적인 예로 통신산업을 꼽을 수 있다. 한국 통신기술의 시작을 알린 국산 전전자교환기, 즉 TDX의 개발은 1972년에 이미 시작되었다.[4] 당시 교환기 개발사업을 위해 책정된 총개발비용이 6천만 원이었는데, 대부분의 정부지원 연구개발 프로젝트 규모가 100~200만 원이었던 것을 감안하면 놀라울 정도로 큰 금액이었다. 참고로 그 당시 정부 총예산은 6조 원에 불과했다. 큰 예산을 투입하고 도전적으로 사업을 시작하였으나 접촉 불량이 빈번하게 발생했고 통화 정지 등 서비스 가능한 통화품질이 구현되지 못해 만족할 만한 결과는 얻지 못했다. 이 경험을 살려 10년 후 9천 회선 용량의 TDX-1 연구개발에 도전하는데, 1982년부터 1986년까지 5년 동안 연간 48억 원, 총 240억 원을 투자하였다. 당시 한국전기통신연구소의 1년 예산이 24억 원이었다는 것을 감안하면 이 역시 과감한 규모였다.

당시 부족한 사회기반적 시스템 기술을 정부의 정책과제로 개발하자는 욕심을 낸 것도 눈에 띄지만, 시스템 기술의 특성을 고려해 임계 규모를 넘겨 대규모 예산을 책정했다는 점 또한 기억할 만하다. 그 덕에 보완적 요소기술을 동시다발적으로 개발하면서 이들을 묶어내는 시스템 기술에까지 도전하는 기회를 가질 수 있었다는 점에서 흥미로운 사례라 할 수 있다.

위기 상황에서 정책과제로 연구개발 활동을 이끌었다

:

경제위기 상황 속에서 정부의 대형 기술개발 국책 과제가 민간부문의 연구개발 부담을 덜어주면서 연구개발을 지속적으로 진행할 수 있도록 해주었다. 아시아 금융위기 당시 산학연 협력방식으로 시작된 비메모리 반도체 관련 국책 연구 사업이 대표적인 사례다. 1998년 과학기술부와 산업자원부는 기존의 256M D램 개발의 후속 사업으로 비메모리 반도체(시스템 반도체) 부문의 연구과제를 공동으로 추진하기로 합의하였다. 이 프로젝트는 이후 '시스템 집적반도체 기반기술개발' 사업으로 이름 지어졌고, 3단계에 걸쳐 총 14년(1998~2011)의 중장기 과제로 추진되었다. 특히 과제의 연속성에 중점을 두되, 단계별로 추진 실적에 따라 차기 목표를 수정할 수 있도록 함으로써 발전적 진화 가능성을 도모하였다. 이 사업의 총 사업비는 1조 400억 원이었는데, 정부가 50%에 가까운 5,100억 원을 부담하였다.[5] 최근 비메모리 반도체 부문이 세계적으로 성장하고 있음을 고려할 때 당시 아시아 금융위기 상황이었음에도 불구하고 정책적으로 연구과제를 수립해 산업기술 개발에 나선 것은 미래지향적 의사결정의 예로 볼 수 있다.

진화적 정책과제로 첨단기술이 단계적으로 발전했다
:

그간 추진된 정책적 연구사업을 살펴보면, 공공연구소가 산학연

▪ — 1997년 개발된 1MW급 소형 열병합 발전용 가스터빈 시제품(왼쪽)[6]과 2019년 공개된 270MW급 발전용 가스터빈(오른쪽)[7]

▪ — TDX-10(왼쪽)[8]과 세계 최초 CDMA 단말기 LDP-200(오른쪽)[9]

간 소통의 허브 역할을 하면서 목표를 조금씩 높여가는 진화적 방식으로 추진되어온 것을 볼 수 있다. 현재 글로벌 수준을 목표로 집중 노력이 가해지고 있는 가스터빈 기술도 공공연구소가 중심이 되어 1991년 정책과제를 시작할 당시 1MW 정도의 작은 규모를 목표로 시제품을 개발하는 것이 숙제였다. 그때부터 개발 목표는 조금씩 높아졌고 현재는 250MW 수준의 상용화 기술에 이르렀다.[10] 이렇게 정책과제가 진화적으로 추진되면서 지식과 경험이 누적되었고, 요소기술의 개발 범위가 넓어지고 심화되었다. 기술이 복잡한 기반적 성격의 시스템이야말로 이런 정책의 진화적 설계가 큰 도움이 된다.

현재 세계 수준에 이른 통신기술도 예외가 아니다. 통신기술은 1970년대 시행착오를 겪고 1982년부터 1985년까지 진행된 TDX-1 개발사업에서 의미 있는 성과를 거두게 된다. 이 성공에 기반해 1987

년부터 1991년까지 5년간 TDX-10을 개발하면서 대용량 전전자교환기 기술을 완전히 확보하게 된다. 이 진화 과정에서 확보된 네트워크 교환기 기술에 퀄컴 사의 CDMA 무선접속기술을 접목하여 세계 최초 디지털 이동통신 시스템을 독자개발하기에 이른다. 이 사례는 교환기 기술개발 목표를 최소 10년 전부터 단계별로 설정하고, 외부 기술과 접목하여 완전히 다른 단계로 올라가는 전형적인 진화적 발전 과정을 잘 보여주고 있다. 역사를 가정하는 것은 무의미하지만 만약 TDX-1 개발의 성공에서 만족하고 멈췄다면, 세계 이동통신 역사는 분명 더디 흘렀을 것이다. 또 오늘날 이동통신산업에서 누리고 있는 한국 산업의 위치는 흐릿했을지 모른다.

공공연구소의 개발 결과가 민간 기업으로 이전되었다

:

한국 산업의 기술개발 과정에는 공공과 민간의 협력관계가 잘 드러난다. 대학과 공공연구소로 대표되는 공공은 기술적 아이디어를 담당하고, 민간은 생산 노하우를 담당하는 협력체제가 기본 모델이다. 이 과정에서 공공의 기술이 민간으로 이전되는데, 그 중에는 명시적인 기술권리 이전도 있지만, 함께 연구를 진행하면서 조직적·인간적으로 교류가 활발해지면서 묵시적으로 서로 영향을 주고받은 경우도 많다. 대표적으로 1982년부터 5년간 240억 원의 예산을 들여 한국전기통신연구소에서 개발한 국산 전전자교환기 TDX-1 기술은 당시 반도체 관련 국내 4개 기업에 이전되어 기업의 기술역량 확대에 큰 영향을 주었다.[11] 이를 위해 정부는 정책과제의 구상단계에서 민간 기업의 참여를 독려하고, 개발된 기술을 자연스럽게 민간이 가져갈 수 있도록 기획하였다.

민간 기업에서 공공연구소의 개발 결과를 이전받아 상업화하는 사례는 비교적 최근에도 이어지고 있다. 한국화학연구원은 1997년부터 내열부품성형용 폴리이미드PI; Polyimide 수지 개발에 나섰다. 폴리이미드 수지는 상업화된 플라스틱 고분자 소재 중 내열성이 우수하고 제반 특성이 탁월한 소재로 당시 연간 약 100억 원을 들여 전량 수입에 의존하고 있었다. 공공연구소 연구팀은 아시아 금융위기 때 연구 중단을 겪기도 했지만 이후 2003년까지 연구를 지속해 분말 형태의 폴리이미드 합성 기술 및 고온, 고압 상황에서의 성형 기술을 모두 성공적으로 개발했다. 이 기술은 이후 국내 기업에 이전되어 상업적 생산을 시작하였고, 그 후로도 지속적으로 업그레이드되고 있어 대표적인 기술이전 성공 사례로 꼽힌다.[12]

기업 간 공동연구개발이 활발하게 진행되었다

기업 간 협력연구를 통해 규모의 한계를 극복했다

:

1970년대 공공연구소 중심으로 이루어지던 연구개발은 빠르게 기업으로 확대되기 시작했다. 특히 1972년 '기술개발 촉진법'이 제정되고, 민간 기업의 역량이 어느 정도 성숙하기 시작한 1980년대 초부터 기술역량과 자원이 부족한 중소기업들이 협동조합을 중심으로 공동연구개발을 추진하는 사례가 보이기 시작했다. 자동차 부품기업도 1982년 과학기술처로부터 연구개발비를 지원받아 자동차부품기술연구조합을 결성하고 클러치, 헤드램프, 콤비네이션 램프, 와이퍼 암 블레이드 등 4개 핵심부품 개발에 대한 연구를 추진하였다. 당시 이러한 방식의 연구조합은 정밀화학, 제약 등 여러 산업에서 우후죽순처럼 생겨나기 시작했는데, 각각 당시로서는 큰 금액인 3억여 원의 출연금을 지원받았다.[13] 연구조합은 기술개발에 수반된 리스크와 비용을 공유함으로써 규모의 한계에 부딪혀 연구개발은 꿈도 못꾸는 중소기업으로 하여금 신기술 개발에 참여할 수 있는 기회를 갖도록 해주었다.

대형 기술개발을 위해서 공동연구개발 컨소시엄이 시작되었다

:

규모가 크고 복잡한 기술패키지를 개발하는 데는 기업과 공공연구소, 그리고 대학이 함께 하는 공동연구개발 컨소시엄이 효과를 발휘했다. 반도체산업의 경우 1983년부터 시작된 기업의 독자설계 시도를 정책적으로 뒷받침하기 위해 1986년 4월 4M D램을 목표로 한 공동개발 계획이 수립되었고, 이를 근거로 1986년 7월 반도체 기업

3사, 공공연구소와 대학 등을 포함하는 국가 차원의 반도체 공동연구개발 컨소시엄이 구성되었다. 이 공동연구개발 컨소시엄은 서로 분산되어서는 개발하기 힘든 반도체 기술에 도전하고자 개발에 필요한 자원과 역량을 집중하는 데 목적이 있었다. 1986년부터 3년 간 진행된 4M 사업에는 정부와 참여 기업이 조달한 순수연구비 400억 원과 연구기자재 구입비 479억 원 등 총 879억 원의 연구개발비가 투입되었다. 4M D램 반도체 공동연구는 한국 산업기술 발전사에서 대규모 산학연 공동연구의 시초로 기록된다. 4M D램 사업은 1989년 2월 0.8㎛ 선폭의 4M D램의 양산 시제품이 개발됨으로써 당초 목표를 달성하며 완성되었다.[14] 1983년 국내 기업이 반도체산업에 본격적으로 진출한 지 불과 5년 남짓이 지난 시점에서 이루어낸 놀라운 성과이다.

한국이 자랑하는 디스플레이 기술도 산학연 컨소시엄의 도움이 컸다. LCD 기반기술개발과제가 1994년 상공자원부의 중기 거점기술개발 사업으로 지정되면서 한국디스플레이연구조합을 중심으로 디스플레이 산업 기술개발을 위한 산학연 연구네트워크가 형성되는 계기가 만들어졌다.[15] 1995년에는 선도기술개발사업(G7 프로젝트)이 출범하면서 산학연 협력연구가 가속화되었고, 2001년까지 지속되면서 여러 요소기술이 함께 개발되는 단초를 제공했다. 한국의 디스플레이 산업이 오늘날 이렇게 치열한 글로벌 시장에서 지배적 위치를 차지할 수 있게 된 데는 기업의 도전적 전략의 영향도 컸지만, 국가적으로 산학연 협력의 네트워크가 형성되도록 정책적으로 지원한 효과도 작지 않다.

기업연구소가 발달했다

산업화 초기 기업연구소는 존재가 미미했다

:

산업화가 시작되던 초기, 기업은 생산시설의 운영에 매달려 있었기 때문에 연구소 조직을 만드는 것은 꿈도 꾸기 어려운 형편이었다. 연구실이라고 명명된 곳도 대부분 초보적인 생산 관련 기술을 중심으로 역설계하거나 개량하는 곳이 대부분이었다. 이런 상황에서 일부 기업이 연구실을 갖추기 시작했다. 한국의 한 대표적인 화장품 기업은 1954년 용산구 후암동의 공장 일부를 개조하여 2평(6.6㎡) 남짓한 공간을 마련한 후 '화장품 연구실'이라는 이름을 붙였다.[16] 작은 공간이지만 연구 공간을 별도로 마련했다는 사실 자체는 당시 회사 규모를 고려할 때 기술개발을 향한 대단한 의지의 표명이라고 볼 수 있다. 이후 옆 건물을 임대해 규모를 확장하고 하나씩 연구기기를 갖추면서 연구실이라는 이름에 걸맞는 모습을 만들어갔다. 그럼에도 불구하고 1970년대 후반 때까지도 전체 기업연구소는 10여 개에 불과했다.

산업 기반이 형성되면서 기업연구소 설립의 붐이 일어났다

:

1980년대에 이르자 산업 기반이 어느 정도 형성되기 시작했고, 기업 내부에서 비용우위만으로는 국제 무대에서 경쟁할 수 없다는 공감대가 형성되기 시작했다. 1980년 민간기술연구소협회가 창립되고, 병역특례제도가 운영되면서, 민간연구소 설립 붐이 일기 시작했다. 1983년 민간연구소가 100개를 돌파하고, 1986년 200개, 1988년 500개를 넘어섰다. 1990년대에는 그 속도가 가속화되어 1995년 2천 개를 돌파하고, 2014년 3만 개에 이어 2018년 현재 4만 개에 육박하는 민간연구소가 설립되었다. 이에 맞추어 민간의 연구개발투자도 1970년대 명시적인 투자실적이 거의 없던 시점부터 시작하여 1980년대 들어 급속히 증가했다. 민간투자는 현재 60조 원을 상회하고 있다. 단위 규모도 적지 않은데, 국내 자동차회사는 1986년부터 10년간 5천억 원을 투자하여 기술연구소를 설립하였고, 2015년 기준 1만 5천 명이 연구개발에 참여하고 있을 정도다.[17]

기업연구소의 노력으로 국산화와 수입대체의 사례가 다수 탄생했다

:

기업연구소의 목표는 대체로 기술체화를 통한 국산화였다. 그러한 노력의 결과 미국, 일본 등에서 수입하던 주요 부품과 소재를 하나씩 국산화하는 데 성공했고, 일부는 해외 시장에서 일정 정도 시장

점유율을 확보하는 성과를 거두었다. 예를 들어 플라스틱의 원료인 폴리프로필렌PP; PolyPropylene 제조공정에는 촉매가 쓰이는데 이 촉매 관련 기술은 이탈리아, 일본 등의 기업이 독점적으로 가지고 있었다. 국내 기업연구소에서 이 핵심소재를 2003년부터 개발하기 시작하여 구형의 미세 다공성 촉매 담체를 합성하는 원천기술을 확보했고, 공정을 현장에 적용할 수 있도록 꾸준히 스케일업하여 2007년 마침내 테스트를 마치고 수입대체를 이루어냈다.[18] 이처럼 기업연구소가 노력한 끝에 국산화와 수입대체를 이루어낸 사례는 수없이 많다.

산업기술의 성장과 함께 대학의 연구개발이 성숙되었다

산업화 초기 해외기술지침서가 대학 교과서로 사용되었다

:

대학은 기술 창고와 같다. 다시 말해 다양해지고 복잡해지는 산업기술의 원천적 아이디어를 가득 담고 있는 곳이 대학이라는 기구이다. 한국의 대학도 산업화 이후 그 규모가 급속히 커졌다. 교육부의 교육통계연보에 따르면 전국 대학의 공학계열 학과 수는 1965년 130개에서 2018년 2,789개로 늘었다.[19] 공학계열 학과의 증가는 산업기술에 대한 사회적 요구와 산업기술의 고도화가 반영된 결과라 할 수 있다. 지금은 세계 어떤 실험실에도 뒤지지 않는 시설과 연구역량을 자랑하는 한국 대학이지만 연구개발을 시작하던 1960년대에는 모든 것이 부족했다. 기술을 가르쳐줄 수 있는 교원이 부족했던 것은 물론 이거니와 기술을 실제 실험해 볼 수 있는 장비가 없어서 기술을 책으로밖에 배울 수 없었다. 또 책이라고 해봤자 변변한 것이 없어서 대부분의 기술 관련 교과서는 자동차 차량정비기술지침서나 운전지침서와 같은 선진국의 제품 매뉴얼을 활용했다.[20] 1965년 국내에 수입된 외국서적 현황을 보면 자연계열 도서가 18만 3,651권으로 대부분 일본 서적(15만 8,646권)이고 나머지가 미국(2만 1,845권)에서 들여온 서적이었다.[21] 한국어로 된 교과서가 없어 일본어나 영어로 된 책을 번역해가며 공과대학 교육의 첫걸음을 시작했다.

대학이 기업의 기술연구 파트너가 되었다

:

정부의 이공계 지원에 힘입어 1980년대부터 대학에서 연구개발이 본격적으로 시작되었다. 1970년 2,600만 원이었던 정부의 연구지원금은 1980년 25배 증가한 6억 5천만 원으로 연구개발에 대한 투입이 늘어나면서 연구 성과는 물론 대학의 연구 역량도 한 차원 높아졌다.[22] 대학은 기업이 필요한 기술개발을 공동으로 수행하거나 기업 자체적으로 진행하기 어려운 선행연구에 도움을 주며 이공계 연구인력 공급뿐만 아니라 기업의 기술개발 파트너로서의 역할도 수행했다. 대학에서 기업으로 이전된 특허 건수도 해마다 증가해 2011년 1,990건에서 2017년 4,235건을 기록했다.

7장

한국 산업기술 발전 요인 3
인적자원의 육성

사람에 체화된 산업기술 발전의 씨앗

산업기술 발전을 이끄는 것은 결국 사람이다

:

산업기술 발전을 위해 필요한 생산역량과 기술역량을 가진 주체는 결국 사람이다. 산업기술 발전의 역사에는 다양한 유형의 사람들 숨결이 녹아 있다. 생산현장에서 도전과 끈질긴 시도가 거듭되는 가운데 현장기술자는 노하우를 쌓아갔고, 공공 및 민간 연구소 연구자는 연구개발 활동을 하면서 과학적 원리를 익히게 되었다. 산업기술의 결과물을 선보이는 일은 기업가가 맡았으며, 학계는 기초 연구를 이끌고 기술의 원리를 이해하는 인재를 길러냈다.

사람은 산업기술 발전의 씨앗을 가지고 있는 가장 근본적인 주체이다. 산업기술 발전 역사는 바로 무수히 많은 사람의 땀이 빚어낸 빛나는 결과물이다.

시대에 따라 산업기술 발전에 필요한 인재 양상은 달라졌다

:

산업기술 발전 초기에는 도입된 매뉴얼을 이해하고 생산현장에서 성실하게 근무할 수 있는 사람이 필요했다. 공장에서 생산경험을 쌓은 몇몇 인재는 다른 공장으로 옮겨가 또 다른 생산현장을 주도하는 위치에 서기도 했다. 기술이 발전함에 따라 1980년대 이후 기업들은 과학기술적 원리를 이해해야 기술발전의 속도를 한 단계 진보시킬 수 있음을 깨닫기 시작했고, 이에 기존 인력을 재교육하는 한편, 과학적 원리를 학습한 고급 인재를 적극적으로 받아들이기 시작했다. 외국에서 선진 기술을 익힌 인력이 생산현장에 들어오기 시작한 것도 역시 이때다. 지식과 생산의 공진화 속에서 연구개발에 대한 관심이 높아졌고, 이에 따라 대학원의 연구실 출신 인재가 활약할 수 있는 장이 열렸다. 이들은 전문적인 지식을 바탕으로 연구개발을 이끌었고 생산현장과의 소통을 통해 산업기술의 발전을 주도했다. 미래에 산업기술 혁신을 위한 새로운 시도를 주도하는 힘 역시 지식과 기술력, 생산경험을 두루 갖춘 인재에서 비롯될 것이다.

인재는 여러 곳에서, 여러 경로로 길러진다

:

산업기술 발전을 이끄는 사람은 저절로 나타나는 것이 아니라 의

도적인 교육과 학습을 통해 길러진다. 그러나 그 방식은 늘 같지 않다. 교실에서 교과서를 통해 배출될 수도 있지만, 현장에서 스스로 경험하면서 학습함으로써 양산되기도 한다. 산업기술 발전 초기에는 기본 매뉴얼을 학습할 수 있는 수준의 인재가 배출됐다면, 시간이 지나면서 공장운영의 현장경험을 함께 쌓은 인력이 길러졌다. 이후로는 기술발전과 함께 생산현장을 리드하고 연구개발을 수행하는 인력이 대학과 대학원 등에서 양성되었고, 이들이 기업과 연구소 등에 진출해 기술혁신을 이끌었다. 최근에는 인재를 양성하기 위한 다양한 교육기관이 등장했으며, 그 방법도 다양해지고 있다.

산업발전 초기, 현장기술자가 중요한 역할을 했다

실업교육을 통해 생산인력이 배출되었다

:

1950년대 중반 이후 중고등학교 수준에서의 실업교육을 적극적으로 장려했는데, 산업계로 바로 투입할 수 있는 현장인력을 육성하는 게 주된 목표였다. 1950년대 후반 이후 실업계 진학을 장려하는 교육정책이 적극적으로 시행돼 실업계 고등학교가 크게 늘어났다. 1965년에 이르면 전체 고등학교 중 약 44.5%(701개 중 312개), 고등학교

학생 수의 40.4%(42만 6,531명 중 17만 2,436명)를 실업계 고등학교가 차지할 정도가 되었다.[1] 1960년대 후반부터는 대부분의 실업고등학교가 거의 100%에 육박하는 취업률을 기록했고, 일부 고등학교의 경우 기술자를 원하는 기업이 직접 학교에 찾아가 우수 인력을 스카우트하는 사례도 생겼다.[2]

특수 분야를 목표로 한 실업교육도 이때 등장하였다. 교통고등학교는 이러한 실업계 고등학교 중 국가가 직접 설립하여 산업인력을 육성한 대표적인 사례이다. 교통고등학교는 1951년 기존의 운수학교를 3년제 고등학교로 전환한 것인데, 학생은 운전, 토목, 건축 등의 학과에서 지식을 쌓고 졸업한 후 3년간 의무적으로 교통부 소속 공무원으로 현장에서 근무하도록 하였다.[3] 이러한 실업교육의 경우 현재는 그 비중이 크지 않지만, 여전히 일부 분야의 경우 흔적을 찾아볼 수 있다. 교통고등학교도 이후 공업고등학교로 바뀌어 오늘날까지 산업인력을 배출하는 장으로 역할을 하고 있다.

생산현장의 교재는 외국의 운영매뉴얼이었다

:

아무리 교육을 잘 받은 인재라도 생산현장에서 성공적으로 자기 몫을 다하는 것은 또 다른 차원의 얘기이다. 국가 전체의 산업 기반이 취약한 초기 단계에서는 학교교육과 현장실무 사이의 괴리가 클 수밖에 없었다. 현장이 없기 때문이다. 실업계 고등학교를 졸업한 후 생산현장에 취직한 인력은 교재를 통해 기본적인 지식은 갖고 있었지만, 실제로 공장이 어떻게 돌아가는지에 대한 실무적인 지식은 부족했다. 게다가 산업기술 개발의 초기 단계라 공장 가동의 경험을 가진 현장 멘토도 찾아보기 어려워 유용한 조언도 들을 수 없는 실정이었다. 따라서 이 시기 생산현장의 교재는 외국에서 도입된 매뉴얼밖에 없었다.

합성섬유용 고분자 소재 부문은 한국이 산업기술 개발을 시작하던 1960년대 초반 당시 미국, 유럽의 전통적인 화학기업과 일본의 몇몇 기업이 기술을 주도하고 있었다. 한국의 기술자는 이들로부터 기술과 운영매뉴얼을 배워야만 했다. 1962년 설립된 한 국내 기업의 경우 외국 기업과 기술계약을 체결하고, 품질관리자를 초빙해 직접 제사 및 직물 생산에 이르는 과정을 학습했다. 이밖에도 국내 화섬기업이 켐텍스Chemtechs, 인벤타Inventa, 토레이Toray를 포함해 많은 외국 기업으로부터 운영 매뉴얼을 직접 도입해 학습했다.[4]

초기 산업기술 인력의 양성은 해외에 의존했다

초기 기술교육은 해외 지원으로 시작되었다

:

산업기술의 개발 초기, 현장에서 외국의 운영매뉴얼을 도입하여 익히는 것 이상으로 해외기술의 역할은 매우 컸다. 당시는 산업기술 인력을 어떻게 교육해야 하는지 방법조차 몰랐던 시기였기 때문이다. 1950년대 중반에 실시된 미네소타 프로젝트는 초기 산업기술 개발을 위한 인력 교육을 해외에 의존한 전형적인 사례이다. 한국전쟁 이후 국가 재건을 위해 마련된 국내 대학과 미네소타 대학 간 재건 협약Reconstruction Contract으로 미네소타 프로젝트가 시작되었고, 그 일환으로 서울대 농대, 의대 및 공대 교수들이 미네소타 대학에 파견되어 교육을 받기 시작했다. 1955년부터 총 217명의 교수와 8명의 공무원이 미국에 파견되어 교육을 받았으며, 서울대 농대 7개 건물과 공대 25개 건물의 수리 및 신축과 함께 교육장비의 현대화 역시 이루어졌다.[5] 미국에서 교육을 받고 온 이들은 교수진이 되어 이후 산업기술 개발에 필요한 인력을 양성하는 데 중요한 역할을 담당한다.

외국의 선진 교육을 받은 기술인력이 유입됐다

:

산업기술 개발 시작 단계를 지나 본격적으로 기술을 체화하는 시기에 접어들고부터는 외국에서 고급 기술교육을 받은 한국인 인재가 큰 역할을 했다. 이들은 당시 선진국의 과학기술 지식뿐만 아니라 글로벌 산업동향 정보와 인적 네트워크도 함께 가져와 한국 산업계에 전파하기 시작했다. 반도체산업 발전 초기에도 이러한 모습이 잘 드러난다. 앞서 언급한 바와 같이 한국과학기술연구원KIST 반도체장치 연구실에는 재미 과학자들이 중고장비까지 들여와 연구개발 시작에 앞장섰으며, 기업 부문에서도 재미 과학자들이 귀국하여 창업을 하면서 반도체칩, 트랜지스터 등의 전자제품 부품의 국산화를 시도했다.[6] 이들의 노력이 더해진 결과 전자산업기술의 초기 국산화가 이루어졌고, 국산 전자시계, TV, 오디오 등이 탄생하게 되었다. 1980년대 초반부터 반도체 사업에 뛰어든 기업 역시 선진 지식을 갖춘 글로벌 인재를 스카우트하기 위해 노력했다. 이들 기업은 기존의 다른 사업체를 인수하면서 기술력을 보강하기도 하고, 미국에 현지 연구소를 만들어 고급 두뇌를 충원하기도 했다.[7] 이렇듯 외국에서 선진 기술을 익힌 인력이 국내로 유입되거나 국내 연구 인력과 교류하게 됨에 따라 국내 생산현장과 연구소는 선진국의 첨단 산업기술을 접할 수 있었고, 산업기술의 추격 방향을 확인할 수 있었다.

현장인력부터 고급 과학기술인재까지 인력 포트폴리오를 구성했다

학교교육을 통해 현장기술자가 배출되었다

:

앞에서 말한 바와 같이 산업기술 개발 초기의 교육은 매뉴얼을 이해할 수 있는 문해력을 갖춘 인력을 배출하는 것에서 출발해 기본적인 공장 가동을 수행할 수 있는 인력을 실업고등학교를 통해 양성하는 수준이었다. 이렇게 배출된 인력은 생산현장에 취직해 경험을 쌓아갔지만, 더 높은 수준의 기술이 요구되는 발전 단계에 이르자 과학적 원리를 교육받은 기술자를 요구하는 목소리가 높아졌다. 이에 따라 학교교육 역시 대학을 중심으로 높은 기술력을 갖춘 기술자를 육성하는 방향으로 바뀌기 시작했다. 1973년 초부터 지방 주요 국립대가 특성화 공과대학으로 지정되어 지역에 필요한 엔지니어를 배출하기 시작했는데, 경북대는 전자공학, 부산대는 기계공학, 전남대는 화학공학, 충남대는 공업교육 특성화 학과를 운영하였다.[8, 9] 이들 대학의 특성화 학과는 강의 시간과 졸업 학점을 대폭 늘리는 한편 정원 역시 기존 대비 최대 7배까지 확충하여 고급 기술자 양성에 나섰다.

한편 기존 국립대학에 특성화 학과를 운영하는 수준을 넘어 산업기술인력 양성에 특화된 대학이 등장하기도 했는데, 1997년 현재의 산업통상자원부 주도로 개교한 한국산업기술대학교가 바로 그것이다. 이 대학은 전공과 진로를 일치시키는 데 주력하는 등 변화하는 산업현장에서 필요한 지식을 배양하는 데 효과를 발휘하고 있다.[10]

전부터 이어져 온 실업교육 역시 기술인력 양성을 위한 공업고등학교 중심으로 재편되었는데, 1967년에 부산국립기계공고가, 1972년에 금오공고와 구미공고가 설립되었고, 그 후로도 지속적으로 전국에 확산된 기계공고는 방위산업 및 기계산업 관련 인재를 집중적으로 육성하였다. 전자, 전기, 건설, 제철 등 특정 산업 분야에 즉시 투입할 수 있는 현장기술자를 양성하기 위한 특성화 공고 역시 10개 학교에서 연간 5천 명에 가까운 인력을 배출했다.[11] 이러한 다양한 과정을 거쳐 배출된 기술자는 생산현장에 투입되어 도입기술의 체화 과정을 이끌었다.

교육을 통한 현장기술자의 배출은 산업이 고도화된 현 시점에서도 여전히 중요하다. 연구개발과 생산현장 사이의 간극을 좁히기 위해서는 현장기술자가 절대적으로 필요하기 때문이다. 현재도 여러 제도를 통해 현장기술자가 지속적으로 배출되고 있다. 실업계 고등학교의 경우 특성화 고등학교로 재편되어 여전히 산업인력 양성을 담당하고 있다. 특히 최근에는 소프트웨어, 로봇 등 다양해진 산업현장의 수요를 반영하는 방향으로 세분화, 전문화되고 있다. 기업 역시 특성화 고등학교에 재학 중인 학생을 먼저 선발하는 등의 방식을 통해 고급 기술자로 키우고자 노력하고 있다.[12]

정부 산하 기능대학인 한국폴리텍대학교의 경우는 최근의 산업기술 수요와 함께 그 목적이 진화한 사례라 할 수 있다. 한국폴리텍대학의 역사는 1968년 국립중앙기술원으로 거슬러 올라가는데, 당시 이 대학은 생산현장에서 일할 수 있는 산업인력을 육성하는 데 초점이 맞춰 있었다. 하지만 최근에는 현장 인력을 교육하여 기능사 자격증을 취득하도록 도와줌으로써 현장기술자의 역량을 높이는 방향으로 목표가 진화하였다.

대학과 대학원이 산업기술 개발을 이끌었다

:

산업기술이 발전하면서 대학교에서 양성된 인력이 본격적으로 산업기술계로 진출하기 시작했다. 이 과정에서 대학은 기본적인 정규 교육 이외에 산업현장 이해를 목적으로 한 다양한 프로그램을 운영함으로써 기업을 지원했는데, 그중 하나가 바로 인턴십 제도이다. 대학은 1992년부터 재학생의 기업체 현장 실습을 학점으로 인정해주는 인턴십 제도를 시작했는데, 이는 공과대학 학부생이 산업 현장을 간접적으로 체험할 수 있는 중요한 계기가 되었다.[13] 최근 대학들은 여기서 더 나아가 계약학과를 신설하거나, 산업체의 요구에 맞는 교과목을 개설하고, 산업계 경험을 축적한 전문가를 겸임교수로 채용하는 등 교육 현장에서부터 산업기술계를 잘 이해하는 인재를 육성하기 위해 노력하고 있다.

대학은 산업기술 발전에 있어서 일차적으로 인력 배출을 담당했지만, 여기서 머무르지 않고 스스로 연구를 주도하여 산업기술 개발을 이끌기도 하였다. 특히 산업기술의 목표 수준이 높아지면서 대학원의 석·박사급 인재가 본격적으로 산업기술 발전 역사에 등장하기 시작했다. 이들이 대학원에서 논문을 쓰며 치열하게 고민한 시간은 스스로 문제를 해결할 수 있는 역량을 길러냈고, 이들이 현장에 진출해 보다 복잡한 문제에 도전할 때 필요한 지식 기반을 형성하였다. 1971년 개교한 한국과학기술원[KAIST]과 1986년 개교한 포항공과대학교는 이 시기 이공계 대학원의 팽창을 이끌었다. 실제로 1983년 이

공계 대학원생은 1만 3,588명이었으나, 2018년에는 8만 1,014명으로 늘어났다.[14] 이공계 박사의 배출 규모도 커졌다. 1979년 전국 각 대학에서 배출된 이공계 박사가 110명이던 것이 2017년에는 그해 배출된 박사만 4,359명일 정도였다.[15]

1980년대 중반 이후부터는 대학원 연구실에 모인 인력으로부터 혁신적 산업기술이 나타나기 시작했다. 1988년 서울대학교 치과대학에서 개발한 의치지대장치[16], 1993년 서울대학교 의과대학에서 개발한 좌심실 보조장치[17] 등은 해외기술을 소화하여 국내 소재 및 기술로 개발 완성한 초기 사례다. 한편 한국과학기술원KAIST의 교수와 대학원생 세 명은 1980년 카이젬KAISEM 1호기 로봇을 연구용으로 독자개

■ — 1980년 한국과학기술원KAIST에서 개발한 카이젬 1호기[18]

발하기도 했다. 이 로봇은 원통 좌표형의 핸들링용 산업용 로봇으로, 주요 부품과 기구 구조뿐만 아니라 제어시스템 및 소프트웨어를 직접 설계하여 개발된 것이다. 이후 국내 로봇연구의 효시가 된 사례로 기록된다.[19]

대학원에서의 이러한 산업기술 개발 및 상용화 성공 뒤에는 적극적인 연구개발투자가 있었다. 기업과 달리 대학원에 대한 연구개발투자는 대부분 인력 양성이 주된 목적이다. 1975년 당시 한국의 전체 연구개발비 중 대학이 사용한 비중은 5.1%(426억 원 중 22억 원)에 그쳤다. 하지만 1980년대 들어서는 이 비중이 꾸준히 10% 내외를 유지했으며, 2016년 기준 전체 연구개발비 69조 4,505억 원 중 9% 가량인 6조 3,399억 원을 대학이 사용했다.[20]

한편 대학과 산업현장이 서로 연계된 산학협력 역시 산업기술 발전 과정에서 대학의 중요한 역할 중 하나였다. 이러한 협력은 1980년대에 본격적으로 시작되었는데, 한국과학기술원KAIST의 설립 목적에서도 이를 확인할 수 있다. 한국과학기술원KAIST의 법적 근거인 〈한국과학기술원법〉에는 "깊이 있는 이론과 실제적인 응용력으로 국가 산업 발전에 기여할 고급 과학기술 인재 양성"을 설립 목적으로 명시하고 있다.[21] 즉 기술개발의 목표가 산업현장에서 실제로 작동하고 성과를 내는 기술을 만드는 것에 있었던 것이다.

이 시기의 산학협력은 기업에도 큰 깨달음을 주었는데, 바로 기술을 도입하여 활용하는 것보다 국내에서 자체개발하는 것이 더 이익이 된다는 사실을 알게 된 것이다. 이전까지는 기술 수준이 낮아 상대적으로 낮은 비용으로 기술을 도입할 수 있었지만 산업기술의 고도화와 함께 외국 기업의 견제 등으로 기술도입 비용이 높아진 탓이 컸다. 이러한 상황에서 대학과 기업 간 긴밀한 협력, 특히 대학원 인력의 활용은 산업기술의 성능, 품질, 신뢰도를 제고함으로써 기업으로 하여금 자체개발에 대해 자신감을 가질 수 있도록 했다.

기업 내에서도 기술자가 양성되었다

생산경험을 쌓아 기술자가 되었다

:

생산현장에서 쌓은 경험은 현장기술자에게는 소중한 역량이 되었다. 역량이 높아짐에 따라 이들은 생산기술의 발전을 주도하게 되었지만 그와 동시에 더 높은 차원의 기술 지식에 대한 필요성도 강하게 느끼게 되었다. 조선산업의 표준선형 개발사업은 생산인력이 고급 기술자로 변모할 수 있는 계기를 마련한 대표적인 사례이다. 상공부는 1965년부터 화물선, 유조선, 객선 등에 대한 표준선형 설계를 학회에 의뢰하고 양산에 사용하겠다는 목표를 세웠는데, 이 과정에서 화물선 설계에 참여한 생산인력은 그동안의 경험 위에 새로운 기술 지식을 쌓을 수 있는 기회를 가질 수 있었다. 이런 과정을 거쳐 업그레이드된 기술자는 훗날 국내 각 조선소와 대학에 진출하여 국내

선박설계기술의 고도화에 크게 기여하였다.[22]

생산경험을 쌓은 인력이 타 분야로 진출해 파급 효과를 일으켰다

:

산업기술 개발 초기에는 산업 분야마다 발전 속도가 다르기 마련이다. 따라서 먼저 한 분야에서 경험을 쌓은 기술자가 다른 분야로 진출해 그 지식을 전파하는 연쇄적 파급 효과를 잘 이용하는 게 중요하다. 한국 산업발전 초기에는 비료공장이 바로 그 기술 파급 효과의 원천이었다. 1961년 건립된 충주비료공장은 국내 최초의 화학비료공장이면서, 사실상 근대적 의미의 대규모 산업시설 면에서 볼 때 제대로 모양을 갖춘 첫 공장이었다. 이곳에서 건설과 생산, 운영상의 다양한 경험을 쌓은 기술자가 이후 다수의 다른 화학공장 건설과 운전 및 가동에 핵심인력으로 활약하였다. 실제 1960년대 후반 울산과 진해에 각각 건립된 제 3, 4 비료공장의 경우 충주비료공장 출신 기술자가 기술간부로 활약하며 새로이 생산현장에 뛰어든 신입 기술자를 지도하였다. 그리고 1970년대 초반에 들어서면서 기술적으로 가까운 화학산업은 물론이고 제분, 주조 등의 경공업을 넘어 제철, 건설 등의 중공업에 이르기까지 다양한 산업에 충주비료공장 출신 기술자가 진출하여 지식 파급을 일으켰다.[23]

생산현장에서 인력을 재교육했다

:

산업현장이 빠른 속도로 고도화되면서 학교와 현장 간 괴리가 커졌고, 학교에서 배운 지식의 유효기간도 짧아졌다. 이를 보완하고자 정규교육에서 배출된 기술인력을 생산현장에서 교육하여 기술 지식을 현실에 활용하도록 도와주는 노력도 강화되었다. 또한 기업 스스로 기존 인력을 재교육하는 노력도 경주했는데, 1990년대를 지나면서부터 다양한 사내교육 프로그램을 마련한 것도 그중 하나다. 산업교육원을 개설하고, 대학에 위탁교육을 실시함으로써 기술자 재교육 프로그램을 만들기도 하고, 학점이수제를 도입해 현장기술자의 평생학습을 지원하기도 했다. 한편, 자체적으로 기술전문대를 개설해 공학 전문학사 학위를 수여하는 방식으로 현장기술자를 직접 육성하기도 했고, 한 기업은 산업대학을 직접 설립해 일반대학과 동등한 수준의 교육과 자격을 부여하기도 했다.[24] 기업의 이러한 다양한 시도는 공통적으로 생산현장기술자의 역량을 끊임없이 제고하여 더 높은 문제에 도전하도록 하기 위한 것이었다.

섬유산업에서도 생산현장 경험이 있는 인력을 적극적으로 교육시켜 이들의 역량을 높이고 선진 산업기술을 도입하고자 하였다. 기술이 낮은 수준에 머물러 있었던 1980년에도 염색가공 부문의 기술자 16명을 해외연수 훈련생으로 선발하여 선진 염색가공기술을 익히는 기회를 제공하였다. 그리고 1981년에는 한국섬유산업연합회 주최로 외국 전문가를 초빙하여 기술세미나를 개최하기도 했다. 이후에도 1988년 한국섬유기술진흥센터의 셀룰로오스섬유 가공기술교육, 1990년 한국섬유기술진흥원의 염색기술 및 품질관리 실무연수교육 등을 통해 생산인력의 재교육과 이들의 역량 강화를 도모했다.[25]

시대에 따라 인재상이 달라졌다

새로운 세대가 디지털 시대를 주도했다

:

산업의 포트폴리오가 달라지고 기술 기반이 급변하면서 산업기술을 주도하는 세대도 달라졌다. 1980년대 이후 정보통신 및 디지털 기술이 확산되면서 젊은 세대가 새로운 지식과 문화로 옷을 입고 산업현장에 뛰어들기 시작했다. 1982년 국내 최초의 한글 워드프로세서를 만든 사람은 당시 서울북공업고등학교 2학년 학생이었다. 공업고등학교에서 배운 컴퓨터 지식을 바탕으로 8비트 컴퓨터 시대에 한글을 입력 및 출력할 수 있는 소프트웨어를 개발한 것이었다.[26] 이후 한글 워드프로세서의 대중화를 이끈 주역 역시 대학생이었다. 1988년 기계공학과 재학 중 수업 과제를 컴퓨터로 작성하면 편리하겠다는 생각에 컴퓨터연구회라는 동아리에서 만난 사람들과 함께 '한글 0.9판'을 만들어 1989년 배포한 것이 그 시작이었다.[27] 최초의 한글기반 검색엔진 역시 1995년 충남대 재학생이 만들었으며, 1990년대 후반을 기점으로 폭발적으로 성장한 국내 검색엔진 역시 이 시기 대학생을 중심으로 만들어졌다.[28] 이렇듯 새로운 기술을 이해하는 세대의 등장은 첨단산업의 발전으로 이어져 지금까지 전해지고 있다.

8장

한국 산업기술 발전 요인 4
해외기술의 활용

해외기술의 활용과 산업기술 발전

해외기술의 역할이 선생님에서 동반자로 변모해갔다

:

산업 기반이 전무한 상태에서 생산을 시작하는 것은 마치 요리에 대한 지식과 경험이 전혀 없는 사람이 요리를 해야 하는 것과 같다. 이런 상황의 타개책은 레시피를 빌려오고 노련한 요리사에게 묻는 것인데, 한국 산업의 출발 당시 해외기술이 이런 역할을 담당했다. 한국은 설계도를 도입하고, 매뉴얼을 해석하면서 하나하나 배워나가는 전형적인 과정을 밟았다. 어떤 나라도 스스로 모든 것을 만들어내는 경우는 없으니 이 과정을 힘겹지만 자연스러운 국제 기술이전의 한 측면으로 볼 수 있다.

단순운영기술을 흡수하는 초기 단계를 벗어나 조금 단계가 높아지면 해외기술자와 함께 일하는 분야를 넓혀가면서 단독으로 해내는 비중을 높이기 시작한다. 어느 정도 내부 역량이 축적되면 스스로 해외기술을 변형 내지 조합하면서 독자적인 개발을 시도하게 되고, 결국 국산화에 성공하게 된다. 여기서 더 나아가면 해외기술과 경쟁하면서 새로운 기술에 도전하는 단계로 이어지는데, 이때가 되면 선진국은 기술보호 장벽을 높이기 시작한다. 산업기술의 기반이 성숙하면 이제 해외기술과는 필요에 따라 협력하면서 공동 개발하거나 경쟁하는 등 높은 수준의 네트워킹을 형성하게 된다.

해외기술의 역할이 선생님에서 경쟁자, 나아가 동반자로 변모해 나가는 과정은 말처럼 쉽지 않다. 각 단계마다 기업과 정부, 그리고 그 과정의 기술자에게 적극적으로 배우고 도전하겠다는 의지가 없으면 결코 발전적 진화는 일어나지 않는다.

산업화 초기 해외기술을 처음 접했다

해외기술이 한국에 처음 접목되는 과정은 OEM 생산을 통해서였다
:

한국의 자동차산업은 전형적인 OEM 방식으로 해외기술을 처음 접하게 되었다. 한국전쟁 이후 자동차산업은 자동차조립에 필요한 부품을 해외에서 수입해 조립하는 현지조립형 반제품 생산을 중심으로 이루어졌다. 1962년 일본과 기술제휴로 새나라자동차가 설립되었고 수입한 부품을 조립하여 자동차 생산을 시작했으나, 자동차산업을 뒷받침하는 깊은 지식은 없었다. 그럼에도 1964년 신진자동차공업을 조립생산공장으로 선정하여 자동차부품의 국산화에 노력을 기울이기 시작했다.[1] 처음에는 이렇게 해외 모델을 생산하는 것으로 시작했지만 이 과정에서 접한 해외기술은 이후 우리 고유의 모델을 만드는 데 중요한 역할을 했다. 비록 아직은 해외에서 기술을 들여와야 하지만, 우리 손으로 제품을 만들어 보는 경험을 하게 된 것이다. 포드와 미쓰비시 자동차에서 기술이전을 받아 1974년 출시된 승용차 포니는 최초의 국산 고유모델 승용차가 되었다.[2]

화학산업이나 건설기계산업 등 거의 모든 산업이 마찬가지였다. 그리고 오늘날 이러한 기록은 어떻게 현장에 있던 한국인 기술자에 의해 매뉴얼 기반의 초기 기술 학습이 이루어졌고, 특히 현대적 의미의 공장이 어떻게 운영되는지에 대한 전반적인 과정을 볼 수 있는 살아있는 교재가 되었다.

▪ — OEM 방식을 통해 국내에서 제작된 피아트-124(왼쪽)와 포드-20M(오른쪽)[3]

기술 기반이 없어 외국 기업에 끌려 다니는 일도 비일비재했다

:

1955년 착공한 충주비료공장은 기술이 없었기 때문에 턴키베이스로 설계부터 건설까지 외국 기업에 맡길 수밖에 없었다. 당초 1958년 준공 목표였으나 건설을 담당했던 외국 기업과의 의견 차이로 5번이나 계약이 수정되었고, 건설비용은 예상보다 70% 늘어났다. 공사기간도 21개월이나 연장되어 1961년에야 준공되었다. 이 일을 겪은 당시 현장기술자는 기술이 없으면 클레임도 제대로 할 수 없다는 점을 뼈저리게 느꼈다. 이런 어려움을 겪는 중에도 학습은 이루어졌는데, 공장운영과 관련된 기술자문을 위해 미국 얼라이드 케미칼Allied Chemical 사와 별도의 기술고문 계약을 체결함으로써 현장기술자의 기술

▪ — 1961년 준공된 충주비료공장[4]

역량을 크게 높인 것이다.[5]

해외기술 도입을 위한 다양한 방법을 활용하였다

:

산업화 초기 기술도입을 위해 외국 기업과 기술제휴를 맺은 사례는 전자통신산업에서 찾아볼 수 있다. 기술제휴는 기술 국산화를 위한 첫걸음이었다. 1964년 당시 자동식 교환기EMD의 기술 국산화를 꿈꾸던 한국 기업은 독일 지멘스 사와 기술제휴를 체결하고 3년 내 국산화율을 24%에서 90%까지 끌어올리겠다는 당시로서는 야심찬 목표를 수립했다.[6]

산업화 초기지만 해외로부터 발주받은 프로젝트의 결과물로부터 학습한 경우도 있었다. 우리나라 컴퓨터 산업의 시초라고 할 수 있는 16비트 프로세서 세종 1호는 1974년 한국과학기술연구원KIST의 방식기기연구실에서 탄생했지만, 세종 1호의 기술을 활용한 상용품의 개발 과정에서 미국으로부터 발주 받은 사설교환기 개발프로젝트가 중요한 역할을 했다. 이 프로젝트는 당시 국내 최초로 시도되는 외국 프로젝트였으며, 개발비가 500만 달러에 달해 국내 최대 규모의 프로젝트이기도 했다. 무엇보다 한국과학기술연구원KIST은 이 프로젝트를 통해 기술제휴가 줄 수 있는 이득보다 직접적으로 해외기술을 습득하고 체화하는 더 큰 기회를 가질 수 있었다. 1974년 프로젝트 시작 이후 한국과학기술연구원KIST은 프로젝트 수행 과정에서 1976년 세종 1호의 공식적인 개발에 성공했고, 1977년 프로젝트 종결 이후 민간에 기술을 이전해 상용화까지 성공할 수 있었다. 국내 기업은 기술을 이전받아 학습한 후 '센티넬'이라는 상품으로 시장에 출시, 약 300여 대를 판매하였다.[7]

초고압 변압기 기술도입 과정에서는 기술제휴, 기술연수, 매뉴얼 입수 등 다양한 방법이 복합적으로 동원되기도 했다. 1960년대 산업 발전에 따라 전력 수요가 늘어날 것을 예상해 정부는 변압기의 국산화를 위해 국내 기업을 지원하기 시작했다. 우선 1962년 미국 웨스팅하우스와 계약을 체결하여 특허권 사용을 포함한 기술제휴를 체결했고, 그 과정에서 변압기 설계에 필요한 기본 디자인 매뉴얼과 기술설명서를 입수할 수 있었다.[8] 국내 기술자들은 웨스팅하우스와 기술제휴를 맺고 있던 일본 기업으로부터 기술연수를 받으면서 생산기술을

▪ — 세종 1호 브리핑 모습[9]

전수받았다. 특히 유럽에서 시작한 400kV급 내철형 변압기의 설계, 해석 및 제작기술 확보를 위해 기술자를 지멘스의 독일 현지 공장에 직접 파견하여 기술을 습득하게 하기도 하였다.

차관과 합작투자는 기술도입의 또 다른 경로였다. 1970년 말 국내 석유화학기업은 외국 기업과 합작투자 및 차관 계약을 체결하여 합성고무공장을 최초 건설하였고, 1973년 준공과 동시에 생산을 시작했다.[10] 이 과정에서 화학공업의 고급 기반지식뿐만 아니라 플랜트 건설 기술도 학습할 수 있었다.

해외연수는 한국 기술자의 수준을 높이는 결정적인 디딤돌이었다

:

한국 기업은 해외기술을 도입할 때 기술전수에 대한 계약을 필히 포함시키는 경우가 많았다. 한국에서 중공업이 막 움트던 1981년 당시 프랑스의 알스톰Alsthom 사와 맺은 울진원자력 1, 2호기 증기터빈 개발 계약에는 국내 기술자의 현지 설계 연수가 포함되어 있다. 1985년 미국 GE와도 원자력발전소 증기터빈과 주요 발전설비 제작기술 전수를 위한 '기술지원에 관한 계약'TAA; technical assistance agreement을 체결했는데,[11] 이듬해인 1986년 국내 기술자들은 미국 GE를 방문해 증기터빈의 설계절차 및 설계방법에 관한 교육을 받았다. 그리고 이 기술자들이 1987년 영광원자력 3, 4호기 제작을 이끌었다. GE의 기술연수는 일회성이 아니라 1990년대까지 꾸준히 지속되었다. 연수에 참여한 기술자를 중심으로 각종 고급 설계자료와 프로그램에 대한 학습이 이루어졌고, 이후 이들을 중심으로 증기터빈 설계기술의 자립이 이루어졌다.

1970년 일본과 맺은 종합제철소 건설과 조업에 대한 용역계약에도 기술연수 조항이 포함되어 있었다.[12] 기술지도를 위해 300여 명의 일본 기술자가 내한하였고, 한국 엔지니어들이 일본의 여러 제철소에서 장기 연수를 받았다. 엔지니어의 해외연수 성과는 예정보다 2개월 단축된 건설기간과 1년이 필요한 생산기간을 4개월로 줄인 놀라운 기록에서 확인할 수 있다.[13] 해외연수 과정이 얼마나 고단하고 치열했을지는 감히 상상할 수 없지만 기술자들의 쉼 없는 노력으로 한국의 기술 수준이 한 계단이 아니라 한꺼번에 서너 계단을 빠르게 뛰어오른 것만은 확실하다.

해외기술을 주도적으로 모아 제품을 만들었다
:

기술 학습의 초기에는 여러 가지 해외기술을 조합하여 하나의 제품에 필요한 기술을 만들기도 했다. 1970년대부터 국내 생산된 수냉식 및 공냉식 디젤 트랙터는 미국의 포드, 일본의 구보다, 독일의 K.H.D와 기술제휴를 맺어 각국의 기술을 선택적으로 조합하여 만든 제품이다.[14] 조선산업의 초기 기술도 여러 나라의 기술이 조합된 대표적인 사례다. 1972년 처음으로 대형 유조선 건조를 시작할 당시 영국 조선소에 기술연수단을 파견하여 기초적인 기술을 흡수하였고,

1973년 덴마크와 일본에서 기술자를 초빙하여 대형 유조선 건조에 필요한 초기 기술자문을 받았다.[15] 그리스 리바노스 사에서 수주 받은 애틀랜틱 배런호는 조선소 도크 건설과 건조를 동시 진행한 초대형 유조선으로, 세계 조선 역사에서도 매우 드문 사례로 기록된다. 초대형 유조선을 건조한 경험이 없는 상태에서 배런호 건조를 위해 설계 부문의 책임은 국내 회사가 맡고, 생산 부문은 덴마크 오덴세에서 초빙한 기술자들이 총괄하는 방식으로 진행했다. 설계도면은 영국의 26만 톤급 유조선의 설계도면을 들여왔고, 설계도를 생산에 적용시키는 과정에 필요한 생산기술은 일본 가와사키 기술자들의 지도를 받았다. 하나의 목적을 위해 서로 다른 방식으로 발전해온 기술을 조합하는 것은 생각처럼 쉬운 일이 아니다. 당시 기술자들의 목표가 분명하였고, 개별 기술을 온전히 내 것으로 만들어 활용하겠다는 욕심이 있었기에 가능한 일이었다.

해외기술과의 협력관계가 진화했다

해외법인 설립으로 지식 허브에 접속했다

:

해외연구소는 해외의 선진 기술을 습득하는 채널이자 해외 시장 정보를 파악하는 전략적 전진기지로 활용되었다. 국내 반도체기업은 선진국과의 격차를 줄이기 위해 반도체기술의 본산이라고 할 수 있는 실리콘밸리에 법인을 설립하여 지식 허브와의 접속을 꾀했다. 1983년 64K 메모리 반도체 독자설계에 최초 도전할 때도 국내에 양산공장을 건설하는 동시에 실리콘밸리에 현지법인을 설립했다.[16] 이 현지 거점은 외국에 체류 중인 한국인 인재를 유치하고 관련 기술을 찾아내 흡수하는 일종의 지식 허브로 큰 기여를 하였다.

해외연구소나 법인 설립을 통해 최신 기술에 접근하는 전략은 반도체뿐만 아니라 자동차, 생명공학 등 다양한 분야에서 찾아볼 수 있다. 1980년대 당시 떠오르는 하이테크 기술이었던 유전공학 분야 기업연구소가 국내에 설립된 때는 1983년이다. 이 기업은 바로 이듬해 미국 바이오벤처인 시론 사Chiron Corporation와 공동연구를 시작하였고, 현지 연구법인을 설치하여 재조합 단백질 기술개발에 뛰어들었다.[17] 이러한 협력관계를 통해 기술 중심지에서 최신 연구설비를 사용하는 것은 물론, 제품화와 관련된 각종 기술 및 시장 정보도 빠르게 확보할 수 있었다.

기술 기반을 어느 정도 확보한 기업은 분야별 글로벌 연구네트워크를 만들기 시작했다

:

자동차산업에서는 국내 기업이 분야별로 핵심국가에 연구소와 법인을 설립하여 글로벌 연구네트워크를 형성하였다. 대표적으로 1985년 아메리카 테크니컬 센터를 미국에 설립하였고, 1989년에는 디트로이트에 해외연구소를 최초로 설치한 것을 시작으로, 1991년 LA와 영국, 1992년 독일, 1994년 일본 등에 설립하였다.[18] 기술적 우위를 파악하여 분야별로 디자인 및 설계 전문 회사를 인수하는 등 기술개발 네트워크를 확상시켜 나갔다.

산업기술 발전과 함께 선진국의 견제가 시작되었다

국내 기업의 기술개발 기간을 일정 정도 보호했다

:

한국 산업이 기반을 갖추어가던 1980년대 초중반까지 정부는 일정 정도 한국 기업의 기술발전 과정을 지원하기 위해 보호조치를 취했다. 그러나 한국 산업이 성장하면서 이 정책은 더 이상 유효할 수 없었고, 1980년대 중반부터 글로벌 스탠더드에 맞추어 직접적인 보호장벽을 낮추는 방식으로 개방되기 시작했다.

제약산업에서 원료의약품의 경우 생산품목이 다양해지고 생산량이 급격하게 증가한 1980년대 중반까지 국내 기업을 보호하는 조치가 일정 정도 존재했다.[19] 정부의 국내 시장 보호는 우리 기업이 소량 생산에서 경제성 있는 생산 규모로, 내수시장 중심에서 수출을 지향하는 생산체제로 탈바꿈할 수 있는 계기를 마련하도록 하기 위한 것이었다. 그 기간 동안 제약기업은 원료의약품을 국산화할 수 있는 기초적인 기술역량을 확보할 수 있었다. 그러나 이 보호정책으로 말미암아 한국으로의 수출이 감소하고 자사 제품의 가격이 하락한 해외 선진 제약기업들이 강력하게 문제를 제기하였고, 극단적으로는 정부 간 무역마찰로 번지기도 했다. 이런 과정을 거치면서 1988년부터는 의약품의 원료나 완제 의약품은 거의 100% 개방되었다.

1990년대 이후 글로벌 기업의 견제가 시작되었다

:

기술수입국이었던 한국이 1990년대를 넘어서면서 자체기술을 바탕으로 글로벌 시장에서 존재감을 나타내기 시작하자 글로벌 기업의 견제가 본격화되었다. 1983년 추격을 시작한 한국 반도체산업이 1993년 일본 기업을 누르고 처음으로 메모리 분야의 세계 1위 강자로 부상하였고, 이후 기술주도권을 쥐게 되었다. 그 와중에 1984년 미국과 일본은 반도체 분야 글로벌 주도권을 놓지 않기 위해 기존의 특허법이나 저작권법과는 별도로 '반도체 칩 보호법'을 제정하기도 하였고, 한국이 주도권을 장악한 이후로도 끊임없이 특허 분쟁을 이어갔다.[20] 이에 맞서 한국 기업은 자체기술 개발에 더욱 매진하는 한편, 공동연구개발 컨소시엄 등을 통해 국가적 역량을 모으는 전략을 병행했다.

조선업계에서도 선진국의 견제는 노골적이었다. 덴마크, 영국, 일본의 기술을 도입하면서 시작한 한국의 조선산업이 1989년 전 세계 조선산업 수주의 25%를 차지하자 선진국으로부터 압박이 표면화되기 시작했다. 1989년 봄 유럽공동체EC는 EC 국가의 조선산업 경쟁력 회복과 점유율 확대를 위해 한국 정부에 협상을 요구하였다. 1989년 6월에는 미국조선공업협회가 한국 조선업계에 대한 정부 보조금과 면세 혜택 등을 불공정무역 관행이라 주장하면서 미 통상법 301조에 의거하여 제소하기도 했다.[21]

2000년대 이후에는 글로벌 기업들의 견제가 전방위적으로 확산되었다. 정밀화학산업도 마찬가지다. 폴리올레핀polyolefine 분야에서 한국 기업이 후발주자로 뛰어든 후 기술 수준을 급격히 높이면서 점유율이 올라가기 시작하자, 시장을 선점하고 있던 미쓰이화학과 다우케미칼은 2009년 한국 기업의 폴리올레핀 엘라스토머polyolefine elastomer 제조기술에 대해 특허 침해금지 소송을 제기하였다.[22] 3년 동안 이들 글로벌 화학기업과 소송을 이어간 결과, 미쓰이화학은 2010년 특허 소송을 취하하였고, 다우케미칼은 2012년 특허 소송 1심에서 패소한 후 항소를 포기했다. 이로써 한국 기업의 폴리올레핀 엘라스토머 제조기술의 독자성을 인정받게 되었다. 힘겨웠던 특허 소송에서 사실상 승소하며 한국 기업은 폴리올레핀을 활용한 디스플레이용 유기절연막 세계 시장의 90%를 차지하며 압도적으로 시장을 장악하고 있다.

선진국 견제를 자체기술 개발의 동기로 삼았다

:

1990년대 당시 떠오르는 TFT-LCD용 편광판을 제조하는 기업은 일본 기업을 중심으로 세계적으로 서너 개에 불과하였다. 선진국 입장에서는 막 성장하고 있는 산업의 핵심기술을 보호하기 위해 기술 이전을 기피하는 것이 당연했다. 해외로부터의 기술도입이 사실상 어려워진 상황을 오히려 계기로 삼아 자체기술 개발을 목표로 LCD 분야에 정부 및 기업의 연구개발을 급격히 늘렸다.

어제의 동지가 오늘의 적이 되는 상황 또한 전화위복의 계기로 작용했다. 1980년대 말부터 국내 기업은 초고압 변압기 분야에서 765kV급 기술을 개발하기 위해 오랫동안 변압기 건으로 기술제휴를 이어오던 프랑스 ABB에 관련 기술이전을 요청했다. 그러나 765kV급 초고압 변압기는 당시 해당 분야의 최신 기술이었고, ABB 사는 동지

▪ — 국내 최초 765kV 초고압 변압기 개발[23]

와 적이 없는 무한경쟁 시대에 돌입하면서부터 핵심기술에 대한 이전을 거부하였다. 기술제휴를 통한 기술 확보가 어려워지자 국내 기업은 여기서 포기하지 않고, 154kV와 345kV 변압기를 생산하면서 쌓은 노하우를 바탕으로 765kV급 초고압 변압기의 자체기술 개발에 도전하기 시작했다. 자체개발을 시작한 지 3년만인 1992년 12월 시험용 765kV급 3MVA 초고압 변압기 개발에 성공하고 제품시험을 통과함으로써 세계 최고 기술을 가진 몇몇 국가와 나란히 765kV 초고압 변압기의 자체기술을 갖게 되었다.[24] 글로벌 기업들의 견제와 그들과의 치열한 경쟁은 국내 기업으로 하여금 기술을 사오던 단계를 벗어나 기술을 개발하는 단계로 전환하는 계기를 만들어주었다.

9장

한국 산업기술 발전 요인 5
글로벌 시장에 도전

산업기술 발전과 글로벌 가치사슬

수출시장은 기술발전을 자극한다

:

산업기술은 시장에서 팔릴 수 있는 상품으로 만들어질 때 비로소 가치를 인정받는다. 따라서 시장 수요가 까다로울수록 더 높은 수준의 기술을 개발하지 않을 수 없게 된다. 수출시장은 대체로 내수시장보다 기술적 요구 수준이 높기 때문에 기술발전의 강력한 동기가 된다. 뿐만 아니라 수출시장에 뛰어들면 생산 규모를 키워야 하기 때문에 규모의 경제 효과를 누릴 수 있다는 장점이 있다. 한국은 산업개발 초기부터 수출시장에 뛰어들었고, 그 덕분에 이 두 가지 이득, 즉 기술개발의 동력을 확보하고 규모의 경제 효과를 누릴 수 있었다. 많은 개발도상국이 내수시장을 지향하면서 수입대체에 만족하고 있을 때 한국 산업은 크지만 까다로운 수출시장에 뛰어들어 몸으로 부딪히면서 성장했다.

글로벌 가치사슬에 참여하면서 한 단계씩 업그레이드했다

:

어떤 국가도 하나의 상품에 대해 원료부터 마케팅까지 모든 기능을 수행할 수 없다. 비교우위가 있는 영역에 특화하면서 교역을 통해 더 많은 이익을 창출하고 나누어 갖는 것이 상식이다. 이렇게 될 때 글로벌 가치사슬이 형성된다. 개발도상국은 대체로 고급 기술이 필요 없는 글로벌 가치사슬의 하위단계, 즉 원료나 최종적인 단순가공단계에서 출발해서 기술이 많이 필요한 단계로 점차 업그레이드해 나간다. 천연자원이 없는 한국 산업은 1960년대 단순가공단계에서 출발해 기술을 조금씩 축적해가면서 수입을 대체하고, 자체생산의 비중을 높여나갔다.

경쟁력의 초점이 비용에서 기술로 진화했다

:

한국 산업기술이 발전 초기에 글로벌 시장에 진입할 수 있었던 것은 낮은 생산비용 덕분이었다. 처음에 한국은 값싼 노동력을 바탕으로 한 경공업이나 단순조립제품에 집중했다. 그러다 점차 해외 수요를 확보하면서 누적 생산량을 쌓아갔다. 그 과정에서 한국은 비용경쟁력에 안주하지 않고 기술개발을 통해 생산효율성을 높이는 한편 품질 향상에 주력했다. 경험과 기술 학습으로 습득한 지식을 생산현장에 적극적으로 적용하여 '값 싸고 질 좋은' 제품을 수출시장에 내놓기 시작했다. 이런 과정을 거듭하면서 글로벌 가치사슬에서 부가가치가 큰 제품에 집중하기 시작했다. 그 사이 중국 등 후발 개도국들은 비용 측면에서 쉼 없이 추격해왔고, 이에 국내 기업은 연구개발 활동에 더 주력하면서 고부가가치 혁신으로 전략 방향을 공고히 해나갔다. 선진국 주요 기업만이 참여하던 시장에 한국의 제품과 기술이 등장하기 시작하면서 경쟁이 본격적으로 시작되었다. 또 해외 기업들이 한국 시장을 주요 시장으로 인식함에 따라 한국 산업의 글로벌 가치사슬 내 영향력도 점차 확대되었다. 최근에는 이러한 경쟁 속에서 우위를 점해 세계 시장을 선도하는 한국의 산업기술이 속속 등장하고 있는데, 이는 글로벌 가치사슬에서 한국이 주도적인 역할을 담당하리라는 전망에 힘을 실어준다.

규모의 경제 확보를 위해 수출시장을 활용했다

전쟁으로 내수시장이 붕괴되었다

:

산업기술 개발 초기, 생산역량을 확보하기 위해서는 지속적인 생산경험이 필요하다. 하지만 생산을 지속하기 위해서는 생산된 제품을 판매할 시장과, 이 제품을 구매할 수요자가 있어야 한다. 하지만 한국은 전쟁을 겪으며 생산설비뿐만 아니라 수요 기반 역시 큰 타격을 입었다. 산업기술이 적용된 온전한 제품을 내놓는다 하더라도 국내에는 이를 구매할 사람이 없었다. 실제로 일부 산업의 경우 종전 직후 생산 규모가 늘기는 하였으나 구매력이 뒷받침되지 않아 위기를 우려할 정도였다.[1] 1958년에는 전년 대비 소비자물가 상승률이 -3.5%였던 것에서 알 수 있듯 이 시기 낮은 구매력은 매우 심각한 악조건이었다.[2] 실제로 1958년 상반기 전국 2,757개의 공장에 대한 조사 결과 가동률이 35.4%에 그쳤으며, 휴업률이 33.7%에 이르는 등 공장이 있어도 물건을 만들 수 없는 상황이 이어졌다. 당시 조사 결과에 따르면, 조업 부진의 원인으로 자금난(47.9%)에 이어 구매력 부족으로 인한 판매난(31.9%)이 꼽혔으며, 통칭 메리야스로 불려지던 속옷, 화장품 등의 소비재는 말할 것도 없고 철, 비철금속, 전기공업 등의 생산재 또한 수요 부진에 시달리고 있었다.[3] 물건을 만들어도 팔 곳이 없으니 생산하지 못하는 악순환이 계속되었다.

낮은 수준부터 생산을 시작해
수출시장에 나섰다

:

어렵게 산업기술 개발이 시작됐지만 생산된 제품을 팔 곳이 없는 상황에서 탈출구로 찾은 것이 바로 수출시장이었다. 수출을 선택했다기보다 수출이 유일한 방법이었다고 말하는 편이 더 적합한 표현이다. 1960년대 확대일로에 있던 글로벌 시장의 수요 중 일부만 확보한다 하더라도 생산역량의 축적이 훨씬 수월해지기 때문이다. 우선, 낮은 수준의 제품부터 수출하기 시작했다. 농업기계 부문은 산업기술 개발 초기부터 발전했지만 수출실적은 보잘 것 없는 제품에서 시작되었다. 1963년 홍콩에 호미 2,282달러 어치를 수출한 것이 최초의 기록이다. 농업기계라고는 하지만 정확히 말하면 기계가 아닌 농기기 수출에서부터 시작된 것이다. 기계 부문에서는 1964년에 발동기를 베트남에 2만 1,041달러어치 수출한 것이 최초였다.[4] 이들 기구 및 기계의 경우 한동안 수출이 확대되면서 주요 수출품목으로 지정되기도 했다. 한국의 초기 수출상품의 모습은 이러했다.

한국 최초의 비료공장인 충주비료공장의 경우에도 수출을 통해 생산경험을 축적하였고, 이를 바탕으로 산업기술 발전의 계기를 마련했다. 1961년 충주비료공장 준공 이후 초반에는 국내에 들어오는 수입을 대체하며 커나갔다. 1962년 호남비료공장을 준공한 당시만 하더라도 두 공장이 완전 가동되어도 국내 수요의 20% 정도밖에 충당할 수 없을 정도로 공급이 매우 부족한 상황이었다. 하지만 이후 울산과 진해에 세워진 제 3, 4 비료공장과 함께 민간 기업의 대규모 비료공장 건설이 승인됨에 따라 1967년 이후부터 질소질비료는 국내 수요를 충족하고도 남는 수준의 생산량을 확보하게 되었다. 이렇게 남는 물량으로 수출시장에 진출하기 시작했고, 태국, 베트남, 파키스탄 등에 질소질비료를 수출하게 되었다.[5]

수출시장의 수요는 단순한 생산경험의 축적뿐만 아니라 공정개선 및 설비투자를 할 수밖에 없는 계기로 작용하기도 했는데, 면방직공업의 경우가 대표적이다. 면방직공업은 1950년대 중반 그 규모가 면정방기 숫자를 기준으로 약 9만 추에 불과했지만 1960년대 초 주요 수출산업으로 지정된 이후 수출시장에서에서의 성공을 바탕으로 설비투자를 늘려가는 선순환을 보였다. 결과적으로 1965년에는 면정방기 62만 8,124추를 보유하며 10년 남짓한 기간 동안 설비 규모가 약 7배 늘어났다.[6] 지금 돌이켜보면 보잘 것 없는 기구와 제품을 수출한 것이었지만, 낮은 수준부터 생산을 시작해 수출시장에 나서면서 경험을 쌓은 일은 후일 생산현장에서의 산업기술 개량 및 발전에 밑거름이 되었다.

수출시장 도전을 통해 글로벌 스탠더드를 접했다

:

수출시장에 나서면서 그동안 국내에서는 접하지 못하던 국제 수준의 산업기술 기준을 접할 수 있게 되었다. 이렇게 알게 된 글로벌 스탠더드는 한국 산업기술의 발전 수준과 방향에 큰 역할을 하였다. 충주비료공장 건립 1년 뒤인 1962년 정부는 최초로 비료 공정 규격을 제시했는데, 이전까지는 무분별하게 생산하던 약 28종의 비료에 대해 해당 제품이 갖추어야 할 기술 규격을 제시하였다.[7] 글로벌 기준에 맞춘 이러한 기술 표준이 없었다면 앞에서 언급한 질소질비료의 수출은 그 안전성을 담보할 수 없었기에 불가능했을 것이다.

TV의 경우도 마찬가지다. 오로지 수출용으로만 컬러 TV를 생산

▪ — 국내 최초 컬러 TV의 모습[8]

했던 당시에도 한국은 글로벌 기술 표준의 트렌드를 따라잡고자 노력했다. 그 결과 1977년 미국, 일본, 파나마 등에 최초로 컬러 TV를 수출한 것을 시작으로, 1978년부터 미국과 중남미에 50만 대 이상의 컬러 TV를 수출하는 성과를 올렸다.[9] 당시 국내는 아직 컬러 TV 방송이 시작되기 전이었다는 사실을 감안할 때 수출시장으로 진출하지 않았다면 높은 수준의 기술 기준에 맞춰야 한다는 어떤 동기도 생기지 않았을 것이다. 그 과정에서 한국 기업의 기술발전 속도는 글로벌 수준과 보조를 같이 할 수 있었고, 이후 TV 시장에서 리더의 위치를 굳히는 출발점에 설 수 있었다.

국내시장 개방이 산업기술 개발의 동기가 되었다

기술개발이 외국 기업과의 경쟁무기가 되었다

:

산업기술 개발 초기에는 국내 기업의 기술력과 시장경쟁력이 약했기 때문에 국내 시장을 보호하는 정책이 적지 않았다. 하지만 1990년대를 넘어서면서 기술 수준이 조금씩 높아지고, 글로벌 기업이 국내 시장을 중요하게 생각하기 시작하면서 국내 시장을 더는 닫아둘 수 없게 되었다. 시장이 개방될 경우 자칫 외국 기업이 국내 시장을 장악하고 국내 산업기술 기반이 붕괴될 수도 있는 위기 상황이 빚어질 수도 있었다. 그러나 국내 기업은 이를 전화위복의 계기로 삼아 새로운 제품을 내놓고 기술을 발전시키는 기회로 삼았다. 1990년대 초반 에어컨산업의 기술이 이 과정에서 급속도로 진전했다. 에어컨의 국내 수요는 1990년대 초반부터 크게 늘어났는데, 이러한 수요를 포착한 외국 기업들이 대거 국내에 진출하였다. 국내 기업은 경쟁에서 살아남기 위해 다양한 신제품 개발로 대응하였다. 이 시기부터 에어컨 본연의 기능을 향상시키는 기본 기술뿐만 아니라 사용자 편의에 초점을 둔 부가 기술이 개발되기 시작했다. 현재는 모든 에어컨에 장착되어 있는 액정 리모컨 역시 이 시기 한국이 만든 신제품에 처음으로 설치되어 시판된 것이다. 이 외에도 최첨단 온도센서에 의한 실내 온도 및 풍량 자동조절기능, 특수항균약품으로 처리된 에어컨필

터 기술 등도 이 시기 국내 기업에 의해 개발되었다.[10]

글로벌 스탠더드를 받아들이며 무한경쟁에 뛰어들었다

:

한국 기업이 수출시장에 진출하기 위해 쏟은 노력만큼 외국 기업도 한국 시장에 진출하기 위해 많은 노력을 기울였다. 그 과정에서 한국 시장은 글로벌 시장에 편입되기 시작했는데, 이는 글로벌 스탠더드가 국내 시장에서도 통용된다는 의미다.

이전까지 정책적 보호와 국내 시장의 특수성 속에서 기술개발의 목표를 다소 느슨하게 잡던 국내 기업은 국내 시장에서도 경쟁에 맞서기 위해 국제적 수준에 맞는 제품을 내놓을 수밖에 없었으며, 이 과정에서 다시 한 번 산업기술의 진보가 이루어졌다. 제약산업의 경우 1980년대 중반을 기술전환기로 보는데 이 시기에 국내 제약산업의 제도적 환경이 크게 변했기 때문이다. 이전까지 국내 제약기업은 자체 신약이 없는 상황에서 외국에서 원료의약품을 구입해 완제 의약품을 생산 및 판매하는 비즈니스 모델을 가지고 있었다. 하지만 1983년 수입이 자유화되고 1987년 물질특허제도가 도입되면서 기존 모델로는 국내 시장에서도 살아남을 수 없게 되었다. 단적으로 더 이상 외국 원료를 싸게 수입해 단순가공하는 모델이 제도적으로 불가능해진 것이다. 이에 따라 국내 제약기업도 선진국 기업과 동일선상에서 자체개발 신약으로 경쟁하는 체제에 들어서게 되었다.[11] 이 과정에서 많은 어려움이 있었지만 끊임없는 연구개발과 생산경험을 쌓은 기업이 2000년대 들어 미국 FDA 승인 등의 성과를 거두었다.

철강산업의 특수강 부문 역시 생산역량 확대 이후 수출시장에 진출해 글로벌 표준을 충족해 나갔다. 국내 특수강 업체는 1976년 공장 신설과 함께 선진국 업체에 버금가는 생산설비를 확보했다. 하지만 수출시장에서 경쟁하기 위해서는 보여지는 제품의 기술만큼 국제적으로 통용되는 인증을 획득하는 것이 중요했다. 특수강이 사용되는 제품을 고려할 때 안전성과 품질에 관한 인증은 필수적이었다. 이러한 상황에서 기업은 1970년대 후반에 이미 설립된 기업부설연구소를 통해 부단히 연구를 이어갔으며 마침내 1980년 한국 업체로서는 최초로 독일 기술검정협회TÜV; Technische UeberwachungsVereine로부터 특수강 전 품목에 대한 품질인증을 획득해 수출 활로를 찾을 수 있었다. 이어 1986년부터 1991년에 걸쳐 또 다른 특수강 제품에 대해 일본공업규격JIS; Japanese Industrial Standards을 획득함으로써 품질에 대해 세계적인 인정을 받았다.[12]

상품 수출을 넘어 기술을 수출했다

글로벌 시장에서 기술력을 바탕으로 경쟁했다

:

산업기술 발전 초기 단계부터 한국은 적극적으로 수출 시장에 진출하고자 노력한 반면, 글로벌 기업은 국내 기업을 심각한 경쟁자로 인식하지 않았다. 하지만 꾸준히 기술발전에 매진한 결과 수출시장에서 선진국 기업과 직접적으로 경쟁하는 양상이 나타나기 시작했다. 건설 부문에서는 이러한 기술경쟁의 모습이 잘 드러난다. 말레이시아 쿠알라룸프르의 페트로나스 타워 건설은 88층 규모의 건물임에도 불구하고 공사 요구 기간이 28개월로 짧은데다 쌍둥이 빌딩의 다른 한 채를 이미 일본 기업이 시공하기로 되어 있는 불리한 상황이었지만, 한국 기업은 외국 경쟁사를 물리치고 수주하는 데 성공했다.[13,14] 이후 국내 기업으로 구성된 컨소시엄은 미리 철골을 조립해 건물에 쌓는 방식을 포함해 공사 기간은 줄이면서 구조물 품질은 높이는 여러 기술을 개발하였다.[15] 그 결과 한국 기업의 초고층 건축물의 시공기술이 한 단계 도약하면서 국제적으로 기술력을 인정받게 되었다.

정유산업은 해외 정유공장 운영 계약 수주에서 다른 선진국 기업과 경쟁하며 기술력을 입증해 나간 대표적인 사례이다. 2003년 오만 국영정유회사 공장의 위탁 운영에 국내 기업뿐만 아니라 영국 포스터 윌러Foster Wheeler, 일본 JGC 등이 뛰어들어 치열한 경쟁이 벌어졌다. 기술 수출 및 위탁 운영을 둘러싼 경쟁에서 국내 기업은 5천만 달러 규모의 계약을 체결하면서 기술력을 세계에 알렸다. 한편 국내 다른 정유기업 역시 사우디아라비아 기업을 대상으로 아로마틱 공정 시운전 지원을 하였으며, 또 다른 기업은 가나 토르TOR 사의 신규 감압잔사유 접촉분해공정RFCC의 시운전 용역을 성공적으로 완수함으로써

공장운영 전반에 걸친 기술에서 세계적인 경쟁력을 가졌음을 입증하였다.[16]

설계와 공정기술을 수출했다

:

한국의 산업기술이 세계적인 수준에 올라 수출시장에서 경쟁하는 모습을 보여준 또 다른 사례는 바로 기술 자체의 수출이다. 이전까지는 완성된 제품을 수출했다면 이제는 제품을 생산하기 위한 기술과 공정을 수출하게 된 것이다. 한국 자동차산업은 1990년대에 자체 모델 개발에 성공한 후 기술 자체를 수출하는 단계로 진화했는데, 이는 시발자동차에서 출발하여 OEM 방식, 독자 모델 생산 등을 거치며 쌓아온 기술력이 있었기에 가능한 일이었다. 예를 들어 인도네시아는 1996년 한국의 자동차 모델을 기본으로 한 국민차 개발 프로젝트를 시도했다.[17] 이후로도 한국은 자동차산업에서 세계적 수준의 기술력을 입증해 나갔는데, 2000년대 초반 우리가 자체개발한 중형 엔진이 일본 미쓰비시 자동차에 기술로열티를 받고 기술이전 되기도 했다.[18] 1980년대 초반까지 미쓰비시로부터 엔진을 도입했던 것을 생각하면 20년 남짓한 기간 사이에 이 정도로 기술력이 성장했음을 보여주는 상징적인 사례라 할 수 있다.

이처럼 이전까지 기술을 도입하던 글로벌 기업에게 국내 기술을 역수출하는 사례는 다른 산업에서도 빈번하게 발견된다. 조선산업에서는 2019년 국내 기업이 사우디아라비아 IMI에 초대형 유조선 설계

기술을 수출하는 계약을 맺기도 했다. 이 계약에는 국내 기업이 가지고 있는 설계도면뿐만 아니라 설계 지원, 기술 컨설팅 등 설계 전반에 대한 지원 및 교류가 포함되어 있다.[19] 석유화학 부문에서도 해외 공장 건설에 참여해 공장 운전 기술을 전수하는 한편, 합섬원료 제조기술 분야에서 자체개발한 TPA Terephthalic Acid 제조기술을 수출하기도 했는데, 수출 대상이 원래의 기술도입 기업이었던 일본 미쓰비시였다는 사실은 감개무량하다.[20] 정밀화학 부문 역시 디스플레이 공정용 소재인 컬러 레지스트를 대만 ARIMA와 ATMC에 수출하는 한편, 감광재 역시 국산화해 일본 마이크로기연에 수출하고 있다. 감광재의 경우 스미토모, JSR 등의 기업을 앞세운 일본이 기술 종주국임을 감안할 때 주목할 만한 성취라고 할 수 있다.[21]

무역·경제 환경의 변화를 기술개발의 기회로 이용했다

무역환경의 변화를 능동적으로 이용했다

:

글로벌 시장의 무역환경은 여러 가지 외생적 요인으로 끊임없이 변화한다. 이러한 외부 환경의 변화는 기업 입장에서는 큰 위험일 수 있지만 다른 한편으로 보면 오히려 기술개발을 위한 새로운 기회가 되기도 한다. 한국의 합성수지 산업의 규모와 기술이 1990년대 급성장할 수 있었던 배경 역시 외교 환경의 변화를 능동적으로 이용했기 때문이다. 한국은 1992년 중국과 수교했는데, 합성수지 제조업체는 이 기회를 놓치지 않고 대중국 시장 개척에 나서 전년도 대비 두 배가량(96%) 수출을 확대시켰다. 공급과잉으로 사업 기반이 흔들리고 이에 따라 그간 쌓은 기술역량이 사라질 위기에서 중국 시장은 버팀목이 되어주었다. 이후 합성수지 제조업은 1993년 총수출에서 차지하는 비중이 42.5%에 이를 정도로 대표적인 수출산업으로 바뀌었으며, 이전까지의 무역적자 산업에서 무역흑자 산업으로 전환되는 계기가 되었다.[22] 1990년대 중반부터는 이러한 수출 실적을 바탕으로 정밀화학 분야 핵심소재를 자체개발하는 투자를 활발하게 진행해나갔다.

아시아 금융위기를 수출로 돌파했다

:

1997년 국제통화기금IMF에 구제금융을 요청하며 시작된 아시아 금융위기는 국내 산업기술계에도 큰 충격이었다. 많은 기업이 도산했으며, 이전까지 지속해오던 연구개발투자와 설비투자 역시 큰 폭으로 감소하였다. 하지만 이 위기에 굴하지 않고 산업기술 개발과 생산에 나선 기업들이 있었고 이들 기업의 주요한 판매처 역시 바로 해외 수출시장이었다.

공작기계 산업 역시 큰 위기를 맞았다. 1998년 한 해에만 100여개 업체 중 무려 22개 업체가 부도 또는 사업을 포기해 부도율이 20%에 육박했으며, 종업원 수 역시 21.4% 감소했다. 1998년 공작기계 내수 규모도 전년 대비 60.2% 감소했으며, 생산액 역시 전년 대비 11% 감소했다.[23] 공작기계 기업은 이러한 위기를 극복하기 위해 적극적으로 수출시장에 진출했는데, 2000년대 초반 이후 중국 시장의 급부상과 미국을 비롯한 세계 경기의 점진적인 호조에 힘입어 수출 실적을 회복할 수 있었다. 이 시기 수출증가율은 2003년 62%, 2004년 43%, 2005년 20%에 이르렀다. 그 결과 2005년에는 이전까지 지속되었던 무역수지 적자를 해소하고 흑자 기조로 전환하는 데 성공했다.[24] 범

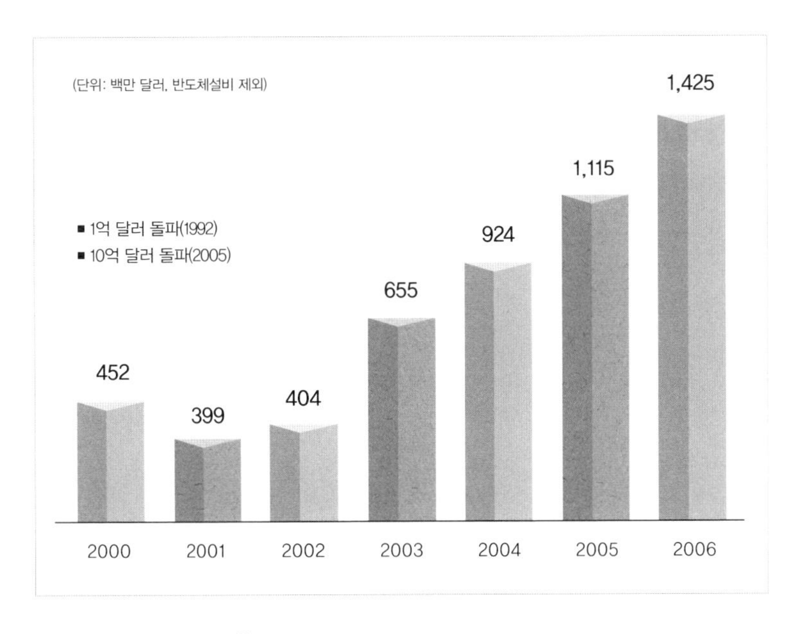

▪ — 공작기계 수출액 추이[25]

용 공작기계 분야에서는 기술적으로 거의 완전한 기술 자립을 이루는 시기이기도 했다. 위기에도 불구하고 수출시장을 개척하며 생산을 이어간 결과 기술을 업그레이드하는 기회를 얻은 것이다. 만약 위기 앞에서 맥 놓고 있었다면, 오늘날 한국의 중요한 흑자 산업 하나는 사라졌을 것이다.

글로벌 표준 인증에 참여했다

국제적인 표준을 충족하며 산업기술이 발전했다

:

한국 산업의 초창기, 수출시장에서의 경쟁력은 낮은 생산단가였다. 하지만 점차 수출시장에서 위상이 높아짐에 따라 한국 제품에 요구하는 품질 수준 또한 날로 높아졌다. 이러한 요구에 부응하기 위해 한국은 일찍부터 수준 높은 국제 표준에 도전하며 인정을 받고자 노력했다. 한국은 1970년대 중반부터 본격적으로 보일러를 생산하기 시작했지만, 당시 제작기술은 매우 초보적인 수준이었다. 생산 기반이 조금씩 형성되면서 보일러 설계에 관한 국제표준ASME 획득을 위한 심사에 도전했고, 마침내 1977년에 보일러 및 부대설비 제작에 필요한 6개 부문의 ASME 인증을 획득할 수 있었다.[26] 이는 국내 최초의 발전설비와 관련한 국제인증 사례로, 한국 기술이 세계 표준에 도전하여 성공한 초창기 사례라 할 수 있다.

국제적 인증이 중요하지만 획득하기 어렵다는 점은 자동차 연료탱크용 플라스틱 소재 개발 과정에서도 확인된다. 플라스틱 연료탱크는 철강소재 연료탱크에 비해 안전성이 높아 유럽에서는 1980년대에 이미 개발에 성공했지만, 한국은 뒤늦게 1992년 개발에 착수, 1998년이 돼서야 최초로 상업화에 성공하였다. 고활성 촉매 제조부터 연구개발을 시작해 지난한 스케일업 과정을 거쳐 어렵게 상용화에 성공한 사례였다. 그러나 자동차에 실제로 장착하기 위해서는 국제적 기준에 따른 품질인증을 거쳐야만 했다. 자동차 부품의 경우 내열성, 내화성, 진동시험, 변형시험, 충격시험 등 수십 가지 시험을 통과해야 하는데, 당시 기술자들은 연구개발 단계부터 일본, 독일, 노르웨이 등 각국을 돌아다니며 기술정보를 습득해 밤 새워 연구했다. 이런 노력의 결과 한국 제품은 유럽 규격을 통과했고, 비로소 선진국 수준과 동일한 품질임을 인정받을 수 있었다.[27]

이런 경험이 축적되자 한국의 자동차산업은 자동차 기술 전반에 대한 포괄적인 인증을 받는 단계로 진화하기 시작했다. 유럽 국가들은 자동차에 관한 통일된 안전기준 및 형식승인을 상호 인정한 이른바 '1958 협정'을 체결한 바 있는데, 한국은 2004년 44번째 국가로 해당 협정에 가입하였다. 이는 한국 자동차가 유럽에서 기술적인 면에서 글로벌 스탠더드 수준이라는 것을 승인받은 사건이며, 자동차 및 관련 부품이 별도의 형식승인 없이 유럽 모든 국가에서 유통될 수 있다는 것을 의미한다.[28] 자동차뿐만 아니라 여러 산업 분야에서 국제

표준을 목표로 기술개발에 나섰으며, 그 결과 한국의 산업기술은 보다 글로벌 스탠더드에 가까워졌다.

글로벌 표준에 도전하기 시작했다
:

글로벌 가치사슬 내에서 한국 산업기술의 기술력을 보여주는 주요 사례 중 하나는 바로 글로벌 표준에 도전하는 것이다. 단순히 글로벌 스탠더드를 받아들이고 참여하는 수준을 넘어 표준을 결정하는 과정에 적극 나서기 시작한 것이다. 한국 충전기기 부문의 발전이 바로 글로벌 스탠더드 선도를 통한 산업기술 혁신의 대표적인 사례라고 할 수 있다. 충전기기는 수십만 볼트의 고전압 및 수만 암페어의 대전류를 사용하기 때문에 안정성 및 신뢰성 확보가 중요하다. 따라서 국제적으로 통용되는 공인시험인증 기관의 시험이 필수적이다. 특히 수출을 위해서는 국제적인 권위를 가진 세계 단락시험 협의체STL 정회원이 발행한 인증서 또는 성적표를 통해 신뢰도를 인정받아야 한다. 그동안 국내 기업은 이 인증서를 획득하기 위해 이탈리아, 네덜란드, 독일, 일본 등 해외 시험소를 전전하는 어려움을 겪었다. 이는 국내 시험기관인 공공연구소가 세계적인 시험 장비와 역량을 갖춘 것으로 평가받았음에도 불구하고 STLShort-Circuit Testing 정회원 자격을 얻지 못했기 때문이다. 이러한 상황을 타개하기 위해 공공연구소는 1990년대 초반부터 STL 정회원 자격 획득에 나섰고, 10여 년간의 노력 끝에 마침내 2011년 STL 정회원이 되었다.[29] 이는 국내 기업이 해외 시험소의 인증서가 아닌 국내 기관의 인증서로도 수출을 할 수 있음을 의미한다. 그 결과 한국 기업이 더 짧은 시간에 더 적은 비용으로 더 많은 시험을 해 볼 수 있게 되어 기술개발의 속도가 빨라질 것으로 예상됐다. 글로벌 스탠더드를 주도하는 커뮤니티에 속함으로써 수출시장 확보를 통한 산업기술 개발을 도모할 수 있게 된 것이다.

글로벌 표준에 참여하는 수준을 넘어 선도하는 사례는 OLED 부문에서도 찾아볼 수 있다. 특히 OLED의 경우 한국이 최초로 상용화에 성공하면서 국제 표준을 주도하였다는 점에서 더욱 의미가 있다. 기술표준원은 2002년 '유기 EL[30] 국제표준기술회의 분과위원회' 신설을 제안했는데, 이 과정에서 산학연의 관련 전문가가 대거 참여했다. 이러한 제안을 국내 기업이 먼저 한 이유는 국제표준화 초기 단계의 분야를 선점하여 발언권을 키워나가기 위함이었다. 당시 한국은 세계 1위 OLED 생산국이라는 지위와 더불어 다른 국가의 지원에 힘입어 일본의 견제를 뿌리치고 초대 OLED 국제표준화분과위원장을 배출하였다. 이후 한국은 OLED 용어 규격을 시작으로 디스플레이 광학특성 평가, 환경내구성 평가 등에 관한 국제표준 제정을 주도하였다.[31] 현재 세계 1등을 달리고 있는 OLED 부문은 이렇게 국제표준의 중요성을 파악하고 선제적으로 나선 것에서 시작되었다.

강화되는 글로벌 규제 체계를 도약의 발판으로 삼았다

해외 규제를 국내에 도입하였다

:

교통 및 통신의 발달로 국가와 국가 사이의 거리가 가까워짐에 따라 시장 역시 점점 통합되고 있다. 이러한 상황에서 글로벌 기술 트렌드를 주도하려면 해외에서 적용되고 있는 기술규제 체제를 이해하고 능동적으로 수용하는 것이 필요하다. 한국의 경우 기업이 선제적으로 해외 규제를 이해하고 기술을 수정하는 수준을 넘어, 적극적으로 해당 규제를 국내에 도입해 산업기술의 발전 방향을 유도하는 방식으로 진화해왔다.

대표적인 예로 제약산업을 들 수 있다. 1962년 미국이 도입한 우수 의약품 제조 및 품질관리 기준GMP 제도는 산업계 전반적인 관행을 바꾼 사건이었다. GMP 제도는 의약품 원료에서부터 시험, 보관, 제조관리, 품질관리, 제품 출하에 이르는 제조공정 전반에 걸쳐 품질과 안전성을 객관적으로 확보하도록 하기 위해 하드웨어뿐 아니라 소프트웨어까지 매뉴얼대로 완비하도록 강제하는 규제 체계이다. 세계보건기구WHO에서는 1969년 총회를 통해 의약품 국제무역 시 GMP에 대한 증명제도 채택을 강력 권고했고, 미국이 1972년 자국 수출 의약품에 이를 의무화함으로써 본격적으로 글로벌 스탠더드로 사실상 강제되었다.

한국은 국내 제약산업의 기반이 충분히 성숙되지 않았을 초기부터 이러한 변화에 발 빠르게 대응했다. 1977년 KGMP 제도를 도입하면서 제약산업 전반의 수준을 끌어 올렸고 동시에 국제적인 규제 체계에 맞는 신약 개발을 장려했다.[32] 이러한 노력의 결과 1995년까지 총 188개 업체가 GMP를 증명 받았고,[33] 그로부터 2년 후인 1997년 최초로 국산 신약이 출시되었다. 이렇듯 글로벌 가치사슬 내에서 한국의 산업기술은 시장 공략을 위해 해외 규제를 적극적으로 받아들이며 발전 방향을 모색해나갔다.

환경 규제에 대응하며 기술개발을 가속화했다

:

지구온난화 현상을 포함하여 환경문제에 전 세계적 관심이 높아지면서 산업기술의 발전 방향에도 영향을 끼치기 시작했다. 세계 각국이 앞다투어 환경에 관한 규제를 마련했기 때문이다. 한국 산업도 이러한 규제에 대응하기 위해 노력을 기울이는 한편, 규제 강화를 신기술을 개발하는 계기로 활용하기도 했다.

현재 세계 시장을 주도하고 있는 한국 조선산업의 발전 과정 역시 글로벌 규제 체계 강화와 관련이 있다. 1973년 국제해상기구가 정한 해양오염방지협약MARPOL이 1990년 개정된 것이 한 계기였다. 새 규정에 의하면 적재 톤수 600톤 이상의 모든 유조선은 이중선체구조로 건조할 것을 의무화했다. 이는 전 세계 조선산업에 일대 충격을 가져왔다. 국내 기업은 이러한 강화된 규제를 충족시킬 수 있는 기술개발에 선제적으로 나섬으로써 세계 시장에서의 점유율을 높여갔다. 1993년 건조된 샴시리즈 6척은 310만 DWT급 극초대형 유조선ULCC으로, MARPOL 규정에 따라 선저와 선측을 모두 이중선체로 제작하였다.[34] 이렇게 발 빠르게 대응한 결과 전 세계 조선산업의 주도권이 유럽과 일본에서 한국으로 넘어오게 되었다. 최근에는 배에 안정감을 주기 위해 싣는 평형수가 바다의 생태계를 교란시킬 수 있다는 우려가 제기돼 선박 평형수 처리 관련 규제가 강화되었다. 국내의 조선기업들은 이와 관련된 기술개발에도 적극적으로 투자했고, 그 결과 2010~2014년 선박 평형수 처리 관련 설비 산업에서 국내 기업의 세계 시장점유율은 55%에 이르렀다.[35] 이 사례는 글로벌 시장을 선도할 수 있었던 배경에는 도전적인 대응을 통한 산업기술의 혁신이 있었다는 사실을 잘 보여준다.

글로벌 환경규제는 제품의 생산 및 판매뿐만 아니라 연구개발의 방향에도 큰 영향을 미쳤다. 한때 냉장고 냉매의 주 소재였던 프레온가스CFC의 경우 오존층 파괴의 주범으로 지적되어 각국이 CFC 대체물질 개발에 총력을 기울이게 되었다. 한국 역시 오존층 파괴 물질을 사용하는 제조업자 및 수입업자로부터 징수한 특정물질 사용합리화기금을 활용해 CFC 대체물질인 불소화합물 연구개발에 나섰다. 1990년부터 2000년까지 진행된 정책연구과제를 통해 불소화합물 제조기술이 개발되었으며, 이는 이후 산업계로 확대돼 공장 건설 및 생산으로 이어졌다.[36] 그 결과 강화된 규제하에서 개발된 신기술은 한

▪ — 이중선체구조 극초대형 유조선 건조 과정[37]

국 냉장고 업계로 하여금 글로벌 시장에서 리더십을 발휘하도록 하는 데 크게 기여했다.

전동기산업 역시 환경규제를 충족하는 과정에서 산업기술 혁신이 이루어진 사례이다. 한국은 석유가 나지 않기 때문에 전력 사용량을 줄이는 것이 매우 중요한 환경적 사안이라 할 수 있다. 이에 정부는 전동기 부문에서 고효율 전동기를 의무적으로 사용하도록 하는 규제를 도입했는데, 이는 전동기산업에 새로운 산업기술 혁신을 요구하는 일이었다. 한국의 경우 전동기가 전체 전기에너지의 54%를 소모하기 때문에 전동기의 에너지 효율성 증가는 곧 에너지 절약으로 이어지게 된다. 한국은 2017년 1월 1일부터 고효율 전동기 사용을 의무화하였으며, 기존 IE1 전동기 대비 효율등급이 약 6.5% 이상(3.7kW 기준) 높은 IE4 및 IE5 등의 전동기 개발 연구에 박차를 가했다.[38] 사회적 문제에 대응하는 규제 정책이 산업기술 개발의 새로운 방향을 제시하는 사례라고 할 수 있다.

글로벌 가치사슬을 주도하는 사례가 나타나고 있다

글로벌 가치사슬의 주요 주체가 되고 있다

:

기술이 복잡해지고 수요가 다양해짐에 따라 한 제품에 관여하는 기술 및 기업 수는 계속 늘고 있다. 특히 교통, 통신, 유통망의 발달로 이전처럼 국내 기업 간 네트워크가 아닌 서로 다른 여러 국가의 기업 간 협력이 글로벌 가치사슬을 형성하는 경우가 많아지고 있다. 화면의 가로세로 비율이 4대 3이었던 노트북 디스플레이가 2000년대 초반 이후 16대 9인 와이드 스크린으로 전환되는 과정을 보면, 국내 기업과 해외 수요기업이 기술개발 과정에서 어떻게 영향을 주고받는지를 잘 알 수 있다. 지금은 상식이 되었지만 처음 와이드 스크린을 시도하던 2000년대 초반만 해도 개념을 실제 제품으로 만드는 과정은 매우 험난했다. 하지만 이것이 성공할 수 있었던 배경에는 LCD 패널을 구매하는 미국 기업의 도전적인 기술 사양에 대한 요구와 더불어 패널을 납품하는 한국 기업의 높은 기술력과 문제해결 능력이 있었다. 당시 국내 기업은 와이드 스크린에 대한 구매 수요를 확인한 즉시 그동안의 공정을 한 달 내 개선함으로써 새로운 와이드 TFT-LCD 샘플을 제작했다.[39] 글로벌 가치사슬로 긴밀하게 연결된 상황에서 국내 기업이 새로운 개념을 제시해 산업기술의 혁신을 이끈 것이다.

한편 해외 기업이 한국 시장에서 활약하며 글로벌 가치사슬을 형성하기도 했는데, 이는 접착제 산업의 최근 사례에서 확인할 수 있다. 2012년 국내 접착제업체는 한국 최초로 분사형액상제진제LASD; Liquid Apply Sound Deadener를 개발했다. 그리고 이 성과는 자동차용 접착제의 수출 증가로 이어졌다. 이와 비슷한 시점에 세계적 기업들이 한국 시장에 직접 진출하여 국내 자동차업체에게 글로벌 수준의 접착제 기술을 선보이기 시작했다. 이들 글로벌 기업이 한국에 진입함에 따라 국내 접착제업체는 국내외 시장에서 글로벌 기업과 치열한 기술 경쟁을 하게 되었는데, 다행히도 국내 자동차업체뿐 아니라 해외 유명 자동차 메이커로부터 공급 승인을 받아내는 성과를 거두고 있다.[40]

몇몇 부문에서는 한국의 기술과 제품이 세계 수준보다 뛰어난 사례도 적지 않다. 줄기세포치료제의 경우 세계적으로 단 6개 제품이 품목허가를 받았는데 이 중 4개 제품이 한국 기업에 의해 허가된 제품이다.[41] 세계적으로 면역세포치료제를 허가한 국가는 미국과 한국밖에 없으며, 국내 기업은 암치료 목적의 면역세포치료제의 허가를 승인받았다.[42] 이는 새로운 분야에서 국내 기업이 독자적으로 연구개발과 생산, 판매에 이르는 전 과정을 관할할 수 있을 정도로 역량이 높아졌다는 사실을 보여준다.

글로벌 M&A에 적극 참여하고 있다

:

글로벌 가치사슬 내 높아진 위상을 확인할 수 있는 또 다른 사례는 바로 글로벌 인수합병M&A이다. 기계산업은 원천기술 확보를 위해 글로벌 M&A를 적극 추진하면서 발전했다. 증기보일러 설계 기술을 확보하기 위해 2006년에 영국의 밥콕Bobcock 사를 인수하였고, 중소형 증기터빈의 기술경쟁력을 확보하기 위해 2009년에 증기터빈 부문 120년의 역사를 가진 체코의 스코다Skoda 사를 인수한 것 등이 대표적인 사례다.[43]

태양광 산업의 경우도 글로벌 M&A를 통해 기술력을 확보하고 국제경쟁력을 높이고 있다. 태양광 제작의 출발이라 할 수 있는 폴리실리콘 기술의 경우 국내 기업이 자체적으로 상업생산에 성공했지만 마땅한 생산현장이 없어 생산에 어려움을 겪고 있었다. 이에 해당 기업은 일본 기업의 해외 공장을 2017년 인수하여 생산현장을 확보하고, 그곳에서의 생산을 통해 역량을 쌓아가는 전략을 쓰고 있다.[44] 생산현장의 확보를 통해 글로벌 시장에서 영향력을 확보하는 것 역시 글로벌 M&A의 효과라 할 수 있다. 뿐만 아니라 또 다른 국내 기업의 경우 태양광 산업에서 글로벌 기술력을 보유하고 있는 독일의 큐셀Q-Cell 사를 2012년 인수합병하여 기술력 향상을 꾀했으며, 2015

년 들어서는 세계 1위의 셀 생산능력을 보유한 기업으로 성장하였다.[45, 46]

10장

한국 산업기술 발전 요인 6
기업가 정신의 발현

도전을 멈추지 않는 기업가 정신

도전적인 기업가가 산업기술 발전을 이끌었다

:

산업기술은 기술적 아이디어를 꾸준히 스케일업해서 실제 생산 과정으로 발전시킬 때 비로소 한 단계 올라선다. 이 과정에서 기업가는 최초의 도전적 목표를 제시하고, 스케일업 과정을 지원하며, 생산과 운영에 필요한 자원과 네트워크를 동원하는 등 오케스트라의 지휘자 같은 결정적인 역할을 담당한다. 기업가가 얼마나 도전적인 비전을 갖고 있는지, 얼마나 불굴의 의지를 가지고 시행착오의 기간을 버티는지, 자원을 동원하고 관리할 수 있는 역량이 얼마나 되는지에 따라 혁신적 기술이 탄생하거나 사장될 수 있고, 기술발전의 속도 역시 빨라지거나 느려질 수 있다.

기술혁신에 도전하고, 그 과정을 지휘하는 사람을 기업가라고 하고, 그의 도전적 마인드를 기업가 정신entrepreneurship이라고 한다. 기업가는 흔히 자연인으로서 창업자나 경영자를 의미하지만 의사결정에 참여한 사람 모두를 집합적으로 일컫는 말이기도 하다. 대기업과 중소기업의 창업자와 경영자, 최근 벤처기업으로 승부를 건 젊은 창업자, 도전적인 기술 리더에 이르기까지 기업가 정신은 모든 곳에서 발견된다. 한국의 산업기술이 놀랍도록 빠르게 발전한 배경에는 도전적인 기업가 정신이 발휘된 사례가 많다. 아래에 제시되는 기업가 정신 사례에서는 기업가 자신을 포함하여 그가 이끈 조직 전반이 기업가 정신을 발휘하였다는 점을 강조하기 위해서 기업 자체의 과감한 도전 사례도 더불어 제시한다.

기업가 정신은 사회적 배경과 함께 형성된다

:

일제강점기와 전쟁을 겪으며 황폐화된 국토에서 산업기술 발전이 움틀 수 있었던 이유는 단순하지만 분명한 목표가 있었다는 사실과 더불어 도전적 시도가 낯설지 않는 사회 분위기가 조성되어 있었기 때문이다. 어쩌면 기존의 강고했던 전근대적 관행이 해체되면서 도전적인 기업가 정신이 발현될 수 있는 사회적 공간이 마련되었다고도 할 수 있다. 당시 청년이었던 기업가와 기술자는 실패를 무릅쓰고 비록 초보자이지만 일단 설비를 들여오고 공장을 세우는 등 과감한 시도를 감행했고 이에 따르는 시련을 감내했다. 그 결과 마침내 제품을 생산하는 데 성공했다. 이후로도 이들의 기업가 정신은 산업기술 발전 과정에서 도전 과제에 부딪칠 때마다 극복 방안을 모색하고 한 단계 성장하는 힘을 발휘했다.

기업가의 모습과 역량은 시대에 따라 바뀌었다

:

산업기술 발전 초기, 기업가들은 자칫 무모해 보일 수 있는 도전을 하며 산업기술 개발의 첫눈덩이를 굴리기 위해 노력했다. 그들은 부족한 인력과 자금을 충당하기 위해 기술도입부터 마케팅에 이르는 전 과정에 뛰어들어 온몸으로 도전했다. 산업기술이 발전함에 따라 기술을 아는 전문가가 등장하였고, 기존의 경영자들과 협업하기 시작했다. 그 과정에서 기업가는 계속 새로운 기술과 시장에 도전했고, 기술 리더와 연구자는 그 도전을 실행하면서 산업기술을 발전시켰다. 생산 및 연구현장에서의 실패를 각오하는 기업가의 리더십은 이 과정의 필수조건이었다. 기술 고도화와 함께 기업가 역시 기술 전문가와 협력하는 수준을 넘어 스스로 기술력을 갖출 필요가 생겼고, 이는 기술 기반 창업으로 이어졌다. 최근 기업가들은 글로벌 시장으로 눈을 돌려 산업기술을 혁신하고자 하는 적극적 시도를 계속하는 한편, 외부 전문가들과 적극적으로 협력하면서 선도 제품에 도전하고 있다.

산업기술 발전 초기, 기업가는 전방위적 해결자였다

기술도입부터 생산, 판매에 이르는 전 과정에 관여했다

:

산업기술 발전 초기, 기업가는 기업을 운영하는 사람일 뿐만 아니라 필요한 기술을 가져오는 사람이자, 생산활동과 판매활동의 전 과정을 면밀히 살피고 책임지는 관리자였다. 지금은 가치사슬과 업무에 따라 관리자가 나눠져 있지만 인력이 절대적으로 부족하고 지식과 경험이 없는 상황에서 기업가가 모든 것에 관여한 것은 어찌 보면 당연한 일이었다. 이러한 전천후 기업가의 모습은 다양한 산업의 시작 단계에서 찾아볼 수 있는데 대표적인 것이 제지산업이다. 기술도 자본도 부족했던 1960년대 청년 기업가가 종이공장을 설립했지만, 종이를 말리는 공정의 핵심인 드라이어 하나도 제대로 된 것이 없었다. 그래서 어쩔 수 없이 드라이어를 스스로 만들 수밖에 없었는데, 이를 위해 그는 드라이어의 설계, 철판 가공, 주물작업 등 기계 제작의 전 과정에 직접 참여하였다. 결과적으로 드라이어를 만들긴 했지만 이후 생산현장에 적용하는 과정에서 높은 압력과 열을 견디지 못하고 주물이 새는 등 문제는 끊임없이 발생했다. 이러한 문제를 해결하는 것 역시 기업가 몫이었다. 직접 기술자를 찾아다니며 해결 방법을 수소문하고, 공장에서 밤을 새워가며 타개책을 모색했다. 소금과 요소를 섞어 틈을 막고 기계를 돌려보는 노력을 거듭한 끝에 국산 드라이어를 정상 가동하는 데 성공했다.[1] 한국이 자체적으로 생산하기 시작한 종이 '선화지'는 기업가의 이러한 전천후 활약으로 탄생했다.

산업 기반 조성을 위한 자금 확보에도 기업가가 직접 나섰다

:

기업가는 생산현장뿐만 아니라 다양한 곳에서 모습을 드러냈다. 그들의 다양한 업무 중 하나는 바로 공장설립과 기술개발에 필요한 자금을 확보하는 것이었다. 산업기술 개발 초기 한국의 상황은 내부 자금으로 공장을 운영하기에는 매우 어려운 상황이었으므로 해외로부터 투자를 받을 수밖에 없었다. 하지만 외국 투자자가 생산경험과 판매실적이 전혀 없는 국내 기업에 자금을 공급할 이유가 없었다. 이때 이들을 설득하기 위해 기업가가 직접 나섰다. 한국 최초의 현대적 조선소인 울산조선소 역시 이러한 과정에서 만들어졌다. 차관을 받기 위해 외국 조선소에서 빌린 유조선 설계도와 울산 미포만 해변 부지 사진 한 장을 들고 자금을 구하기 위해 유럽 각국을 돌아다녔다는 이야기는 지금도 기업가 정신을 이야기할 때 자주 회자된다. 이러한 눈물겨운 도전 끝에 결국 차관 도입이 이뤄졌으며, 이는 울산조선소 준공으로 이어졌다.[2, 3]

기술개발을 위해 경쟁하고 협력했다

기술력을 기반으로 선의의 경쟁을 했다

:

시장에서 우위를 점하기 위한 기업 간의 건전한 경쟁은 산업기술 발전에 결정적인 유인을 제공한다. 시장점유율을 높이려면 소비자의 선택을 받아야 하는데, 이렇게 되려면 품질을 높이고 원가를 낮추어야 가능하다. 이를 해결하는 유일한 방법이 기술개발인데, 이때 기업 간 경쟁의식이 큰 역할을 했다. 산업기술 발전 초기 이러한 선의의 경쟁을 하면서 기술개발이 촉진된 사례는 아주 많다. 조미료산업의 경우 1970년대 기존의 기업과 후발기업이 경쟁함에 따라 2세대 조미료인 핵산조미료 기반기술이 개발되고, 빠르게 대중화될 수 있었다. 당시 조미료 시장을 주도하던 두 기업은 1977년 동시에 핵산조미료 제품을 출시했는데, 이는 치열한 경쟁의 결과였다. 또 이렇게 개발된 핵산 생산기술은 점차 발전하여 조미료뿐만 아니라 고부가가치 아미노산 및 항생물질 제조 등 발효공학기술 발전에도 영향을 미쳤다.[4, 5]

휴대폰 단말기 역시 기업 간 치열한 경쟁의식 속에서 기술이 발전한 대표적인 사례이다. 최초의 국산 휴대폰은 1988년 개발되어 그해 열린 서울올림픽에서 최초로 선보였다. 이후 국내 시장에서 외국 휴대폰 단말기 제조업체와 국내 업체 간 치열한 경쟁이 시작되었다.

1992년부터 국내 기업은 매년 새로운 휴대폰 모델을 경쟁적으로 출시했는데, 이 과정에서 기술개발과 성능 개선이 지속적으로 이뤄졌다. 1992년 세계 최초로 일반 알칼리전지를 사용한 휴대폰은 무게가 238g으로 초소형화 및 초경량화를 실현했지만, 이듬해 발표된 모델은 이보다도 가벼운 199g으로 출시되었다. 이뿐 아니라 미국과 달리 산악지형이 많은 한국의 지형적 특성을 반영해 송신출력을 올리는 기술을 한 기업이 개발하자 이에 대응해 다른 기업은 연교차가 심한 기후를 고려해 온도 변화에도 통화품질이 균일하도록 성능을 개선하는 등 기술 경쟁이 심화되었다. 처음에는 크기와 무게를 줄이는 수준에서 출발했지만 나중에는 진동, 핸즈프리 등의 편의 기능을 넘어 지형의 특수성까지 반영할 정도로 발전한 것이다.[6] 이러한 치열한 경쟁 속에서 기업가들은 기술력으로 승부를 걸었으며, 이를 뒷받침하기 위한 기술 발전의 속도도 빨라졌다.

산업기술 도약을 위해 협력했다

:

한편 기업가들이 서로 경쟁만 한 것은 아니다. 지식과 노하우를 공유하고 산업기술을 한 단계 발전시키기 위해 협력하기도 했다. 조선산업의 경우 치열한 경쟁과 협력을 병행하면서 국제적인 기술경쟁력을 갖추게 된 대표적인 분야이다. 처음부터 글로벌 시장에 진출한 국내 빅3 조선소는 1980년대 조선소의 역량 강화와 함께 더욱 치열한 수주 경쟁을 벌이기 시작했다. 그러나 당시 글로벌 시장에는 일본이라는 더 강력한 경쟁 상대가 있었다. 이에 국내 기업은 기술력으로 일본 기업과 경쟁하기 위해 서로 협력하기 시작했다. 1990년 쿠웨이트석유선회사KOTC의 초대형 유조선VLCC 2척을 국내 기업의 컨소시엄이 공동 계약하고, 바로 뒤를 이어 스웨덴의 초대형 프로젝트인 유류산물광석겸용선OBO 8척의 국제 입찰에도 국내 컨소시엄이 참여해 낙찰받은 사례는 기업가들이 경쟁과 협력을 병행했다는 점을 잘 보여준다.[7]

친환경 가정용 콘덴싱 가스보일러의 기술개발 역시 기업가 간 적극적인 협력을 통해 이뤄졌다. 2006년부터 시작된 고효율 친환경 가정용 콘덴싱 가스보일러 개발은 공공연구소가 참여하고, 한국석유가스기기협회 및 여러 대학이 함께한 대규모 연구개발 과제였다. 특징적인 것은 당시 가스보일러를 생산하던 국내 6개 기업이 이 과제에 모두 참여했다는 사실이다. 그동안 과잉경쟁 속에서 소규모 자체기술 개발만을 비공개로 추진하던 기업들이 최초로 공동전선을 편 것이다.[8] 이러한 협력이 가능한 이유는 국내 시장을 벗어나 해외 시장에 진출하려면 한층 업그레이드된 산업기술이 필요하며 이를 위해서는 서로의 역량을 공유해야 한다는 공감대가 기업가들 사이에 형성되었기 때문이다.

도전적 목표설정과 끈질긴 시도를 뒷받침했다

도전적인 목표를 설정했다

:

어떤 것이든 새로운 기술을 개발하기 위해서는 도전적인 목표가 필요하다. 한국 기업가들은 무모해 보이기까지 하는 도전을 꾸준히 이어나갔으며, 이는 지금의 산업기술을 이끄는 동인이 되었다. 한국 반도체산업의 시작 역시 바로 기업가의 무모해 보이는 도전적 결정에서 비롯됐다. 1983년 한국이 본격적으로 반도체산업에 뛰어들 당시 세계 반도체 시장을 주도하고 있던 일본의 산업전문가들은 한국 반도체산업의 성공에 대해 회의적이었다.[9] 하지만 알다시피 그들의 예상은 빗나갔다. 1983년 산업 진입 이후 5년 뒤인 1988년부터 흑자를 내기 시작한 것이다. 1983년을 기준으로 보면 일본 전문가들이 분석한 내용이 맞았을지는 모르지만 한국이 반도체산업에 도전적으로 나선 결과 지금 일본은 반도체산업에서 낸드플래시 부문 정도에서 명맥을 유지하고 있는 상황이 되었다.

현재 생산되고 있는 증기터빈 역시 시작점에는 기업가의 과감한 도전이 있었다. 1964년 최초로 중공업 기계 생산에 나섰을 당시만 하더라도 기계설비에 대한 기본적인 지식과 기반조차 전무한 상황이었다. 그야말로 무모한 도전이었지만, 창업자는 일단 회사를 만들고 과감한 설비투자를 지속했다. 이러한 설비투자로 1970년대 한때 위기

▪— 1983년 개발된 국내 최초 독자설계 64K 메모리칩[10]

를 맞기도 했지만 꿋꿋이 기업을 유지한 결과 지금은 자체적으로 터빈을 만드는 수준에 이르렀다.[11] 현재 한국 산업기술의 시작에는 이처럼 기업가의 과감하고, 때로는 터무니없어 보이기까지 한 도전이 있었다.

도전적인 목표 설정과 끈질길 시도를 통한 기술개발 성공의 경험은 기업가로 하여금 계속 새로운 도전에 나서도록 하는 원동력이 되었다. 기업가 스스로 산업기술 개발의 열매를 수확하며 자신감을 얻은 것이다. 한국의 원료의약품 개발의 과정이 이를 여실히 보여준다. 국내 기업은 1970년대부터 원료의약품 연구를 시작해 1980년대 이후 새로운 공정을 개발해 원료를 생산하고 수출하는 단계에 접어들었다. 예를 들어 1980년대 항생제 부문에서 획기적인 발명으로 평가받은 세프트리악손Ceftriaxone 개발은 이전의 세포탁심Cefotaxime 개발 당시 기업가의 도전과 성공 경험이 큰 밑바탕이 되었다. 세포탁심을 생산하기 위해서는 무균 작업이 필요했지만 당시 국내 기업은 무균 제제를 다뤄본 경험이 전혀 없었다. 그럼에도 불구하고 항생제 자체개발이라는 도전적인 목표를 향해 한 번도 가보지 않았던 길에 과감히 뛰어들었다. 무균 시설을 설계 및 제작하는 과정에서 많은 시행착오와 위험이 있었지만 1988년 마침내 국내 기술로 세포탁심을 개발하여 당시 유고연방에 처음으로 수출하게 되었다. 이러한 성공 경험을 통해 자신감을 얻은 기업가는 그 이후 세프트리악손 개발에 뛰어들었다. 다행스럽게도 이전 단계에서 발견한 물질과 무균 시설을 그대로 사용해도 무방했다. 그 결과 1989년 당시 1kg당 6천 달러에 이르는 원료의약품이었던 세프트리악손을 자체생산할 수 있었고, 제조기술을 스위스 로슈 사에 600만 달러의 로열티를 조건으로 판매하는 기술 수출까지 이뤄냈다.[12] 과감한 도전을 통한 성공 경험이 새로운 산업기술의 개발로 이끌고, 기업의 높은 기술력을 알리는 계기가 된 것이다.

과감한 투자를 지속했다

:

언뜻 무모해 보일 수 있는 도전이 성공할 수 있었던 배경에는 기업가의 과감한 투자 결정이 중요한 역할을 한 경우가 많다. 특히 한국 기업가는 기술 주기상에서 한 세대 앞선 기술에 선제적으로 투자함으로써 경쟁 기업과의 기술 경쟁에서 우위를 점하고자 했는데, LCD 디스플레이의 발전 과정이 이를 잘 보여준다. 1993~1994년 당시 LCD 디스플레이는 일본 기업이 주도하고 있었다. 당시 그들은 10.4인치 제품 이후 차기 표준제품으로 11.3인치를 설정한 상황이었다. 당시 국내 기업은 후발기업으로서, 일본 기업을 따라가기보다는 앞서나가기 위한 전략의 일환으로 11.3인치를 건너뛰고 12.1인치 LCD를 생산하기로 결정하고 이를 위한 양산 라인 투자에 나섰다. 일본 기업도 이에 재빠르게 대응하며 13.3인치 차기제품 표준을 내놓았으나, 국내 기업은 다시 한 번 14.1인치 표준을 내세우는 승부수를 띄워 LCD 디스플레이의 패권을 차지했다.[13] 기술력 우위라는 목표를 달성하기 위한 과감한 투자를 지속함으로써 글로벌 산업기술의 주도권을 쥔 것이다.

한국이 1990년대 중반 일본을 추월해 반도체 D램 시장의 글로벌 주도권을 장악할 수 있었던 것 역시 기술진의 과감한 도전과 이를 뒷받침하는 기업가의 도전적인 투자 결정이 복합된 결과였다. 1995년 국내 기업은 D램 부문에서 대규모 흑자를 달성했는데 D램 양산 라인을 200mm 대형 웨이퍼 라인으로 건설한 것이 중요한 역할을 했다. 이전까지 대부분의 반도체 기업은 6인치(152mm) 웨이퍼를 사용했지만 일본을 뛰어넘기 위해 선제적으로 200mm 도입이라는 승부수를 띄운 것이다. 200mm 웨이퍼는 6인치 웨이퍼에 비해 생산성이 약 1.8배 높고, 제조원가를 20% 가량 절감할 수 있는 혁신적인 제품이지만 공정이 복잡해 품질의 균일성 확보가 어려웠다. 하지만 국내 기업은 이러한 기술적 어려움에도 불구하고 1991년 200mm 파일럿라인 준공을 통해 시행착오를 축적하며 기술력을 확보했으며, 마침내 1993

년 양산 라인을 준공했다. 당시 200mm 웨이퍼 라인은 세계 최초였으며 이 라인의 성공으로 생산능력의 일대 확장을 이루었다.[14] 과감한 도전을 통해 단숨에 시장 주도권을 장악한 수준을 넘어 세계 최초의 산업기술을 만드는 성과를 거두게 된 것이다.

기업 환경이 좋아지는 호황기에 기업은 잉여금을 여러 용도로 활용할 수 있다. 한국의 기업가들은 호황기를 맞아 잉여금을 기술개발 투자에 우선적으로 사용하였다. 기술력이 기반이 되어야만 지속적인 성장이 가능하다는 인식이 있었기 때문이다. 건설기계 산업의 경우가 그러했다. 국내 건설기계 산업은 1980년대 후반부터 1990년대 초반까지 큰 호황으로 흑자를 기록했는데, 기업은 이 흑자의 상당 부분을 신기술 연구개발에 투자하였다. 이는 수출시장에서 선진국 기계 장비 대비 열세 사항이 있음을 파악하고 이를 해결하기 위해 연구개발이 필요함을 인식했기 때문이다. 당시 선진 장비 대비 국내 기업의 주요한 열세 부품 중 하나는 건설기계의 핵심부품인 유압시스템 관련 부품이었다. 이러한 상황에서 부품업체는 유압펌프, 모터, 기어 등을 자체적으로 개발 및 생산하기 시작했다. 이들 제품은 1990년대 중반 이후 품질시스템에 ISO 인증을 받는 등 기술력을 인정받았으며 이는 선진 장비와의 기술 격차를 좁히는 원동력이 되었다.[15] 이렇듯 호황기에도 기업가가 기술에 대한 중요성을 인식하고 기술개발 투자를 우선시한 결과 이후 극심한 환경 변화에서도 산업기술의 지속적인 성장이 있었다.

한국 산업기술의 발전 과정에서 기업가의 역할은 위기 시 더욱 두

드러지는데, 이들은 그때도 움츠러들지 않고 오히려 더 과감하게 기술 투자에 나서기 때문이다. 국가적 위기 상황이었던 1990년대 말 아시아 금융위기 때도 다르지 않았다. 앞서 언급한 바와 같이 1990년대 중반 LCD 디스플레이 부문은 일본과의 치열한 경쟁 체제에 있었지만 1990년대 후반 불황으로 인해 기술발전이 멈출 위기에 있었다. 하지만 이 시기에도 국내 기업은 기술개발 투자를 멈추지 않았다. 기술개발 사례 중 대표적인 것이 2000년 세계 최초로 대량 양산에 성공한 수평배향IPS LCD 기술이다. IPS 패널은 기존의 수직배향VA 방식에 비해 설계가 어렵고 공정 난이도가 높지만 광시야각을 확보하는 데 유리하다는 장점이 있었다. 주목할 것은 아시아 금융위기를 겪으면서 IPS 패널 기술개발에 과감히 투자했다는 사실이다.[16] 기술력 확보를 통한 정면 돌파로 위기를 극복하겠다는 기업가의 도전적인 전략이 세계 시장을 주도하는 한국의 산업기술을 만들어냈다.

끈질긴 시도를 뒷받침했다

:

산업기술 개발 과정에서 한국은 선진국을 따라잡기 위해 끊임없이 노력했으며, 그 결과 성공의 경험을 조금씩 쌓아갔다. 하지만 기술이 고도화되면서 선진국 수준을 뛰어넘을 수도 있다는 인식이 퍼지게 되었다. 여기서 기업가는 과감한 도전을 통해 기존의 시장 질서에 도전하면서 글로벌 트렌드에 동참했다.

스판덱스spandex 개발 역시 1980년대 말 자체기술 개발을 통해 기업 성장이라는 목표에 다다르고자 한 기업가의 과감한 투자가 있었기에 가능한 일이었다. 스판덱스는 일반 섬유와는 비교가 되지 않을 정도로 부가가치가 높아 일찌감치 미국의 듀폰이 진출해 세계 시장을 주도하고 있었다. 이를 자체개발 한다는 것은 기반 지식이 충분하지 않던 국내 기업 입장에서는 무모하기 그지없는 목표였다. 당시 스판덱스 연구개발과 생산 과정에서 많은 적자가 쌓였고, 회사 내부에서도 비판의 목소리가 높았다. 그러나 기업가의 의지에 힘입어 약 3년에 이르는 끈질긴 시도 끝에 1992년 세계에서 네 번째로 스판덱스 기술 자체개발에 성공했다. 하지만 이것으로 끝난 것은 아니었다. 실제 생산을 위해서는 대량 생산이 가능할 정도의 추가적인 공정 개선이 필요했기 때문이다. 이를 위해 당시 200억 원이라는 막대한 자금의 추가 투입이 필요했지만 기업가는 스판덱스의 미래가치를 보고 과감히 투자했다. 이러한 의지에 힘입어 1997년 마침내 연간생산 6천 톤 규모의 공장을 준공해 생산을 시작할 수 있었다. 이후에도 지속적으로 품질을 개선하고 생산설비를 늘려가는 노력을 이어간 결과 1990년대 말부터 상업 판매를 개시했고 사업실적을 흑자로 전환시킬 수 있었다. 이후 스판덱스는 2015년 현재 국내 기업이 세계 시장의 30%를 점유할 정도로 글로벌 기술 트렌드를 주도하는 한국의 대표적인 산업기술이 되었다.[17]

기술개발을 주도하는 기업가가 나타났다

기술 리더가 나타나기 시작했다

:

산업기술이 점차 발전함에 따라 생산현장에 요구되는 기술과 지식의 수준 역시 높아졌다. 이에 따라 기업에도 기술을 이해하는 전문가가 필요했으며, 이는 기술 관리자의 등장으로 이어졌다. 처음에는 국내 마땅한 기술 전문가가 없어 외국 전문가를 초빙하기도 했다. 1970년대 해외 전문가를 국내의 기술부사장으로 영입해 기술 체화 전략을 수립한 자동차 회사[18]를 예로 들 수 있다. 또 외국 전문가를 생산책임자로 임명해 공정계획부터 선체, 의장, 전장 부문에서의 기술력을 꾀한 조선업체[19]도 이런 사례에 속한다. 이 시기에는 외국에서 선진교육을 받은 국내 기술자들이 기술 관리자로 초빙되기도 했다. 터빈 부문의 경우에도 초기에는 기술을 이해하는 전문가가 없어 외국에서 초빙해와야 했다. 1980년 터빈의 기술 종속에서 벗어나기 위해 미국 GE와 영국 밥콕에 근무하던 한국인 박사를 대거 영입한 적도 있다.[20]

이러한 노력에 힘입어 국내 기술진의 역량이 점차 높아졌고, 생산경험을 갖춘 국내 기술자가 경영자로 변모하기도 했다. 1960년대 충주비료공장에 생산인력으로 입사한 직원이 1970년대 후반에는 다른 비료회사의 공장장이 되기도 했으며,[21] 국내 최초의 냉장고 개발을 주도했던 한 기술자는 이후 통신 회사의 사장이 되기도 했다.[22] 1990년대 '탱크박사들'이라는 콘셉트로 공학박사를 광고에 등장시켜 기업의 기술력을 강조하는 마케팅 전략을 편 기업도 있었다. 이 기업의 최고경영자는 공학기술 전공자로서, 이러한 마케팅 전략은 그가 기술자에서 경영자가 된 후 내린 결정이었다. 당시 이 기업은 매출액 대비 연구개발비를 기존 4%에서 8%까지 높이고 연구개발 인력 역시 800명에서 1,500명까지 늘리는 등 기술력 확보에 힘을 집중했다.[23]

도전적 기술 대안을 선택했다

:

기업가의 선택에는 그들이 기업의 성장과 존속을 위해 어떤 것을 중요하게 생각하는지가 녹아들어 있다. 한국의 경우 산업기술의 발전 측면에서 기업가의 기술적 선택이 매우 중요하게 작용했는데, 이들의 선택이 과감한 도전과 끈질긴 시도를 전제로 한 것이었기 때문이다. 당장의 매출과 영업이익보다는 장기적으로 기술 기반 제품의 생산과 판매에 초점을 맞춘 안목이 있었던 것이다.

최근 국내 바이오 기업의 대표적인 기술이전 성공 사례로 평가받는 랩스커버리Lapscovery 플랫폼 기술이전 계약은 핵심 플랫폼 기술을 개발하기 위해 끈질긴 시도를 멈추지 않은 기업가의 의지가 있었기에 가능했다. 랩스커버리 기술은 항체의 특정 부분을 별도로 만들어 화학적 방법을 통해 연결시킴으로써 투약 성분의 반감기를 늘리는 기술이다. 이 기술이 적용되면 약효가 오래 지속되기 때문에 투여

량과 횟수를 줄일 수 있고, 결과적으로 약제비용을 절감할 수 있다. 또 이 핵심기술은 여러 분야에 적용이 가능하기 때문에 플랫폼 기술이라 불리는데, 기업은 2003년부터 이 기술의 개발에 착수했다. 당시 연구를 주도한 연구소장이 이후 기업의 대표가 되어 13년간 끈질긴 시도를 뒷받침하였다. 이 시기 동안 해당 기업의 총 연구개발 비용 중 60~70%가 랩스커버리 기술개발 과제에 투입될 만큼 대규모 장기 과제였음을 볼 때 기업 대표가 기술개발 과정에 대한 이해가 없었다면 불가능했을 것임을 알 수 있다. 이렇게 개발된 기술을 통해 해당 기업은 특허를 보유하게 되었고, 기술을 활용한 6개 제품을 개발해 5개 기술을 수출하기에 이르렀다.[24] 기술을 잘 아는 기업가가 산업기술의 발전 및 기업 성장에 어떤 역할을 수행할 수 있는지를 보여주는 사례이다.

단순히 기술을 아는 사람의 조언에 따라 최종 서명만 하는 것이 아니라, 기업가 스스로 기술을 이해하고 전략적으로 접근해 기술적인 선택을 주도한 경우도 있었다. 일례로 반도체산업의 경우 최초 진입할 때 메모리반도체와 시스템반도체 중 어떤 것에 집중할지를 선택하는 문제를 두고 기업가가 주도적으로 결정해나갔다. 또한 메모리반도체를 선택한 이후에는 D램과 S램 중에 어떤 제품을 개발할 것인가에 대한 결정이 필요했는데 이 또한 기업가가 주도해나갔다. 또한 4M D램 개발 당시에도 트렌치Trench 방식과 스택Stack 방식의 채택 사이에서 10~20년 후의 반도체 기술 추세를 예측해 스택 방식을 선택함으로써 선발 기업을 따돌리고 빠르게 기술을 개발할 수 있었다.[25]

기술 전문가가 기업가로 새로이 등장했다

기술 전문가가 창업가로 등장했다

:

기술력을 갖춘 기업가가 글로벌 기업을 이끄는 사례는 비철금속 부문에서 확인할 수 있다. 지난 2010년 한국공학한림원이 선정한 '대한민국 100대 기술' 중 하나인 TSL Top Submerged Lance 아연회수 기술을 보유한 기업의 경영자는 공학박사 출신으로, 비철금속제련 분야에서 국내는 물론 해외에서도 손꼽히는 전문가이다. 이 기업은 1980년대부터 아연 잔재처리공법 개발을 시작해 1992년 세계 최초로 연, 아연, 동제련 공정을 통합한 QSL QueuneauSchumannLurgi 공법을 상용화했다. 이 공정의 경우 유가금속을 100% 가깝도록 회수할 수 있어 환경오염물질 배출을 낮추면서 에너지를 절감할 수 있는 친환경 선진 기술로 알려져 있다. 이 기술을 바탕으로 1996년 미국 아연제련 업체를 인수하여 미국 시장에 진출하는 한편, 2000년에는 환경규제 장벽이 높은 호주에 아연제련소를 준공하여 글로벌 기업으로 성장했다.[26] 2000년 기준 세계 아연 수요의 10% 가까이를 공급하는 세계 최고의 비철금속 제련 업체가 된 것은 기업가 스스로 기술력을 갖추고 기업 발전을 이끈 결과라 할 수 있다.

기술 경력자의 창업도 트렌드가 되었다

:

생산경험과 기술력을 고루 갖춘 인재가 창업을 통해 직접 산업기술 현장에 뛰어드는 사례도 눈에 띈다. 이러한 창업은 1990년대 후반부터 나타나는데 이는 외환위기로 대기업을 나와 도전에 뛰어든 기술 경력자가 적지 않았던 데서 비롯된다. 그래서 1999년과 2000년은 대기업 경력자의 IT 기업 창업이 붐을 이루었다. 로봇산업의 기술 역시 대기업이 외환위기 이후 철수함에 따라 현장에 근무하던 기술자가 창업한 벤처기업 중심으로 빠르게 발전하였다. 로봇 시스템을 자체 개발하여 출신 대기업에 납품하는 벤처기업이 있는가 하면, 국내 최초 진공용 로봇 개발에 성공한 한 기업은 최근 코넥스에까지 상장되는 우량 중소기업으로 성장하였다. 이 외에 로봇 분야만 해도 2000년 이후 여러 분야에서 경력을 쌓은 기술자 및 연구진이 창업하면서 원자력용 로봇, 로봇 교시반, 로봇 제어기, 모터 드라이버 등을 개발하며 로봇산업의 발전을 이끌었다.[27]

생산현장이 아닌 대학과 대학원에서 전문적인 지식을 갖춘 인재가 창업에 뛰어드는 경우도 적지 않았다. 한국과학기술원KAIST 인공위성센터 연구원이 졸업 후 세운 기업의 경우 1999년 설립 후 2005년부터 해외에 인공위성을 수출하는 쾌거를 이루었다.[28, 29] 한국이 인공위성을 수출한 것은 이 기업이 최초인데, 이는 대학에서 우리별 위성을 개발하며 익힌 인공위성 관련 지식과 기반핵심기술을 적극적으로 산업현장에 활용했기 때문에 가능한 것이다. 해당 기업 역시 최근 코

▪ — 우리별 위성 1호(왼쪽), 2호(가운데), 3호(오른쪽)[30]

넥스 상장에 성공하여 우량기업으로 커나가고 있다. 1980년대 한국의 벤처 1세대의 성공을 대표하는 초음파 의료기기 역시 학교 초음파연구실 출신의 석, 박사급 인재가 설립한 벤처기업을 중심으로 산업기술 발전이 이루어졌다. 2000년 발뒤꿈치 뼈를 초음파로 측정해 골다공증을 간편하게 진단하는 기계를 개발한 한 기업의 경우 창업자 본인이 관련 박사학위 소지자로서, 15년간 학교에 몸담은 연구자였다. 이 기업은 1999년 설립 이후 전 직원의 80%를 연구원으로 구성하여 연구개발 중심 기업임을 분명히 하고 있고, 기술력을 바탕으로 의료기기 전문 연구개발 및 제조 환경을 조성해 나갔다.[31]

기업가가 글로벌 개방형 혁신을 리드하고 있다

:

기술이 고도화되고 다양한 기술이 융합된 제품이 등장함에 따라 기업 내부의 역량만으로는 산업기술 혁신을 이루기가 힘들어졌다. 이에 기업가들은 기업 외부의 자원을 활용하는 개방형 혁신을 지휘하면서 새로운 융합적 산업기술의 가능성을 모색하고 있다. 국내 기업이 세계 최초로 생산한 플러그인 하이브리드 전기자동차Plugin Hybrid Electric Vehicle, PHEV용 배터리 역시 개방형 혁신을 강조하는 기업가의 지휘 하에 글로벌 기업과의 협력을 통해 만들어진 것이다. 기업가가 적극 나섰기에 자동차용 배터리를 만드는 단계부터 이 배터리를 사용한 자동차를 제작하는 GM과 관계를 맺을 수 있었다. 이 과정에서 기존 전기자동차용 전지가 가진 단점을 극복하기 위해 전지 출력을 낮추는 대신 차량 배터리의 에너지를 높임으로써 가격경쟁력과 기술적 안정성 모두를 잡을 수 있었다.[32] 이 배터리는 2016년 출시된 GM의 볼트Bolt 전기자동차에 탑재돼 한국 산업기술의 위상을 높였다.

바이오의료 산업의 경우 최근 국내 한 기업이 자사 매출액 규모를 뛰어넘는 약 1조 4천억 원 규모의 기술 수출 성과를 거두기도 했다. 이 역시 기업가의 의지와 개방형 혁신의 합작품이다. 이 두 요인이 작용했기에 연구개발을 강화하고, 기존에 구축해 놓은 네트워크를 기반으로 연구개발의 결과를 글로벌 기업을 통해 사업화할 수 있었던 것이다. 이 기업은 2017년 기준 신약 파이프라인을 2년 전 대비 세 배로 확대하며 개방형 혁신에 대응하는 연구개발 역량을 갖추었으며, 이를 인정받아 해외 기업으로부터 기술이전 협력을 이끌어낼 수 있었다. 기업가의 글로벌 마인드를 바탕으로 국내 기업의 기술역량이 글로벌 시장에서 인정받기 시작하며 글로벌 개방형 혁신 네트워크에 편입되고 있는 것이다.[33]

소프트웨어 산업인 인터넷 서비스산업의 경우에도 세계적인 기업이 적극적으로 사업 영역 확장과 개방형 혁신을 시도하고 있다. 국내 기업 역시 검색, 온라인 상점, 교육, 게임 등의 기술력을 바탕으로 세계 시장에서 활약하기 위해 글로벌 개방형 혁신을 추진하고 있는데, 일례로 국내 대표적인 인터넷 포털기업은 2017년 프랑스 파리에 창업초기기업 육성 공간을 개관하여 해외의 혁신 아이디어를 도입하고 있다.[34]

글로벌 개방형 혁신은 비단 대기업 기업가만의 고민이 아니다. 중견기업과 중소기업의 기업가 역시 이미 보유한 기술력을 바탕으로 외국에 나가 자사의 기술을 소개하고, 나아가 개방형 혁신 네트워크에 참여하고자 하는 노력을 이어가고 있다. 2019년 6월 핀란드 헬싱키에서는 '2019 한·핀란드 스타트업 서밋'이 열렸는데, 의료장비 제조업체, 자율주행자동차 소프트웨어 개발업체 등 국내 대기업뿐만 아니라 중견·중소기업 및 유망 스타트업 등 130여 개사가 참여했다.[35] 국내 한 반도체·디스플레이 장비 제조업체의 경우 2016년 새로이 바이오산업에 진입했는데, 이 기업의 비즈니스 모델은 확보한 기술을 유수의 제약사에 이전(라이선스 아웃)하는 것이다. 기술 확보를 위해서 이 기업은 여러 곳의 벤처기업에 투자하기도 했다.[36] 새로운 산업 분야에 진입하며 기업가가 적극적으로 개방형 혁신 전략에 나선 사례라 볼 수 있다.

11장

한국 산업기술 발전 요인 7
정부의 정책적 지원

산업기술 발전과 함께 변화하는 정부정책

산업기술 발전을 위한 정책적 의지는 민간 부문을 자극했다

:

산업기술을 만드는 곳은 연구소와 산업현장이지만, 경제 내 다른 주체의 노력이 없었다면 이 발전이 순조롭지는 않았을 것이다. 그중에서도 빼 놓을 수 없는 것이 바로 정부다. 산업기술 발전에 있어서 정부정책의 역할은 산업의 기반인프라를 마련하는 수준을 넘어 생산현장을 구축하고, 인적자원을 키우고, 금융을 뒷받침하고, 투자환경과 규제체제를 만드는 등 다양한 방식으로 기술발전에 영향을 미칠 수 있다. 그래서 전통적인 의미의 산업정책과 과학기술 진흥을 담당하는 과학기술정책, 그리고 나아가 교육과 금융, 규제 등 산업 전반의 환경을 조율하는 넓은 의미의 혁신정책과 경제정책을 고루 살펴볼 필요가 있다. 정책은 산업발전을 위한 국가적 비전을 설정하고, 이해관계자의 공감대를 끌어내는 전략적 의지를 토대로 기술발전에 영향을 미치는 힘으로 구체화된다. 따라서 정책의 이면에 있는 정책리더의 의지를 일관되게 유지하고 지속적으로 표명하는 것도 중요하다.

민간과 정부의 협력이 중요하다
:

기술개발에 영향을 미치는 여러 정책이 제대로 효과를 발휘하려면 도전적 비전, 합리적 전망, 타당한 정책수단 및 빈틈없는 실행역량이 모두 갖추어져야 한다. 이를 위해서는 특히 산업동향과 산업기술의 발전 트렌드에 대해 민간과 정부가 같은 수준의 이해를 갖는 것이 중요하다. 한국 산업기술 발전 과정에서는 민간공공협업체제public private partnership가 중요한 역할을 했다. 즉, 민간의 기술 및 경영 전문가가 정책담당자와 구체적인 기술정보를 공유하고 목표를 조율하면서 정책의 실효성을 높여갔다.

협업의 또 다른 측면은 민간과 정부의 역할을 구분하는 것이다. 정부는 민간이 할 수 없거나 또는 인센티브가 크지 않은 영역에 초점을 맞추는 것이 중요하다. 기술개발에 대한 투자가 대표적인 영역이다. 기술개발은 대체로 새로운 지식의 획득으로 귀결되는데, 이 지식은 다른 회사로 파급되기가 쉽다는 특징을 갖는다. 따라서 사회적 파급 효과를 고려할 때 기술개발투자는 전통적으로 정부 투자가 필요한 대표적인 공공영역이다. 산업기술 개발을 위한 정부의 기술개발투자는 기술의 중요성이 커진 1980년대 이후 급속히 증가했다.

정부와 민간의 피드백 속에 정책은 끊임없이 진화했다

:

산업기술의 발전 시기에 따라 정부정책은 끊임없이 진화해 왔다. 산업기술 발전 초기에는 부족한 산업 기반과 자금을 효율적으로 활용하기 위해 자원을 집중하는 정책을 펴서 민간 부문이 빠르게 역량을 확보할 수 있도록 이끌었다. 이어 기술개발을 장려하기 위한 목적의 투자가 집중적으로 이루어졌다. 산업 기반을 어느 정도 다진 후에는 민간의 자유로운 혁신 활동을 촉진하기 위해 그동안의 '선택과 집중'형 산업육성 정책에서 벗어나 전 산업에 걸친 산업기술 생태계를 조성하고자 노력했다. 이러한 노력에 따라 이후 민간에서 하기 어려운 대규모, 장기 연구개발을 대학과 공공연구소에서 수행하도록 했다. 이렇게 공공과 민간의 협력체제 가운데 산업기술 혁신이 유발되는 환경이 조성될 수 있었다. 최근에는 산업기술의 개발을 넘어 확산에 이를 수 있도록 정책적 노력을 기울이고 있으며 이를 통해 포괄적 혁신 생태계가 구축되고 있다.

정부정책은 시대에 따라 변화했다

산업발전 초기,

생산 기반의 확보를 위한 정책을 폈다

:

민간 부문에서 아무리 산업기술 개발에 대한 의지가 있다 하더라도 최소한의 생산 기반도 없으면 이들의 의지는 결실을 맺지 못한다. 한국 역시 산업발전 초기 단계에 있을 때 생산 기반 확보를 위한 정책적 노력이 매우 중요했다. 이 시기 정책의 특징은 바로 선택과 집중형 산업육성이라 할 수 있다. 국가적으로 투입할 수 있는 자원이 절대적으로 제한된 상황을 극복하기 위한 선택이었다. 1953년 정부에서는 전쟁 이후 피폐해진 산업 기반을 재건하기 위해 산업 가동에 필요한 에너지와 연료force & fuel, 농업 생산에 활용되는 비료fertilizer, 그리고 산업 건설에 필요한 자금fund 마련을 중심으로 소위 '3F 정책'을 제시했다.[1] 이러한 정책은 본격적인 산업기술 개발의 시작에 앞서 에너지, 연료, 비료 등의 기반이 구축되어야 한다는 정책적 문제의식을 반영한 것이었다. 실제 1955년 충주비료공장을 착공하면서 비료산업이 시작됐으며,[2] 석유의 경우 미국의 원조자금을 사용해 수입·공급하는 실정임을 감안해 통제배급제를 실시함으로써 연료를 최대한 효율적으로 사용하고자 했다.[3]

선택과 집중형 산업육성정책이 시행되었다

:

산업기술 개발 초기 생산 기반 확보를 위해 일부 기반 산업에 집중하던 정책적 노력은 이후 본격적인 성장의 시기에 들어서며 그 폭이 넓어졌다. 하지만 여전히 일부 산업에 집중되어 있었는데, 이는 모든 산업에서 글로벌 수준의 산업기술을 확보하겠다는 목표는 현실적이지 못하다는 판단에 따른 것이다. 즉 1970년대에 들어 전략적인 육성 산업에 대해 정부는 '선택과 집중'이라는 정책을 펴나갔다. 이렇게 선택된 산업은 섬유, 석유화학, 비철금속제련, 철강, 전자, 조선, 기계 등 7개였으며, 각 산업은 개별 산업육성법에 따라 산업기술의 육성 전략이 고안되었다.[4] 이들 법률에서는 공통적으로 산업 발전을 위한 제품의 판매, 원료의 수급, 시설규모, 기술개발 등의 사항을 당시 상공부에서 기본 계획을 통해 규정하도록 하였으며, 관련 산업에서 활동하고자 하는 기업을 등록하도록 하는 한편 강력한 민관 협력체제를 바탕으로 실행의 효율성을 극대화하였다.

민간의 연구개발을 지원하는 정책을 시작했다

:

기업 역량이 급속도로 높아짐에 따라 정부정책 역시 변화의 시기를 맞이하였다. 아울러 전략 산업으로 지정된 산업과 그렇지 않은 산업 간 역량의 격차가 크게 벌어지기 시작하면서 정부정책의 변화를 요구하는 전문가의 목소리도 높아졌다. 더는 비용경쟁력으로 승부할 수 없는 상황에서 생산역량을 넘어 기술역량을 갖추는 것이 유일한 선택지라는 공감대가 형성되었다. 이에 따라 1980년대 초반부터 정부정책은 선택과 집중형 산업육성에서 포괄적인 기술개발 지원으로 방향을 바꾼다. 이러한 기조는 1981년 〈기술개발촉진법〉 개정에서 처음 드러났다. 개정안은 핵심 산업기술 개발을 위해 대규모 투자사업인 특정연구개발사업을 신설하고 이를 과학기술처에서 담당하도록 하였다.[5]

1986년 제정된 당시 상공부의 〈공업발전법〉은 산업발전 관련 정부정책의 일대 대전환을 선언한 사건이었다. 이 법은 이전까지 존재했던 7개의 개별 산업육성법을 일거에 폐기하고 신설된 것이다. 이전에 정부가 가지고 있던 각종 자원집중의 권한이나 진입퇴출 권한 등 핵심적인 사항을 전면 포기하고, 기술 및 생산성 향상 등 기업의 기술역량 개발에 초점을 둔 정책이었다. 이전의 개별 산업육성법과 달리 산업중립적 기술경쟁력 강화정책이라 할 수 있다. 〈공업발전법〉에 근거하여 민간 부문의 기술개발 활동을 본격적으로 지원하기 위한 공업기반기술개발사업이 시행되었다.[6] 공업기반기술개발사업은 과학기술처가 주관한 특정연구개발사업과는 달리 상공부가 관할함으로써 보다 직접적인 산업기술의 향상을 도모하고자 하였다. 이러한 정책 변화를 통해 민간 부문이 감당하기 힘든 대형, 첨단 기술개발의 속도가 빨라졌다. 민간 기업의 자체 연구소가 보편화되고, 이들이 대학 및 공공연구소와 협력하기 시작한 것이 바로 1980년대 중반부터다.

혁신시스템 활성화를 위한 기반을 조성했다

:

1990년대를 지나면서 민간 부문의 기술개발 역량 강화와 함께 정부정책은 다시 한 번 진화했다. 대학, 공공연구소, 기업 등 산업기술 개발과 관련한 여러 주체 간의 연계, 즉 혁신시스템 전반을 강화하기 위한 정책이 시행되기 시작한 것이다. 이러한 변화는 2000년 당시 지식경제부의 〈기술이전촉진법〉 제정 과정에 잘 드러난다. 이 법은 공공자금으로 개발된 정부출연연구소 내지 대학의 기술을 민간으로 수월하게 이전할 수 있도록 소유권을 국가에서 각 기관으로 돌려주는 데 초점이 있다. 이렇게 되면 연구소와 대학으로 하여금 기술이전에 좀 더 적극적으로 나서게 하는 경제적 유인이 획기적으로 커지게 된다.[7] 이 법은 이후 2007년 〈기술의 이전 및 사업화 촉진에 관한 법률〉(약칭: 기술이전법)로 개정되었는데,[8] 이는 단순히 기술의 민간 이전을 넘어, 이를 활용한 산업기술의 혁신, 즉 상업화의 단계까지 원활하게 이루어질 수 있도록 정책적 지원을 강화하겠다는 정부 의지가 담긴 것이다.

혁신시스템의 구성과 활성화를 위한 정부의 정책적 변화는 이뿐만이 아니었다. 민간 부문에서 혁신적인 아이디어를 가진 인재가 자유롭게 산업기술 현장에 뛰어들도록 하는 창업지원정책도 2000년을 전후하여 만들어졌다. 1997년 제정된 〈벤처기업 육성에 관한 특별조치법〉(약칭: 벤처기업법)이 그것이다. 해당 법안은 벤처기업의 창업 활성화를 위해 자금 지원, 조세 특례 등을 보장할 뿐만 아니라 벤처기업

집적시설을 지정하고, 기업가 정신을 키우는 등 전방위적인 벤처기업 환경 활성화 방안을 포함하고 있다.[9]

여기에 더해 다양한 주체를 한 곳에 모아 서로의 지식과 경험을 공유하게 하는 기술혁신 중심의 클러스터 정책도 등장하였다. 2005년 제정된 〈대덕연구개발특구 등의 육성에 관한 특별법〉(약칭: 연구개발특구법)의 경우 연구개발특구를 키워, 대학과 연구소, 그리고 기업 간의 상호협력을 강화하는 데 목적이 있다. 이 법은 첨단기술기업의 창업과 유치도 장려하도록 하고 있어 연구에서 상업화까지 연계된 혁신시스템 구축을 목표로 하고 있다.[10] 한편 연구개발특구 이외에도 2004년 제정된 〈지역특화발전특구에 대한 규제특례법〉(약칭: 지역특구법) 등을 통해 지역 클러스터에 속한 혁신기업이 클러스터 내부의 자원을 공유할 수 있도록 지원하고 있다.[11] 나아가 2004년에는 국가혁신시스템NIS; National Innovation System 전반의 역량을 구축하기 위한 종합정책을 시작하였고, 최근 들어서는 NIS 2.0에 관한 논의로 심화되고 있다.

대형 연구개발 사업에 적극적으로 나섰다

특정연구개발사업으로 대형 연구개발의 시작을 알렸다
:

1966년 한국과학기술연구원KIST 설립 이후 공공연구소 중심의 연구개발은 계속 있었지만 그 수준이 미약해서 상용화로 이어져 산업기술로 꽃을 피우는 사례는 많지 않았다. 이에 정부는 1982년 그동안 정부 출연 연구기관에 개별적으로 지원하던 연구개발사업을 통합해 특정연구개발사업을 시작했다. 1982년 시행 당시에는 국가 주도 사업 1개와 기업 주도 사업 1개 등 총 2개 사업에 133억 원을 지원한 것으로 시작했지만 그 후에 1990년까지 정부 자금 4,660억 원을 포함해 총 연구비 7,930억 원을 투입하는 대형 사업으로 발전하였다. 당시 정부는 이 정도 규모의 사업을 수행한 경험이 없었기 때문에 처음에는 반대 의견도 적지 않았다. 그러나 결과적으로 1990년까지 특정연구개발사업을 통해 146건의 기술이전, 21억 원에 이르는 약정기술료, 특허 출원 1,009건, 등록 269건이라는 성과를 거두었고, 무엇보다 많은 인력을 양성했다.[12] 특정연구개발사업은 기술 수요를 먼저 파악한 후 연구과제를 결정해 사업을 추진하였고, 민간과 공공의 연구개발 주체들 간에 협력을 촉진하기 위해 많은 노력을 기울인 특징이 있다.

2007년 국내 기술로는 최초로 시험운행에 성공한 틸팅열차의 연구개발 시작에도 특정연구개발사업이 있었다. 틸팅기술은 프랑스 TGV, 독일 ICE, 일본 신칸센 등 고속열차에 탑재되어 있는 기술로 열차가 곡선을 통과할 때 제한속도를 최대 20~30% 향상시키는 효과가 있다. 1930년대 처음 소개된 이 기술은 한국에서는 1982년 정부 출연연구소가 국내 기업과 공동으로 특정연구개발사업을 통해 연구를 시작함으로써 본격화되었다. 6년의 연구개발 끝에 1988년 부산에서 서울까지의 왕복 시험운전에는 성공하였으나, 당시 시스템의 한계로 실용화는 불발되었다. 그러나 당시의 경험은 이후 한국이 고속철도를 도입함에 있어 큰 자산이 되었으며, 2006년 세계 최초로 개발해 2008년 세계 복합소재협회로부터 올해의 혁신상Innovation Award을 수상한 '일체형 복합재 철도차량 제작기술'의 밑바탕이 되었다.[13]

공업기반기술개발사업으로 민간 연구개발을 지원했다

:

1980년대 초반 시작된 특정연구개발사업과 함께 당시 민간 연구개발을 주도한 국가사업 중 하나는 당시 상공부가 주관한 공업기반기술개발사업이다. 공업기반기술개발사업은 생산현장의 효율화를 위해 산업계가 조속히 개발할 필요가 있는 기술 관련 과제를 수요조사를 통해 도출하는 수요견인demandpull 모델임을 특별히 강조하였다.[14] 특히 이 사업은 시작 단계에서부터 기업 참여를 전제로 연구소와 대학 등의 협력 연구 형태로 이루어져, 이후 이어지는 산학연 협력에도 큰 역할을 하였다.[15] 1990년까지 총 621개 과제에 정부자금 1,026억 원을 포함 총 2,568억 원이 투입되었으며, 이러한 기조는 1990년대 이후에도 이어져 중기거점 기술개발, 항공우주 기술개발 등의 대형 과제로 진화하였다.[16]

이 시기 공업기반기술개발사업으로 개발된 대표적인 기술이 바로 철강산업의 파이넥스FINEX 공법이다. 파이넥스 공법은 기존 용광로 공법과 달리 코크스 공정이 필요 없어 경제성이 높아지면서도 공해 물질이 거의 발생하지 않아 환경보호와 산업기술 혁신을 모두 충족시키는 공법으로 알려져 있다. 1990년 공업기반기술과제로 시작된 파이넥스 기술개발은 기초연구, 모델 플랜트 연구, 파일럿 플랜트 연구의 3단계로 총 10년에 걸쳐 진행되었으며, 총 소요비용은 정부자금 215억 원을 포함해 총 582억 원에 이르렀다. 연구개발의 성공 이후 상용화를 위한 투자가 계속되었고, 마침내 2003년 연간생산 60만 톤 규모의 데모 플랜트 건설을 통해 상용화에 성공했다.[17]

G7 프로젝트로 선도기술 진입을 시도했다

:

민간 부문이 생산경험과 함께 자체적인 연구소를 운영해 기술력을 쌓아감에 따라 이전과는 달리 스스로 산업기술 개발의 기회를 활용할 수 있는 능력이 생겨났다. 이에 따라 정책의 기조 역시 정부가 선도하기보다 민간 부문이 산업기술 개발의 기회를 스스로 만들도록 간접적으로 지원하는 방식으로 선회하였다. 이때부터 정부는 높은 위험 부담때문에 민간 부문이 자체적으로 수행하기 어려운 차세대 대형 연구개발 과제 등을 전담하고, 여기에 여러 민간 기업과 연구소를 참여시켜 이들의 협력을 유도하는 정책을 시행하게 되었다. 1992년 시작된 G7 프로젝트는 다양한 차세대 핵심제품 및 기술 관련 산업기술을 선진 7개국 수준으로 높이기 위한 범정부 프로젝트로, 총 투자소요액이 4조 원에 이르는 대규모 기획이었다.[18] G7 프로젝트는 2000년대 이후 차세대성장동력사업으로 이어졌다.

하수 처리기술 부문에서 한국이 선진국 수준의 기술을 확보하게 된 배경에는 이 G7 프로젝트가 있다. 2001년도에 선정된 G7 프로젝트에는 하·폐수 고도처리 기술개발이 포함되었는데 이 사업을 통해 이전까지 실험실 규모 연구에 머무르던 하수처리기술을 현장으로 옮겨 실험할 수 있게 되었다. 즉 하수처리 현장에서 실험하는 파일럿 플랜트pilot plant 개념이 이때 도입된 것이다. 구체적으로는 구리하수처리장에 영양염류 고도처리와 관련해 27개 고정의 모형시설을 설치하고 기술평가를 실시했으며, 하수처리 시설에 생물학적 질소·인 제거 공정을 적용하는 등 기술적 시도를 이어나갔다.[19]

한국형 고속철인 KTX-산천의 개발 역시 G7 사업으로 시작되었다. 경부고속철도 건설 당시 프랑스로부터 도입된 KTX가 있었지만, 장기적인 관점에서 보면 국내 기술로 만든 고속열차가 필요하다는 판단에 1996년 고속전철기술개발사업이 시작되었다. 한국형 고속열차의 경우 기존 KTX 대비 50km/h 빠른 350km/h의 최고 속도를 목표로 시스템 및 관련 핵심기술 개발을 추진하였다. 2002년 사업 종료 시점에 60km/h까지의 주행시험을 마쳤지만 당시 본격 개통을 준비하던 KTX에 밀려 시운전도 제대로 할 수 없는 상황에 놓였던 한국형 고속철도는 2002년 12월부터 새로이 시작된 고속철도기술개발사업으로 그 명맥을 이어나갔다. 2007년까지 지속된 이 후속 사업을 통해 KTX-산천은 충분한 주행시험을 거치며 시스템을 안정시키는 연구를 지속할 수 있었다. 경부고속철도 이후의 호남선, 전라선 등에 새로이 투입된 KTX-산천을 통해 2조 3천억 원이 넘는 수입대체 효과를 달성한 것으로 알려져 있다.[20] 사업 종료 후 적절한 후속 사업의 추진을 통해 기술개발의 동력을 이어나간 대표적인 사례라 할 수 있다.

대형 연구개발사업의 한 종류로 2000년 시작된 '소재부품산업 기술개발 기반구축 사업'은 최근까지 이어지고 있는 대표적인 장기간 정부 연구개발사업이다. 이듬해인 2001년 〈부품·소재 전문기업 등의 육성에 관한 특별조치법〉이 제정되었고, 기초 금속, 고분자 화학 등 세부 품목별로 기술혁신센터가 구축되어 전략적인 기술개발이 이어졌다.[21] 2015년까지 누적 정부 투자액이 3조 3,089억 원에 이를 정도로 대규모 투자가 이어지고 있는 이 사업은 2015년 이후 매년 1개

▪ — KTX-산천[22]

이상의 과제가 100대 국가연구개발 우수성과에 선정될 정도로 꾸준한 성과를 거두고 있다. 아직 선진 소재부품 기업의 기술력을 따라가는 단계에 있지만 20년 가까이 이어온 소재부품 관련 연구개발사업은 소재부품 분야의 새로운 도전을 위한 밑바탕이 되고 있다.

공공수요를 활용해 산업기술 발전을 지원했다

공공수요가 혁신신제품의 초기 시장 역할을 했다
:

정부는 직접 연구개발 과제를 수행하거나 민간 부문의 산업기술개발 활동을 지원하기도 하지만, 한편으로는 혁신적 기술제품을 직접 구매함으로써 기술발전을 견인하기도 한다. 이는 정부의 대규모 수요를 활용해 시장을 확보하고 민간 부문의 산업기술 개발 동기를 제고하는 것으로, 국제적으로도 널리 활용되는 정책수단이다. 한국의 경우도 이전부터 수입제한 등의 단순 조치뿐만 아니라 정부 사업 및 계획과 연관된 공공수요를 활용해 국내 기업의 산업기술 개발 결과를 사용하는 정책을 시행해왔다.

일례로 화력발전소 건설 과정에서 공공수요가 있었기에 국내 발전기자재 업체가 기술개발에 성공할 수 있었다. 1960년대 이후 정부는 5년 단위로 전원개발계획을 수립해 안정적인 전력공급을 도모했는데, 당시 이 계획은 당장의 전력 생산을 위해 필요한 발전기자재를 수입하는 것이 아니라, 단계적으로 국내 관련 산업체의 참여를 높이겠다는 장기적인 목표하에 수립되었다. 특히 화력발전소의 주기기에 해당하는 발전용 보일러와 증기터빈의 경우 1977년 4차 전원개발 5개년계획 시기부터 과감하게 국내 업체가 주도하는 계약 방식이 도입되었다. 해외 업체와의 기술제휴를 통해 기술 내재화를 목표로 하는 국내 업체를 주계약자로 들어오게 한 것이다. 이러한 정책을 통해 발전기자재 대부분이 국산화되는 성과를 거둔 것은 물론, 화력발전소에서 그들의 제품을 테스트함으로써 새로운 산업기술의 발전 가능성도 확인할 수 있었다.[23]

사실 공공수요를 통해 산업기술이 발전한 사례는 이 외에도 무수히 많다. 앞서 언급한 표준선형 개발사업을 통해 발전이 시작된 조선산업의 경우도 정부의 선박 수요가 계속적인 기술발전을 이끌었다. 당시 표준선형 개발사업에 참여한 기술자들은 이후 민간 부문으로 이동해 각 조선소에서 중요한 자리를 맡은 책임자가 되었으며, 이후 이들은 계획조선 시기 정부의 수요를 책임지며 조선산업의 발전을 이끌었다. 한편 1990년에는 정부에서 국적 액화천연가스LNG; Liquid Natural Gas 운반선 제작 계획을 발표하고 국내 조선소에 기술개발의 기회를 제공하였다. 이러한 정책적 노력은 이전부터 지속되어 온 기업의 연구개발 투자 노력과 맞물려 LNG 재기화선, 원통형 부유식 원유생산 저장기지, LNG 추진선, LNG 운반선 등 세계 최초의 선박을 선보이는 단계에 이르렀다.[24] 이렇게 건조된 LNG선은 한국가스공사가 국내로 들여올 LNG를 수송하도록 하여 그 기술력을 확보하는 기회를 제공함으로써 그 후 한국이 세계 시장에서 LNG선을 독점하는 계기가 되었다.[25]

기존 국내 기업을 보호 및 육성하기 위해 공공수요가 활용되기도 하지만, 산업기술이 발전함에 따라 새로운 산업 분야를 조성할 때 정부의 구매를 통해 시장이 만들어지는 경우도 있다. 개인용 컴퓨터PC 산업 역시 공공수요를 통해 초창기 발전기반을 마련할 수 있었다. 1982년 한국의 PC 판매 수는 약 1천 대 수준에 불과했다. 정부에서는 PC 수요를 늘리기 위해 우선적으로 교육용 PC 공급계획을 수립했는

▪ — 국내 최초의 모스형 LNG 운반선 유토피아호[26]

데, 전국에 있는 학교에 PC를 보급하여 PC에 대한 민간 부문의 이해도를 높이고, 공급자로 하여금 PC 성능을 테스트하여 개량하도록 하는 것이 목표였다. 한국전자기술연구소의 기술 규격 정의와 검수하에 여러 기업이 참여한 이 사업은 교육용 컴퓨터 5천 대를 개발·생산하여 1983년 한 해에만 90개 상업고등학교, 10개 직업훈련원, 17개 공무원교육원에 공급하였다.[27] 새로운 산업의 시작에 있어서 기업이 흔히 겪는 수요의 불확실성을 해소하는 방안으로서의 혁신지향적 공공구매는 이렇듯 오래 전부터 정책 속에 녹아있었다.

첨단의 혁신제품에 대한 테스트베드를 구축하고 있다

:

2007년 글로벌 금융위기 이후 국제적으로도 공공구매를 통해 기업의 혁신을 유도하는 정책이 각광을 받게 되었다. 한국도 이에 대해 각별한 관심을 갖고 관련 정책을 만들고 있는 중이다. 일례로 최근 4차 산업혁명과 연결되어 주목받고 있는 서비스 로봇의 경우 한국 정부는 공공수요의 확보를 통해 민간 보급을 촉진하고자 하고 있다. 정부는 다부처 사업으로 5년 내 시장창출이 가능한 로봇 분야에 대한 보급 사업을 집중적으로 실시하고 있으며, 여기에 더해 지자체와 공공기관 주도의 로봇 구매 및 활용 사업을 신규로 추진하고 있다. 상수도 관망진단 로봇은 전국 상수도 관망에서 진단 부문 신뢰성을 인정받아 해외수출 기반을 마련했으며, 교육용 스마트 로봇 역시 방과 후 교실에서의 시범 운영을 통해 그 학습효과를 인정받았다.[28]

▪ — 상수도 관망로봇의 부품과 구조[29]

직접 구매하는 경우도 있지만, 제도를 통해서 구매를 간접적으로 유발하는 정책도 있다. 예를 들어, 최근 아파트 및 주택 건설 시 시행하고 있는 콘덴싱 보일러 설치 의무화는 공공수요를 통해 혁신 기술의 도입 및 확산을 앞당기는 대표적인 사례라 할 수 있다. 콘덴싱 보일러의 경우 천연가스 연료를 사용하여 이산화탄소 저감을 통한 환경적 효과와 함께 기존 보일러 대비 높은 효율성을 지니고 있다. 최근 새로 짓는 아파트 및 주택에 이러한 콘덴싱 보일러 설치를 의무화하여 기술개발을 독려하고 있다.[30]

클러스터 정책으로 집적의 효과를 추구했다

산업단지를 조성했다

:

클러스터 정책은 이미 오래전부터 연구단지, 산업단지 등의 개념으로 널리 활용되어 온 정책수단이다. 클러스터 정책은 비슷한 산업 및 기술 분야에 있는 여러 기업을 지리적으로 가까운 곳에 모음으로써 부품 및 완제품의 거래비용을 낮추는 효과가 있다. 뿐만 아니라 서로의 지식과 경험을 공유해 협력을 통한 산업기술 발전을 도모하는 효과도 있다. 한국은 산업기술 개발의 시작 단계에서부터 적극적으로 산업단지를 조성하여 기업 간 지식 공유를 촉진하고자 했다. 서울시 구로구에 위치한 구로공단의 경우 1966년 완공되었는데, 주로 가발, 신발, 조립금속 등의 경공업 제품을 생산하는 기업이 모여 있었다. 특히 이들 기업은 적극적으로 수출에 나서 경공업의 수출공업화에 이바지했다. 1985년 기준 섬유, 봉제, 조립금속 업종의 수출액이 공단 전체 수출액의 90% 이상을 차지할 정도였다.[31]

섬유산업도 산업단지를 통한 집적의 효과가 크게 나타난 산업 분야이다. 1963년 나일론 직물 생산 시작 이후 1960년대 말 대구지역에 단지가 조성됨으로 수출산업화를 빠르게 이룰 수 있었다. 대구섬유단지는 각종 섬유 관련 세계적인 기업의 집산지가 되었고, 1986년 당시 전국 직기의 63.4%를 보유하고 있을 정도로 섬유산업에 특성화

▪ — 1972년 울산석유화학공업단지 조성 모습[32]

된 산업단지였다. 1985년 일본을 제치고 화섬직물 분야 세계 1위 수출국이 될 수 있었던 데는 산업단지가 있었기 때문에 가능했다.[33]

중화학공업에서도 산업단지 조성은 매우 중요한 역할을 했다. 석유화학산업의 시작이라 할 수 있는 울산석유화학공업단지 역시 석유화학의 업스트림과 다운스트림을 한 곳에 모아서 집적의 효과를 추구한 경우이다. 단지 내 석유화학 관련 가치사슬이 형성되었기 때문에 연관 산업이 서로 교류하며 발전할 수 있었다. 당시 업스트림의 경우 대한석유공사가, 다운스트림의 경우 충주비료의 석유화학팀이 각각 담당하는 한편, 그 사이에 놓인 기업은 서로의 지식과 인력을 교류하면서 단지의 발전을 도모하였다.[34]

수출자유지역을 통해 글로벌 시장에 진입했다

:

한편 1970년대에는 수출자유지역을 정해 수출산업화를 자극함으로써 산업기술 발전을 추진하기도 하였다. 수출자유지역의 경우 1970년 제정된 〈수출자유지역 설치법〉을 통해 조성돼, 1차 마산에 건립되었다. 마산수출자유지역은 1971년 22개 업체가 최초 입주한 것을 시작으로 1972년 70개 사, 1973년 115개 사 등 단기간에 많은 기업을 유치하는 성과를 올렸다.[35] 수출자유지역의 경우 산업 및 기술 분야는 다를 수 있지만, 다국적 기업을 한 곳에 모음으로써 선진 산업기술을 가까이서 익힐 수 있는 장을 마련하였다는 점에서 그 의미가 있다.

▪ — 1970년대 마산수출자유지역의 모습[36]

마산에서의 경험을 바탕으로 이후 이리(현 익산)에 제2 수출자유지역이 들어섰다. 하지만 수출자유지역은 1970년대 두 번의 석유파동을 겪으며 외국인 투자가 부진해짐에 따라 점차 위축되었다. 이에 정부는 2000년 수출자유지역을 폐지하고 자유무역지역으로 대체하였다. 자유무역지역은 외국인 투자기업 외 기업에도 진입 기회를 허용했으며, 2016년 기준 총 13개가 있다.[37]

연구단지 조성으로 연구개발을 강화했다

:

이후 산업기술 개발에 연구개발 중요성이 커짐에 따라 정부는 연구개발 역시 클러스터 조성을 통해 심화시키고자 했다. 연구개발은 특히 사람과 조직 간 긴밀한 교류가 필수적이므로 클러스터 조성이 절대적으로 요구된다. 1966년 한국과학기술연구원KIST 설립 이후 연구 클러스터는 당시 한국과학기술연구원KIST이 위치한 서울 홍릉 부근에 연구단지를 조성한 것이 출발이다. 당시 홍릉에는 한국과학기술연구원KIST 외에도 한국과학기술정보센터, 국방과학연구소, 한국개발연구원 등이 있었으며, 인근 공릉에는 한국원자력연구소가 있어 과학연구단지로서의 모습이 갖춰졌다.[38]

이후 1970년대에는 대덕에 새로운 연구단지를 조성할 것을 계획하였고, 1981년에 5만 명의 인구가 상주할 수 있는 대규모 대덕연구단지가 만들어졌다. 대덕연구단지는 초기에는 홍릉연구단지와 마찬가지로 연구소들이 모여 서로의 과학적 지식을 공유하는 장으로서의

▪ — 1978년 대덕연구단지에 입주한 최초의 공공연구소인 한국표준연구소의 기공식(왼쪽)[39]과 2009년 완공된 대덕연구단지 내 대덕테크노밸리의 모습(오른쪽)[40]

역할이 컸으나, 1990년대 후반에 들어서며 기술력을 바탕으로 한 벤처창업이 단지 내 활발히 이뤄졌다. 1997년 14개의 벤처기업이 대덕연구단지 출신자에 의해 만들어진 것을 시작으로 2012년에는 995개사가 대덕연구단지 내에서 창업하였다. 현재 대덕연구단지는 26개의 정부출연 연구기관, 7개의 대학 및 교육기관, 9개의 기타 연구기관, 19개의 정부 및 국공립기관, 29개의 기타 비영리기관이 모여 있는 연구단지로 성장했다.[41]

클러스터를 업그레이드했다
:

기존에 운영 중이던 산업단지를 새로운 모습으로 탈바꿈하여 다시 한 번 산업기술의 개발을 도모하고자 하는 정책도 시행하고 있다. 앞에서 언급한 구로공단의 경우 1980년대 중반까지는 경공업 수출

▪ — 1960년대 구로공단 공장의 모습(왼쪽)[42]과 최근 서울디지털산업단지(G밸리)의 모습(오른쪽)[43]

의 메카로서 그 역할을 다 했지만 중국, 베트남 등 개발도상국에 가격경쟁력이 밀리면서 침체가 이어졌다. 이에 한국산업단지공단은 1997년 '구로수출산업단지 첨단화 계획'을 수립하여 단지의 내용과 형식을 업그레이드하고자 하였다. 이를 위해 국내 최초 벤처기업 전용 빌딩인 키콕스KICOX; Korea Industrial Complex Corporation 벤처센터를 2000년 완공하였다. 아울러 같은 해 단지 이름 역시 '서울디지털산업단지'로 개칭해 첨단산업 클러스터로서의 면모를 본격적으로 갖추었다.[44]

4부

한국 산업기술의 미래

Great Transformation

12장

한국 산업기술의 어제, 오늘, 그리고 내일

요약 1 한국 산업기술 발전의 특징과 성공 요인

기적적인 산업 성장 이면에
특징적인 산업기술 발전 패턴이 있었다

:

한국 산업의 발전 과정은 전 세계적으로 유례가 없다. 이렇게 짧은 시간 내 황무지에서 첨단산업을 일으킨 국가가 없기 때문에 기적이라는 표현을 붙여도 전혀 어색하지 않다. 산업 발전이 압축적으로 이루어진 만큼, 그 이면에 있는 기술의 발전 과정 또한 한국에서만 찾아볼 수 있는 몇 가지 특징적인 패턴을 보인다. 근대 산업기술의 수혜를 전혀 받지 못한, 사실상 백지에서 출발했다는 점이 우선 눈에 띈다. 기술을 단순도입하다가 체화과정을 거쳐 수입대체에 성공하고, 나아가 자체개발로 이르는 진화 과정도 그 누구보다 빠르게 밟아왔다. 이 과정에서 선진국이 장악한 산업과 기술 주도권을 하나씩 우리 것으로 가져왔다. 한국 산업기술 발전의 또 다른 특징으로 여러 분야가 동시에 고루 발전하면서 서로 보완적으로 발전한 사실을 비롯해, 끈질긴 시도를 통한 성공 사례가 많은 것도 꼽을 수 있다. 최종재 조립에서 출발했지만, 시간이 지나면서 차츰 부품소재로 내려가면서 연관 기술을 심화시킨 패턴도 찾아볼 수 있다. 국내외적인 위기를 전화위복의 계기로 삼았고, 디지털 기술 같은 기술 패러다임 전환기에 과감히 뛰어들어 빠른 속도로 추격한 것도 특징적인 현상이다. 이런 특징적 패턴 중 일부는 다른 개도국에도 발견되지만, 한국 산업의 성장 과정에서 유독 두드러지게 복합적으로 나타난다.

한국 산업기술 발전을 견인한 7가지 요인이 있었다

:

이런 특징적인 기술발전 패턴을 가지고 빠르게 발전할 수 있었던 원인을 알아보기 위해서 생산현장과 기술의 공진화, 기술개발에 대한 적극적인 투자, 인적자원의 적기 배양, 해외기술의 적극적 활용, 글로벌 가치사슬에 참여, 기업가 정신의 발현과 정부의 정책적 지원 등 7가지 요인을 살펴볼 수 있다.

첫째 생산현장과 기술이 서로 영향을 주고받으면서 발전했다. 수준이 낮았지만, 일단 생산현장을 구축하면서 경험을 쌓기 시작했고, 도입한 기술을 체화하고, 자체개발로 나가면서 생산현장도 더불어 수준을 높여갔다.

둘째, 기술개발에 역점을 두고 지속적으로 투자했다. 투자 여력이 없던 시절부터 기술개발에 방점을 두었고, 현재 GDP 대비 연구개발 투자 비중이 전 세계에서 가장 높을 정도로 집중적으로 투자했다. 그 결과 도입기술에서 출발해 현재 글로벌 수준을 목표로 하는 단계까지 이르렀다.

셋째, 기술을 담는 궁극의 그릇인 사람을 키우는 데 최선을 다했다. 초기에는 현장기술자를 육성하는 데 주력했으나, 기술이 성숙하면서 고급 과학기술인재를 육성하는 데 자원을 집중 투자했다.

넷째, 해외기술 원천을 적극 활용했다. 초기에는 도입하고 배우는 데 주저하지 않았고, 수준이 오르면서는 대등하게 협력하고 경쟁했다. 이 과정에서 기술선진국은 선생님에서 동료이자 경쟁자로 역할이 바뀌어갔다.

다섯째, 글로벌 시장에 적극 참여했다. 까다로운 해외수요를 기술개발의 동기로 받아들였고, 넓은 수출시장을 규모의 경제를 얻는 기지로 활용했다. 글로벌 가치사슬상에서의 역할도 단순조립생산에서 자체개발 등 점차 높은 수준의 기능으로 업그레이드되었다.

여섯째, 기술개발 현장에서 도전적인 목표를 제시하고, 끈질긴 시도를 뒷받침한 기업가 정신이 있었다. 기업가 정신은 대기업과 중소기업의 경영자, 벤처기업의 창업자, 기업 내 기술리더 등 여러 사람에 의해 표출됐지만, 공통적으로 기술 없이는 생존하지 못한다는 인식을 명확히 했으며 지속적이면서도 과감하게 투자했다.

마지막으로, 정부의 정책적 지원이 함께 했다. 초기 단계, 생산역량을 확보하는 데 기반을 제공했고, 산업이 성장하면서 민간이 하기 어려운 기술개발 투자에 마중물을 제공했다. 정책 형성과 실행과정에서 개발도상국에서 찾아보기 어려운 민관 협력체제를 구축해 복잡한 기술진화 경로를 함께 만들어갔다.

모든 주체의 참여로 성장전략을 실천했다

:

이렇듯 여러 가지 요인이 섞여 한국의 산업기술 발전을 이끌었다. 이 과정을 마치 높은 산 정상에서 한눈에 조망하듯 바라보면, 한국 산업이라는 등반대가 베이스캠프를 하나씩 설치해가면서 매 단계마다 발전 목표를 설정하고, 그 경로를 적극적으로 창출해가는 모습이 그려진다. 등반대에 속한 기술자와 연구원, 기업가와 정책담당자 등 모든 사람이 역할을 나누어 맡고 최선을 다해 자기의 몫을 해나갔다. 해마다 수백만 명의 사람이 산업기술 발전의 여러 과정에 참여했으니, 지금까지 70년이 넘도록 누적적으로 연 인원을 계산해본다면, 최소 수억 명이 넘는 사람이 오늘날 한국의 산업기술 수준을 만드는 데 기여했다.

이 모두의 역할이 없었다면, 이렇게 짧은 시간에 일인당 국민소득 100달러 남짓에서 3만 달러가 넘는 국가로 성장하지 못했다. 오늘의 시점에서 지금까지의 기술발전 과정을 되돌아보건대 각 단계마다 자신의 삶 한 자락씩을 펼쳐 새긴 수많은 이들의 노력과 공헌을 가슴 깊이 되새기지 않을 수 없다. 내일을 향해 나가야 하는 지금 성공적

기술발전의 이면에 따라온 과거의 그림자가 눈에 걸리고, 고치면서 새로 시작해야 할 일이 한두 가지가 아닐지라도 그간의 노력과 성취는 그 자체로 큰 의미가 있다. 국민소득 3만 달러의 지점에서 세계를 지향하는 도전적 과제를 고민하도록 베이스캠프를 높여 놓았기 때문이다.

요약 2 도전, 성취 그리고 단계적 전환의 교훈

한국 산업기술은 도입, 체화, 자체기술의 단계를 밟아 발전했다

:

한국 산업기술은 황무지 상태에서 자체기술에 이르기까지 단계적으로 진화해왔다. 한국 산업은 해방 후부터 1960년대까지 사실상 그라운드 제로 상태를 면치 못했다. 현대적 생산의 싹이 움트긴 했지만 해외 선진 기술을 단순도입하여 근근이 산업활동을 시작했을 뿐이었다. 산업기술의 관점에서는 땅속의 씨앗 단계라고 볼 수 있다. 그라운드 제로에 이어 1970년대 초반에서 1980년대 중반까지는 본격적으로 생산 기반을 마련하고 선진 기술을 적극 도입 및 학습하는 '도입기술'의 시대다. 생산 측면에서는 무엇이든 우리가 만들어 본다는 생산의 국산화가 큰 화두였다. 1980년대 중반부터 2000년대까지는 '체화기술'의 단계이다. 단순히 도입하고 배우는 단계를 넘어 그 원리를 파악하고, 변형 및 개선하는 기술을 만들어가는 단계이다. 선진국만이 생산하던 상품을 우리 기술로 생산할 수 있었다는 표현이 거의 모든 산업에 자주 등장하는 때이다. 도입기술 시대의 핵심이 '생산의 국산화'라면 체화기술 시대의 핵심은 '기술의 국산화'다. 2000년대 이후는 선진국 수준의 기술을 목표로 독자적인 '자체기술' 개발에 도전하는 시기이다. 디지털 기술로의 패러다임 전환에 적극적으로 나선 일부 분야에서는 선진국 수준을 넘어서는 사례가 등장하기 시작했는데, 이를 바탕으로 한국 산업이 글로벌 시장에서 리더십을 발휘하기 시작했다. 이처럼 한국 산업은 그라운드 제로에서 도입기술과 체화기술로, 나아가 자체기술로 업그레이드하는 단계적 진화 양상을 보였다.

세 차례에 걸친 대전환이 있었다

:

단계별 진화 과정은 연속적으로 일어난 것이 아니다. 이전 단계와 다음 단계 사이에는 패러다임 전환이 자리하고 있었다. 그라운드 제로 상태에서 도입기술의 단계로 옮겨가는 1차 전환의 과정은 생산역량 확보가 최우선이었다. 노동집약적인 농업과 경공업으로는 성장이 불가능하다는 인식하에 과감하게 자본집약적인 산업을 일으키고자 기획했고, 민간과 정부가 힘을 합쳐 생산 기반을 만들기 위해 나섰다. 이 패러다임 전환을 상징적으로 보여주는 계기가 개별 산업육성법에 의한 중화학공업의 집중적 성장이었다. 기술적으로도 단순도입이 아니라 적극적으로 학습하고, 역설계를 통해 내 것으로 만드는 노력을 시작했다. 이 과정에서 기업의 전략과 정부의 정책, 교육과 사회 관습이 함께 바뀌었다.

2차 패러다임 전환은 도입기술에서 체화기술로의 전환을 의미한다. 1980년대 들어서면서 집중적이고 선별적으로 산업 기반에 투자하던 전략이 투자효율성이 떨어지는 한계를 보이기 시작했고, 그간 한국 산업을 떠받쳤던 비용경쟁력이 후발국의 등장과 함께 더는 유지되지 못하는 상황이 되었다. 이에 1980년대 중반 한국 산업은 전면적으로 기술개발에 나서는 패러다임 전환을 시도한다. 이를 보여주는 상징적인 변화가 민간의 기술개발투자가 폭발적으로 증가한 것과 정부정책이 선별적 자원지원을 핵심으로 하는 개별 산업육성법에서 기술개발에 중점을 둔 〈공업발전법〉(1986년)으로 전환한 것이다. 이 시기를 전후하여 기업 전략과 정부정책은 형식과 내용 모두 생산역량 확충이 아니라 도입기술의 원리를 체화하여 복제, 변형, 개선하는 체화기술 단계로 넘어가게 된다.

3차 패러다임 전환은 아시아 금융위기가 끝나고 2000년대가 시작되면서 이루어졌다. 1990년대 말 경제위기를 맞은 데다 선진국의 기술 견제가 노골적으로 전개되면서 도입·체화기술로 선진국 기술을 대체하는 전략은 더는 유효하지 않게 되었다. 때마침 디지털 기술이 급속히 발전하면서 한국 산업에 기회의 창이 열렸다. 이때를 전후해 한국 산업은 기술의 도입, 소화, 개선을 넘어 선진 기술과 같은 수준을 명시적 목표로 제시하고, 스스로의 기술로 이에 도달하고자 하는 자체기술의 시대로 전환된다. 선진국 기술을 복제하는 수준을 넘어 자체기술로 경쟁하겠다는 사고방식 자체는 또 다른 세계관을 요구하는 패러다임 전환에 해당한다.

패러다임 전환의 성공요인은 공감대와 비전, 동시변화였다

:

3차에 걸친 패러다임 전환은 매번 이전과 다른 사고방식과 전략, 정책의 틀을 요구했다. 다행스럽게도 한국은 매번 전환에 성공했다. 그 성공의 비밀을 요약하면 전환의 절박함과 전환 방향에 대한 공감대 및 모두의 동시변화로 요약할 수 있다.

첫째, 매 전환에서 이전 시기의 패러다임이 더는 효과를 발휘하지 못한다는 문제의식, 즉 전환의 절박감이 있었다. 1970년대 초, 1980년대 중반, 1990년대 말의 매 시기마다 이전의 전략이 효과를 발휘하지 못하면서 성장에 한계가 왔음을 민감하게 감지하였다. 무언가 변화를 요구하는 이 문제의식을 국가적인 패러다임 전환의 신호로 읽었고 이는 모두에게 공유되는 단계로 나아갔다.

둘째, 이전 시기의 패러다임과 앞으로 받아들여야 할 패러다임의 차이, 즉 전환의 방향에 대한 공감대가 있었다. 1970년대 초 단순 도입에 의한 위탁생산이 아니라 이제는 필요한 기술을 능동적으로 도입하고 학습해야 한다는 방향성, 1980년대 중반 도입과 학습을 넘어 원리를 체화하고 개선할 수 있는 수준으로 나가야 한다는 지향, 그리고 1990년대 말 기술이나 생산 모두 국산화를 넘어 선진 기술의 수준과 비교 가능한 독자적인 자체기술을 가져야 한다는 목표의식이 각 패러다임 전환 후 비전이 되었다.

셋째, 국가적 공감대를 바탕으로 기업, 정부, 대학 등 모든 기관과 거기에 속한 기술자와 경영자, 정책담당자가 동시에 변화하는 일관성을 보여주었다. 무릇 모든 사회적 전환이 그러하듯 임계 규모 이상이 동시에 움직일 때 변화는 시작되고 완성된다.

외부의 강제가 아니라 스스로 패러다임 전환을 이루었다
:

무엇보다 한국 산업이 겪어낸 이 성공적인 패러다임 전환은 모두 외부의 강제에 의해서가 아니라 우리 스스로 인식하고 성취한 역사라는 점을 기억할 필요가 있다. 지금까지의 전략이 한계에 이르렀다는 문제의식이 내부적으로 축적되면서 전환의 동력이 쌓여갔고, 마치 물이 100도에 이르면 순식간에 끓어오르듯 자연스럽게 우리 안으로부터 패러다임 전환이 일어났다. 우연히도 그 전환은 거의 15년마다 한 번씩 일어났다.

지금 한국 산업은 또 한 번의 전환기를 맞이하고 있다. 잠재성장률이 지속적으로 조금씩 하락하고 있다는 것은 지금까지의 패러다임에 한계가 왔다는 강력한 방증이다. 그렇다면 지금 우리가 맞고 있는 전환의 정체는 무엇인가? 지금까지 우리는 어떤 패러다임하에 있었고, 앞으로 지향해야 할 패러다임은 무엇인가?

한국 산업기술의 당면과제

중장기적인 성장률 하락 추세는 현재 패러다임의 한계를 의미한다

:

한 걸음 떨어져서 역사를 보지 않는 이상 현재 우리가 어떤 패러다임 속에 있는지 알기란 매우 어렵다. 1960년대 열악한 생산현장 한 귀퉁이에서 매뉴얼을 이해하지 못해 끙끙대던 기술자는 자체기술로 선진국 제품을 대체할 수 있다는 1990년대의 상식적인 목표를 생각해내지 못한다. 또한 1990년대 그 기술자도 선진국 기술을 뛰어넘는 자체기술로 세계적 제품을 만들겠다는 오늘 시점의 상식적인 희망을 감히 품지 못한다. 그들이 부족해서가 아니다. 그 당시 사고의 틀을 지배하는 패러다임의 영향에서 누구도 쉽게 벗어날 수 없기 때문이다.

현재 한국의 산업기술은 2000년대 시작된 자체기술의 패러다임이 한계를 보이면서 2010년대 중반 이후 알게 모르게 이미 모종의 다른 패러다임으로 들어서 있는 것으로 보인다. 그리고 지금 우리가 속한 패러다임의 정체가 무엇인지를 정확히 파악하지 못하는 동안 중장기적으로 잠재성장률이 조금씩 떨어지고 있는 중이다. 현재의 우리를 조금 떨어진 객관적 시각에서 보지 않으면 새로운 도약의 처방도 찾기 어려울 것이다. 바로 이 점에서 한국 산업기술 발전사는 중요한 기여를 한다. 지금까지 우리가 밟아왔던 기술의 발전 단계와 패러다임 전환 과정을 되짚다보면 지금의 패러다임의 정체에 대해 희미하나마 단초를 얻을 수 있기 때문이다.

지금까지 '뉴 투 코리아New to Korea'의 패러다임에서 성공했다

:

도입기술에서 체화기술을 거쳐 자체기술까지 산업기술의 각 단계별 발전 과정에 어떤 특성이 있고, 어떤 전략하에 가능했는지는 지금까지 살펴본 바와 같다. 그런데 각 단계별로 목표가 조금씩 높아졌음에도 불구하고, 여기에는 한 가지 결정적인 공통점이 있다. 모두 글로벌 시장에서 통용되고 있는 상품 개념과 기술을 가져오거나(도입기술), 이해하고 개선하거나(체화기술), 스스로의 힘으로 선진국 기술 수준과 같은 수준 혹은 더 나은 수준을 달성하려고(자체기술) 했다는 것이다. 즉 이들의 공통점은 모두 선진국 기술이라는 기준점을 염두에 뒀다는 것이다. 다르게 표현하자면 글로벌 시장에서 확인된 개념이기는 하나 우리가 아직 해보지 않았다는 의미에서 '뉴 투 코리아New to Korea'의 패러다임이라고 할 수 있다. 이런 패러다임하에서는 일단 따라잡거나 추월해야 할 목표가 구체적으로 주어진다. 벤치마킹할 사례와 기준이 있기 때문에 수입대체 혹은 더 나은 수준으로 개발하기 위한 실행전략 역시 쉽게 도출할 수 있다. 마치 우리가 처음 오르는 산이지만, 앞서간 등반대가 남긴 희미한 발자국이 있고 설치해놓은 베이스캠프가 있기 때문에 이들을 목표 삼아 그들보다 조금 더 부지런하고 빠르게 올라가면 되는 것과 같다. 물론 참조할 기준이 있다고

해서 누구나 쉽게 추격할 수 있다는 의미는 아니다. 한국 산업기술의 발전 과정을 점철해온 도전과 전환의 역사는 이 '뉴 투 코리아'의 과정이 얼마나 힘거운 길인지 실감나게 보여준다. 그 많은 개발도상국 가운데 한국이 올랐던 자체기술의 수준에 오른 국가가 없다는 것이 가장 뚜렷한 증거이다.

선도기술은 '뉴 투 더 월드New to the World'의 패러다임에서 나온다

:

불행하게도 '뉴 투 코리아' 패러다임으로는 영원히 추격자의 신세를 벗어날 수 없다. 나중에 출발한 아킬레스가 아무리 열심히 추격해도 앞서 출발한 거북을 앞서지는 못한다는 제논의 역설에 갇히는 상황과 같다. 자체기술을 넘어선 '선도기술'은 글자 그대로 새로운 산업의 개념과 표준을 선도하면서 게임의 룰을 만들어가는 기술이다. 이 선도기술의 틀을 '뉴 투 코리아' 대비 '뉴 투 더 월드New to the World' 패러다임이라고 부를 수 있다.

과거 세 번에 걸친 큰 탈피의 과정을 거치면서 한국의 산업기술은 분명 놀라운 추격의 역사를 썼다. 그러나 그 과정에서 '뉴 투 코리아' 패러다임이라는 하나의 습관을 각인했다. 이 습관은 끊임없이 글로벌 벤치마킹 사례를 참조하면서, 검증된 경로를 따라 가장 빠르고 효율적인 방식으로 그 수준과 같거나 더 나은 수준에 도달하고자 노력하는 관성을 말한다. 이제 한국 산업은 '뉴 투 코리아'에서 아직 검증되지 않은 기술과 개념에 도전하는 '뉴 투 더 월드' 패러다임으로

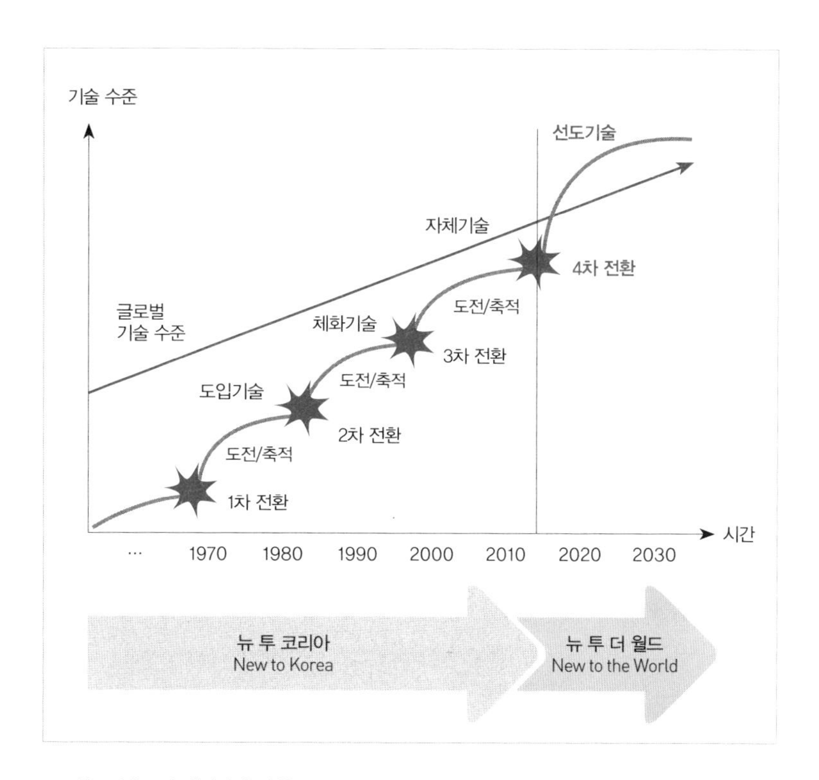

▪ — 선도기술로의 패러다임 전환

옮겨가야 한다.

'뉴 투 더 월드' 패러다임은 글로벌 수준을 기준으로 좋은(good) 혹은 더 나은(better) 기술이 아닌 다른(unique) 기술을 목표로 한다. 한국 산업은 게임의 규칙이 주어졌을 때 더 좋은 성과를 내는 기술이 아니라 아예 게임의 규칙 자체를 새롭게 쓰는 기술에 도전해야 한다. 앞선 이의 발자국이 없어 스스로 방향을 탐색하고 아무도 시도해보지 않은 곳에 베이스캠프를 설치하면서 올라가야 하는 것과 같다. 그러자면 불확실하지만 다른 아이디어, 더 도전적인 아이디어를 존중하지 않으면 안 된다. 누구도 검증하지 않은 개념에 도전하는 것이므로 필연적으로 많이, 다양하게 실험하고 그 과정에서 필연적으로 있을 수밖에 없는 시행착오를 치열하게 축적해나가야 한다. 이렇게 만들어지는 기술은 단지 더 나은 기술이나 추격의 기술이 아니라 세계를 리드하는 '선도기술'이다.

과거 패러다임의 영향에서 벗어나야 한다

:

지금 한국 산업은 전대미문의 대전환기를 맞고 있다. 이미 잠재성장률이 추세적으로 조금씩 떨어지고 있는 현상은 여러 자료를 통해 확인되고 있다. 산업현장의 기업가정신이 약화되고 있다는 우려의 목소리도 커지고 있다. 중소기업의 기술역량이 낮은 문제나 선도기술에 도전할 우수한 과학기술 인재와 현장기술자가 부족한 문제도 지속적으로 제기되고 있다. 이러는 사이 일본을 위시하여 해외기술의 견제는 날로 심해지고, 미중 무역분쟁 등 글로벌 가치사슬이 재편되면서 극도로 불확실한 산업 환경이 펼쳐지고 있다. 인공지능 기술을 대표로 한 디지털 전환digital transformation 이슈는 한국 사회 전반에 급속한 변화를 촉구하고 있기도 하다.

과거의 추격형 패러다임으로는 한계가 왔다. 쉽게 말해 상품과 기술의 국산화가 아니라 새로운 개념에 도전하는 진정한 기술선진국의 전략으로 탈바꿈해야 한다. 기술전략뿐만 아니라 규제, 교육, 금융, 문화, 정부정책 등 기술혁신에 영향을 미치는 우리 사회 각 부문의 관행을 하나하나 점검할 때다. 그래서 선도기술을 지향하는 패러다임에 부합하도록 전면적으로 전환해야 할 때다.

한국 산업기술의 미래를 향하여

한국이 전환에 성공할 수 있는 근거가 있다

:

한국의 산업과 기술은 글로벌 사회가 무시 못 할 만큼 매우 높은 고지에 올라와 있다. 다음 단계의 도전은 지금까지 수많은 사람이 축적한 성과를 인정하고 존중하는 것에서부터 출발한다. 이제 우리가 도전해야 할 '뉴 투 더 월드'의 길은 가시광선만 보다가 갑자기 자외선까지 볼 수 있게 된 사람에게 펼쳐지는 당혹감과 비슷하게 낯설기만 하다.

그러나 한국의 산업은 몇 가지 이유로 이 전환에 성공할 것이다. 첫째, 그간의 노력을 쌓아올린 산업기술의 역량이 밑받침 되어 줄 것이다. 그 어떤 나라도 갖추지 못한 든든한 제조업 기반과 인적 역량이 있고 기술개발의 경험이 쌓인 데다, 날로 넓어지는 한국의 글로벌 네트워크도 도전을 위한 큰 자산이 될 것이다. 둘째, 성공적인 전환의 경험을 갖고 있다. 앞서 우리가 겪은 세 번의 패러다임 전환 과

정도 결코 쉽지 않은 새로운 길이었다. 그럼에도 불구하고 스스로 문제를 인식해 변신을 위한 혼신의 노력을 기울였고, 결국 성공했다. 셋째, 패러다임 전환이 필요하다는 문제의식을 여러 분야에서 수년 전부터 감지하기 시작했고, 또 이미 많은 분야에서 잘 다듬어진 정책과 기업 전략을 제안해왔다. 실천 의지만 갖춘다면, 무엇을 해야 할지에 대해 고민할 필요가 없을 만큼 좋은 방안이 마련돼 있다. 넷째, 인공지능을 필두로 새로운 기술 기반이 출현했다. 이 새로운 기술 기반을 뒷받침하는 하드웨어와 인적자원 측면에서 한국은 그 어떤 선진국보다 잘 준비되어 있다. 오히려 지금이 한국에게 전통의 기술선진국을 새로운 기술 기반에서 선도할 수 있는 결정적 기회일 수 있다.

성공적 패러다임 전환의 원리는 같다

:

새로운 패러다임 전환의 시기를 맞은 지금에도 과거 한국이 겪은 성공적인 패러다임 전환의 메타원리는 그대로 적용된다. 그때와 마찬가지로 이미 많은 사람이 패러다임 전환에 공감하고 있다. 이제 공감대를 국가적 차원에서 더 깊고 넓게 형성해야 한다. 나아가 이전과 다른 선도기술을 지향하는 패러다임으로 옮겨가야 한다는 비전을 공유해야 한다. 그리고 모두가 동시에 변하기 위한 전략 구상에 머리를 맞대야 한다. 우리 산업과 기술이 사춘기를 벗어나 이미 다른 체급에 도달해 있음을 인식하고 그에 걸맞는 성숙한 질문을 던질 때다. 우리는 그런 질문을 던질 수 있는 높은 베이스캠프까지 왔다.

옛날 한 인디언 부족은 한 곳에 정착한 지 30년 정도가 지나면, 그 땅이 아무리 풍요롭고 안락하더라도 이주를 했다. 이주하는 곳은 지금까지 편안하게 있던 땅보다 척박하기 마련이고 꽤 오랫동안 불편을 감수해야 했을 것이다. 그러나 새로운 땅에서 물을 찾고 새로운 사냥감을 찾아다니면서 부족의 활기가 되살아난다. 한국의 산업도 익숙한 '뉴 투 코리아'의 안락한 패러다임에서 벗어나 '뉴 투 더 월드'의 언뜻 황망하고 낯선 패러다임으로 전환해야 할 때다. 한국 산업기술 발전사의 깊은 우물에서 길어낸 키워드인 대담한 도전과 대전환을 새기면서.

미주

2장

1. L. Kim (1997). Imitation to Innovation: The Dynamics of Korea's Technological Learning. Boston: MA, Harvard Business Review Press.

3장

1. World Bank(2019). 'World Bank Data: World Development Indicator'
2. 이 책에서 국민소득은 명목 일인당 국내총생산(GDP per capita)으로 표기하였음을 밝힘.
3. World Bank(2019). 'World Bank Data: World Development Indicator'
4. '1965년 청계천 복개 전 풍경', 국가기록원(2019.10.12)
5. '청계천의 모습', 서울관광재단(2019.10.12)
6. 강진아 외(2016). 한국현대 생활문화사 1960년대, 서울: 창비
7. '청계천의 역사: 1950년대 이후', 서울시설공단(2019.10.12)
8. '한국인의 삶의 바꾼 것들: 밥상', 문화체육관광부(2005.08.25)
9. World Bank 자료를 바탕으로 자체 작성(World Bank(2019). 'World Bank Data: World Development Indicator')
10. 통계청(2019). '모성 및 영아사망율'
11. 서상목 외(1981). 빈곤의 실태와 영세민 대책, 세종: 한국개발연구원
    정복란, 김미곤 외(1990). 생활보호제도 개선방안에 관한 연구, 세종: 한국보건사회연구원
12. 임완섭 외(2013). 2013 빈곤통계연보, 세종: 한국보건사회연구원
13. '국제신용평가사 S&P, 2019년 한국 연례협의 실시', 기획재정부(2019.3.28)
14. '우리나라의 FTA 현황', 산업통상자원부(2019.9.29)
15. 장대환(2019). 우리가 모르는 대한민국: 미라클 코리아 70년, 서울: 매일경제신문
16. '원조 받던 한국, 이제는 원조하는 나라로', 국민방송(2018.8.28)
17. 석혜원(2012). 대한민국 경제사, 서울: 미래의 창
18. 김두얼, 류상운(2014). '한국에 제공된 공적개발원조의 규모추정 및 국제비교', 경제학연구, 62(3), pp.147~187
19. '기록으로 보는 경제개발 5개년 계획: 국제원조', 국가기록원(2019.9.29)
20. 'UNKRA 관계자 구호물자 전달', 국가기록원(2019.10.12)
21. "중동·아프리카 기아 덜어줄 '우리 쌀 5만t' 군산항서 첫 출항", 세계일보(2019.5.11)
22. '올해도 중동 · 아프리카 지역에 쌀 5만t 지원', 중앙일보(2019.5.15)
23. 통계청(2019). '농림어업총조사'
24. 반성환(1984). '한국의 경제발전과 개발경제학; 한국의 경제발전과 균형발전의 문제(1)- 농공간 균형문제를 중심으로', 경제학연구, 32, pp.257~284
25. '[포스코 50년] 10. 대한민국의 모든 이목이 집중한 1970년 4월 1일 포항', 경북일보(2018.5.13)
26. 김광모(1988). 한국의 산업발전과 중화학공업화 정책, 서울: 지구문화사
27. 한국은행(2019). '경제활동별 GDP 및 GNI'
28. 한국은행(2019). '경제활동별 GDP 및 GNI'
29. 1980년대 중반을 넘어서면서 한국 산업

은 새로운 도전 과제에 직면하게 된다. 국제적으로 산업 경쟁력 확보를 위한 선진국 간 경쟁이 치열하게 전개되며, 이전까지 의존하였던 선진국들이 무작정 우리에게 기술을 내어놓지 않게 된 것이다. 또한 뒤늦게 출발한 후발 국가들이 경쟁자로 등장하기 시작해, 우리나라 제품들의 수출 경쟁력이 약화되는 징후가 나타났다. 이러한 상황에서 자체 연구개발 활동을 통한 산업기술 개발은 곧 돈이 된다는 공감대가 산업 전반에 공유되었다.

30. 통계청(2019). '총연구개발비'
31. 'Korea No. 1 worldwide in smartphone ownership, internet penetration', The Korea Herald(2018.6.24)
32. '한국, 세계 최고 '연결사회'…인터넷, 스마트폰 사용률 1위', 한국경제(2018.6.24)
33. 2010년부터 지금까지 국내 서비스업 취업자는 연평균 2.1% 증가하며, 꾸준한 증가세를 보이고 있다.
34. 한국은행(2019), '국민계정'
35. '세계 최빈국 한국은 어떻게 수출 5강이 되었나?', 조선일보(2015.11.4)
36. '소달구지가 수출품 싣던 나라가 세계 6대 수출국으로', 연합뉴스(2016.6.28)
37. 한국산업기술발전사 건설, p.250
38. '소달구지가 수출품 싣던 나라가 세계 6대 수출국으로', 연합뉴스(2016.6.28)
39. '오징어 수출1위 한국…지금은 '수출강국'', 뉴스1(2014.12.31)
40. World Bank(2019). 'World Development Indicators: Science and technology'
41. 1960년대 초기, 외제 항생제를 국산으로 대체한 것이 얼마 지나지 않은 상황에서 일반인들은 항생제를 만병통치약으로 여기고 남용하는 경향이 있어 '밀가루 항생제 사건'이라는 가짜 항생제 소동이 일어나기도 하였다.(한국산업기술발전사 바이오의료, p.59)
42. 국내 최초의 냉장고를 개발한 금성사의 임정염 공작과장은 미군부대에서 버려진 냉장고와 모터를 사용하여, 1964년 12월 시작품을 만드는 데 성공하였다. 그리고 1965년 금성사 제작의 냉장고를 국내에 첫선을 보였다.(한국산업기술발전사 전기전자, p.310)
43. '한국 최초 고유 모델, 포니를 위해', Global Auto News(2009.6.19)
44. 1960년대 중반 금성사(현 LG전자)는 GE로부터 에어컨 제조기술을 도입하였다. 기술제휴를 통해 도면과 핵심부품, 원재료까지 모두 수입하여 사용하였는데 이 과정에서 미국 도면의 단위는 모두 인치로 표현되어 있었다. 그에 따라, 각 도면마다 단위를 mm로 변환하는 수작업이 상당한 업무량이었고, 도면상 수치와 실물 크기가 상이한 경우도 허다하여, 이 과정에서 소요된 시간이 상당수였다.(한국산업기술발전사 전기전자, pp.299~300)
45. 통계청(2019). '총연구개발비'
46. 한국과학기술기획평가원(2019). '연구개발활동조사'
47. 통계청(2019). '총연구개발비'
48. 한국과학기술기획평가원(2019). '연구개발활동조사'
49. 진대제(2007). 열정을 경영하라, 서울: 김영사
50. 1995년 10월, 삼성전자는 세계 최대 크기인 22인치 TFT-LCD를 개발하여 일본 동경에서 개최된 FPD International 전시회에 전시하였다. 이에 NHK에서 중계방송을 하면서 "한국의 삼성이 샤프를 능가하는 세계 최대 LCD를 개발했다"고 하며 "D램에 이어 또 다시 일본 기업을 따라잡을지도 모르니 기술유출 방지 등 특단의 대책을 세워야 할 것"이라고까지 했다.(한국산업기술발전사 전기전자, pp.118~119)
51. 통계청(2019), '총연구개발비'
52. WIPO(2019). 'WIPO Statistics Database'
53. 'WIPO: PCT Top Tech Fields', WIPO(2019.10.13)
54. 'WIPO: PCT top 10 applicants', WIPO(2019.10.13)
55. '한국, GDP · 인구 대비 내국인 특허출원 세계 1위', 특허청(2018.12.21)
56. 한국과학기술기획평가원(2019). 2017년 한국의 과학기술논문(SCI) 발표 및 인용현황, 서울: 한국과학기술기획평가원
57. 한국연구재단(2018). 한국의 국제 학술 논문 피인용 실적, 대전: 한국연구재단
58. 한국은행(2019). '국민계정'
59. 한국전력공사(1961, 1971, 1981). '한국전력통계'

60. 한국시멘트협회(2019). '시멘트 통계연보'
61. 한국은행(1961, 1990). '경제통계연보'
62. 한국교육개발원(2019). '교육통계연보'
63. 한국과학기술기획평가원(2019). '연구개발활동조사'
64. "아이들 꿈에서도 사라진 '과학'", 매일경제(2016.5.18)
65. '한국은 세계 5위 수준의 R&D비 투자국… 국내 자체 조사로 알게 돼', 동아사이언스(2018.11.28)
66. 한국산업기술진흥협회(2019). '기업부설연구소 추이'
67. 한국산업기술진흥원(2019). '공공 기술이전·사업화 현황조사'
68. 한국산업기술진흥원(2019). '공공 기술이전·사업화 현황조사'
69. 산업통상자원부(2018). 기술이전 사업화 실태조사 보고서, 서울: 한국산업기술진흥원
70. 한국산업기술진흥원(2015). 우리나라의 산학협력 현황분석, 서울: 한국산업기술진흥원

4장

1. 한국전쟁으로 자동차 뿐 아니라 자동차 공업시설 역시 큰 피해를 입었다.(한국산업기술발전사 운송장비, p.45)
2. 한국전쟁 이전 자동식 교환기는 1만 6천 회선/석을 보유하고 있었으며, 1957년에는 2만 5,900회선/석이 되었다.(한국산업기술발전사 정보통신, p.47)
3. 한국은 1948년 북한의 전력공급 중단 조치 이후 극심한 전력난을 겪었으며, 한국전쟁 이후 지속적으로 제한송전을 시행했다.(한국산업기술발전사 에너지·자원, p.21)
4. 1945년 해방이후 삼척에 있던 북삼화학 회사만이 석회질소비료를 생산할 수 있었으나, 한국전쟁 이후 조업중단 상태가 되었다.(한국산업기술발전사 바이오·의료, p.244)
5. '광복 70년, 서울은 어떻게 변했을까? ⑥ 보건 · 의료', 서울연구원(2015.8.3)
6. 한국전쟁은 장티푸스와 발진티푸스와 같은 급성전염병 역시 유발했다.(한국산업기술발전사 바이오·의료, p.50)
7. 국내 최초의 치즈생산은 1967년 임실치즈가 시작했다.(한국산업기술발전사 섬유·식품, pp.417~418)
8. 김순임(2009). '2008 국민의 기초 문해력 조사 개요', 새국어생활, 19(2), pp.17~32
9. 1991년에는 OEM 수출비율이 41%로 줄어들었으며, 1990년대 하반기에는 자사상표에 의한 수출산업으로서의 위치를 확보했다.(한국산업기술발전사 기계, p.87)
10. 1965~1973년 한국에서 후공정만을 처리하는 기업은 외국출자 및 합병회사를 포함해 18개사였으며, 일관생산 기업은 전혀 없었다.(한국산업기술발전사 전기전자, pp.52~53)
11. 한국반도체는 삼성전자가 인수했으며, 금성반도체는 AT&T와의 합작회사를 설립했다.(한국산업기술발전사 전기전자, p.50)
12. 주대영(2004). 반도체산업의 경기변동에 따른 정부의 연구개발 정책 연구. 서울: 산업연구원
13. 주대영(2004). 반도체산업의 경기변동에 따른 정부의 연구개발 정책 연구. 서울: 산업연구원
14. 삼성전자는 2005년 부산에서 열린 아시아 태평양 경제협력체(APEC; Asia Pacific Economic Cooperation) 행사에서 4세대 이동통신기술인 와이브로를 세계 최초 시연했다.(한국산업기술발전사 정보통신, p.167)
15. 한국산업기술발전사 운송장비, p.180
16. 현대중공업은 2000년 그동안 높은 기술료를 지불하며 생산하던 MAN사의 디젤엔진을 대신하는 순수 우리 기술의 힘센(HiMSEN)엔진 H21/32를 개발했다.(한국산업기술발전사 운송장비, p.179)
17. 2004년 국내 의료기술진에 의해 처음 개발된 '마이HPV바이오칩'이 식품의약품안전청의 품목허가를 받았다.(한국산업기술발전사 바이오·의료, p.225)
18. LCD 디스플레이의 경우, 1972년 미국 웨스팅하우스(Westinghouse)의 피터 브로디(T. Peter Brody)가 최초의 능동구동 LCD를 제안했다. 1982년 일본 세이코 엡손(Seiko Epson)이 세계 최초로 흑백 1.2인치 LCD TV 시계를 개발했으며, 1988년에는

일본 샤프(Sharp)가 14인치 TFT-LCD를 개발했다. 우리나라의 경우 LG필립스LCD가 1996년 14.1인치 TFT-LCD, 삼성전자가 1997년 30인치 TFT-LCD를 세계 최초로 개발했다.(한국산업기술발전사 전기전자, p.116, pp.127~128)

19. 삼성SDI와 LG전자가 본격적으로 PDP 양산을 시작한 2001년 이후 국내 기업의 세계 PDP 시장 점유율은 빠르게 높아져 2005년에는 56.6%에 이르게 되었다.(한국산업기술발전사 전기전자, p.140)
20. 삼성SDI는 2002년 8월 PMOLED 양산 시작 이후 약 2년 반 만에 시장 점유율 44%로 세계 1위가 되었다.(한국산업기술발전사 전기전자, p.142)
21. 삼성전자는 2006년 세계 TV 시장 1위가 되었으며, 2009년에는 LG전자도 소니를 제치고 2위에 올랐다.(한국산업기술발전사 전기전자, pp.153~154)
22. 현대중공업은 1971년 영국의 애플도어(A&P Appledore)와 기술도입계약을 체결하고, 영국 스코트 리스고(Scott Lithgow)에서 종업원의 기술훈련을 진행하는 한편, 1972년 덴마크 오덴세(Odense) 조선소의 기술진을 초빙하였다. 1973년에는 일본의 가와사키중공업으로부터 건조선박 일체의 설계도면을 제공받기도 했다. 우리 조선업체들은 1986년 세계 최대의 광석운반선으로 기네스북에 등재된 베르게스탈(Berge Stahl)호, 2001년 세계 최대 컨테이너선을 건조하며 세계 조선 기술을 선도하기 시작했다.(한국산업기술발전사 운송장비, pp.156~158, p.171, p.188)
23. LG화학은 2009년 기존의 하이브리드 전기자동차용 니켈금속수소(NiHM) 전지를 대체하는 리튬이온 폴리머 전지를 세계 최초로 상용차량에 적용 및 양산하였다.(한국산업기술발전사 화학, p.465)
24. 1998년 디지털캐스트가 세계 최초의 MP3 플레이어 '엠피엠 F10'을 개발했으며, 이후 레인컴, 거원시스템 등 많은 업체가 MP3 플레이어를 출시했다.(한국산업기술발전사 전기전자, pp.202~204)
25. 오리온전기는 1990년대 후반 이후 PMOLED 시제품을 만들었다.(한국산업기술발전사 전기전자, p.130)
26. LG전자는 2013년 최신 55인치 곡면 OLED TV를 출시했다.(한국산업기술발전사 전기전자, p.283) / 사진: LG전자 Flickr
27. 1995년 LG화학기술연구원에서 국내 첫 저분자 진공증착방식 OLED 연구가 시작되었으며, 이후 LG전자, LG필립스LCD, 삼성종합기술원, 삼성SDI, 오리온전기, 네오뷰코오롱, 네스디스플레이 등에서 OLED 상용화 연구를 시도했다.(한국산업기술발전사 전기전자, p.129)
28. 2000년대 이후 삼성과 LG 등 한국 기업들이 본격적으로 OLED 생산에 나서며 OLED 기술개발 역시 한국을 중심으로 이루어지기 시작했다.(한국산업기술발전사 화학, p.484.)
29. LG전자는 2004년 20.1인치 AMOLED 제품을 개발해 발표했으며, 삼성전자는 2005년 당시 세계 최대 크기인 40인치 AMOLED TV를 개발했다. 삼성디스플레이는 2007년 세계 최초로 AMOLED 대량 생산을 시작했으며, LG전자는 2013년부터 55인치 OLED TV를 본격적으로 판매하기 시작했다.(한국산업기술발전사 전기전자, pp.162~169)
30. 현대자동차가 1991년 개발을 완료한 알파엔진은 일본 자동차회사의 엔진보다도 우수한 성능을 보여 이후 다양한 엔진개발을 가속화하는 토대가 되었다.(한국산업기술발전사 운송장비, pp.96~100)
31. LG디스플레이는 2011년 세계 최초 TV용 55인치 AMOLED 패널 개발 성공 이후 풍원정밀, LG화학과의 협력을 통해 대면적 AMOLED 양산에 성공했다.(한국산업기술발전사 전기전자, pp.157~158)
32. 프로판 탈수소화(PDH; Propane Dehydrogeneration) 공정 기술은 효성을 제외하면 세계적으로 3개 기업만 보유하고 있다.(한국산업기술발전사 화학, pp.232~235)
33. 동아ST의 시벡스트로는 1999년 슈퍼 항생제 치료제 연구개발을 착수해 2014년 미국 FDA, 2015년 유럽 EMA의 승인을 받았다.(한국산업기술발전사 바이오·의료, pp.107~108)
34. 선플라주는 1990년 SK케미칼 생명과학연구소의 연구시작 이후 1999년 시판허가를 획득했다.(한국산업기술발전사 바이오·의

료, pp.82~83)

35. LG전자는 1995년 9.5인치 노트북용 LCD를 처음 출하했으나 판매량 7,000대, 매출 15억원, 영업적자 1,100억 원이라는 부진한 실적을 거두었다.(한국산업기술발전사 전기전자, p.120)
36. 한국과학기술연구원은 1970년 불소화학연구를 시작해 30여 년간 울산화학(현 후성)과 불소화합물 개발 연구를 수행하였으며, 이를 통해 1999년 무수염화수소 회수공장 등 다수의 상용화 성과를 거두었다.(한국산업기술발전사 화학, pp.109~111)
37. 한국종합제철(현 포스코)은 1979년 이후 지속적으로 전기강판 공급을 확대했으며, 2017년에는 미래 수요 공략을 위한 최고급 전기강판 생산 공장을 준공했다.(한국산업기술발전사 전기전자, pp.505~506)
38. 1945년 해방 이후 발전된 부품산업은 자동차 산업의 발전 기반이 되었는데, 1970년대 기계, 전기전자, 제철, 화학, 섬유, 정보통신, 반도체산업 등의 기술 및 산업 발전은 자동차산업의 제품기술, 공정기술 및 경영관리기술의 발전에 밑바탕이 되었으며, 자동차산업의 발전 역시 이들 산업의 발전을 이끌었다.(한국산업기술발전사 운송장비, p.129)
39. 1987년부터 시작된 '행정전산망용 주전산기 개발사업'을 통해 1991년 슈퍼미니급 행정전산망용 주선산기인 타이컴 Ⅱ가 상용화되었으며, 1994년에는 고속 중형 컴퓨터 타이컴 Ⅲ가 출시되었다.(한국산업기술발전사 정보통신, pp.286~287)
40. 바다 Ⅰ, Ⅱ의 공동개발기업인 대우통신은 한바다 1.0, 1.5, 2.0을 통해 기술의 상용화에 성공하였으며, 삼성종합기술원과 금성소프트웨어 역시 바다를 응용한 데이터베이스 관리 시스템을 구축했다. 바다 Ⅲ, Ⅳ 역시 대신정보통신, 다센, 다림시스템, 영실시스템, 인성아이디에스, 윈베이스소프트, 거림시스템, 리얼시스텍, 내외정보통신 등에 기술이전이 되었다. 바다 Ⅴ의 경우 공동연구업체였던 한국컴퓨터통신의 제품에 요소기술로 통합되었다.(한국산업기술발전사 정보통신, pp.338~342)
41. 롯데케미칼은 한국화학연구소와 함께 초고강성 5마일 범퍼 패시아의 개발에 성공하였으며, 이후 씨에로, 티코, 프린스, 그레잇, 포터, 아벨라 등의 차종에 이를 적용하였다.(한국산업기술발전사 화학, p.276)
42. 가마우지 낚시법은 가마우지 목에 끈을 묶어 물고기를 잡아오게 한 후 삼키지 못한 물고기를 다시 뱉어내게 하는 방법을 말한다. 산업에서 가마우지 상황이란 최종재를 수출하여 얻은 이득의 상당 부분이 핵심부품소재를 공급하는 선진국으로 유출되는 상황을 의미하는 것으로, 가마우지 낚시법에 빗댄 표현이다.
43. LG화학은 과거 장판, 벽지 등을 생산하며 쌓아온 롤 코팅 공정기술과 플라스틱용 코팅 소재연구를 통해 보유한 공정 및 소재에 관한 기반기술을 이용해 표면처리 필름에 진입했다.(한국산업기술발전사 화학, pp.489~491)
44. 동우화인캠은 세계 최초로 LCD 양산라인에 적용된 구리배선 식각액을 공급했다.(한국산업기술발전사 전기전자, p.138)
45. 코오롱은 LCD 컬러필터용 오버코트 소재를 개발했으며, 동우화인캠, 동진세미켐 등 케미컬전문 기업들이 컬러 포토레지스트, 블랙매트릭스, 컬럼스페이서 등을 국산화해 공급하고 있다.(한국산업기술발전사 전기전자, p.139)
46. 1990년대 핵심부품의 경우 국산제품 사용비율이 낮았을 뿐 아니라, 적용 대상 저급용 공작기계에 한정되어 있었다.(한국산업기술발전사 기계, p.195)
47. 1980년대 NC 장치 및 NC 시스템은 대부분 일본 화낙사의 제품에 의존하고 있었으며, 1989년 NC 국산화 성공 이후에도 상대적으로 낮은 품질과 수요자들의 일본제품 선호 등으로 인해 수입의존상태가 지속되었다.(한국산업기술발전사 기계, p.191)
48. 현대의 1,400kW급 선박용 고압전동기는 냉각효율 증대, 경량화 및 원가 절감을 통해 제품의 대외경쟁력을 향상시켰다.(한국산업기술발전사 전기전자, p.509)
49. 현대는 1993년 현대중전기를 흡수·합병한 이후 고출력 선박용 고압전동기를 연속적으로 개발했다.(한국산업기술발전사 전기전자, pp.507~509)
50. 1974년 서울지하철 개통 이후 전기장치, 전동기 제어방식 등이 노선에 따라 제각각

이어서 핵심기술의 축적이 쉽지 않았다. 이를 극복하기 위해 1996년 한국철도기술연구원을 중심으로 산학연 기관들이 참여한 공동연구개발팀을 통해 지하철용 견인전동기의 국산화가 시작되었다.(한국산업기술발전사 전기전자, pp.512~513)

51. 동진화성은 1989년 G-line 포토레지스트 개발에 성공하였으며, 동우화인켐은 1991년 G-line 및 I-line 포토레지스트 양산을 본격화했다.(한국산업기술발전사 화학, p.451)
52. 2002년 이후 동진쎄미켐을 비롯한 국내 소재 업체들은 국내 반도체 업체와의 공동개발을 시작해 여러 소재를 개발하기 시작했다.(한국산업기술발전사 화학, p.455)
53. 통계청(2019). '국가별 소재부품산업별 수출·수입'
54. 삼성전자는 1991년 로터리 컴프레서 생산라인 준공을 통해 완전국산화를 달성하였으며, 1992년부터 이를 에어컨 세트에 적용해 미국 GE, 일본 샤프 등에 수출하기 시작했다.(한국산업기술발전사 전기전자, p.365)
55. 1990년대 이전까지 국내 업체들은 일본 도시바 및 가와사키 등에서 핵심부품을 수입했으나, 1990년대 이후 독일 하이드로메틱, ZF, 이탈리아 그라지아노사 등으로 수입선 다변화를 시도했다. 또한 건설기계의 주요 핵심부품인 유압시스템 관련 부품의 경우 완제품 업체 뿐 아니라 동명중공업, 광진기업 등의 업체에서 개발 및 생산을 시작하여 1990년대 중반에는 ISO 인증을 취득하는 등 기술적인 성과를 거두었다.(한국산업기술발전사 기계, p.87~88)
56. 1994년 성수대교 붕괴사고 이후 〈시설물 안전관리에 관한 특별법〉의 제정, 한국시설안전공단의 설립 등이 이루어졌으며, 교량 건전도 모니터링 및 데이터 수집 및 처리기술이 발전했다.(한국산업기술발전사 건설, p.23, p.263)
57. 한국비료는 1978년 메틸아민, 디메틸포름아마이트, 콜린클로아이드, 일산화탄소 정제 공장 건설 계획을 수립하고 총 소요 설비의 약 90%를 자체 제작 및 조달해 설비 및 장치의 내재화를 도모하였다.(한국산업기술발전사 화학, pp.190~191)
58. 한국과학기술원(KAIST)과의 공동연구 이후 한국비료는 말로네이트 사업화에 대한 자신감을 얻어 1984년 이전까지 독일, 일본, 스위스에서 전량 수입하던 디이소프로필말로네이트(DPM; Diisopropyl Malonate) 자체 생산을 시작했다.(한국산업기술발전사 화학, p.191)
59. 금성사는 1979년 기계식 VCR 개발 이후 양산하지 않고 전자식 VCR 개발에 착수해 1981년 최초의 전자식 VCR 모델인 GHV-8100의 생산을 시작했다.(한국산업기술발전사 전기전자, p.215)
60. 2000년 삼성정밀화학은 삼성전기의 BT 파우더 Lab 기술을 인수한 후 공정개선 연구를 통해 양산기술을 확보할 수 있었다.(한국산업기술발전사 화학, p.199)
61. LG전자는 LG반도체와 함께 1993년부터 디지털 TV 수신 칩셋 개발에 나서 1997년 세계 최초로 이를 개발했다.(한국산업기술발전사 전기전자, pp.269~270)
62. 금성사는 1991년 미국 제니스 사와 기술제휴를 맺은 이후 1995년에는 이 기업을 인수해 기술을 확보했다.(한국산업기술발전사 전기전자, p.117)

5장

1. Reverse Engineering은 사전적으로 역공학으로 해석한다. 그러나 현장에서는 흔히 역설계라는 단어를 쓰기도 하고, 원리를 거꾸로 파악해서 만들어본다는 의미를 강조하기 위해서 이 책에서는 역설계라고 통일해서 쓴다.
2. 한국전쟁 이후 여러 선진국의 경제원조로 도저, 덤프트럭, 그레이더, 롤러 등의 건설기계가 도입되었다.(한국산업기술발전사 기계, p.68)
3. 일제강점기 당시 설립된 철강제조설비의 10%만이 대한민국에 편입되었다.(한국산업기술발전사 소재, p.52)
4. 한국전쟁 동안 기관차 뿐 아니라 공작창(정비창)의 기계시설 역시 1,618점 중 44%가 파괴되었으며, 그 밖의 기계시설은 996점 중 66%가 파괴되었다.(한국산업기술발전사 운송장비, p.373)

5. 휴전 직후 남아있던 대부분의 길은 비포장 자갈길이었고 보수조차 제대로 되어있지 않아, 당시 복구작업은 신도로 건설보다는 기존도로 수리에 초점을 맞추었다.(한국산업기술발전사 건설, p.181)
6. 국제차량제작의 시발자동차는 1955년부터 1963년까지 약 3천 대가 생산되었다.(한국산업기술발전사 운송장비, p.48)
7. 하동환자동차는 드럼통으로 버스를 만들기 시작했으며 국제차량제작은 미국 지프차 엔진으로 시발엔진을 만든 것에 이어 미군용 지프를 불하받아 만든 재생자동차인 시발자동차를 만들었다.(한국산업기술발전사 운송장비, pp.46~47)
8. 경부고속도로를 위해 1968년까지 토공장비, 쇄석 및 암반굴착장비, 포장장비 등 1,499대를 면세 도입하였으며, 1969년 설계변경, 공사기간 변경, 장비노후화 등으로 인해 590대를 추가로 도입했다.(한국산업기술발전사 기계, pp.69~71)
9. 대한오브세트잉크는 1945년 10월 잉크 제조에 뛰어들었다.(한국산업기술발전사 화학, p.439)
10. 1960년대 당시 기업들은 정부의 허가를 얻어야만 계면활성제를 수입할 수 있었으며, 이에 따라 열악한 환경 속에서도 국산화에 나섰다.(한국산업기술발전사 화학, p.509)
11. 1960년대 초반 대규모 화학 시설은 울산정유공장과 충주비료공장이 전부였다.(한국산업기술발전사 화학, p.4)
12. 1965년 충주비료공장은 국내 기술진의 단독 조업을 통해 초과생산 및 장기 무휴운전을 이루었으며, 기술연구를 통해 제조 경비 절감에 성공했다.(한국산업기술발전사 화학, p.165)
13. 한영공업은 7년간의 시행착오 끝에 154kV 초고압 변압기 개발을 완료했다.(한국산업기술발전사 전기전자, p.434)
14. 금성사는 1979년 기계식 VCR 제품인 GHV-7900을 개발했으며, 삼성은 1979년 세계 네 번째로 VTR 개발에 성공했다.(한국산업기술발전사 전기전자, pp.214~215)
15. 대한석유공사는 나프타 분해공장(NCC)과 BTX 공장 건설을 각각 미국 켈로그(Kellog)와 일본 JGC와의 계약을 통해 준공했다. 카프로락탐의 경우 한국카프로락탐이 스태미카본(Stamicarbon)과의 기술도입 계약을 체결해 공장이 준공되었으며, 합성고무는 삼양타이어와 일본 미쓰이의 합작회사인 한국합성고무가 담당하였다.(한국산업기술발전사 화학, pp.213~216)
16. 고리 1호기 원자력발전소는 1971년 미국 웨스팅하우스가 본격적으로 착공하였으며 1978년 상업운전을 시작했다. 월성 1호기는 캐나다 원자력공사와의 계약을 통해 1977년 착공되었으며 1983년 준공되어 상업운전이 시행되었다. 반면 고리 3, 4호기, 영광 1, 2호기, 울진 1, 2호기는 미국 벡텔, 프랑스 프라마톰 사 등과의 기술협력 계약을 통해 한국전력공사가 기본설계, 현대건설이 시공, 두산중공업, 효성중공업 등이 기자재를 담당하는 등 사업자 주도 분할발주 방식을 도입했다.(한국산업기술발전사 에너지 · 자원, pp.314~318)
17. 포항제철소 1기 공사 당시에는 설비 및 기자재의 국산화율이 12.5%였으며, 국산 제품 역시 일반 강재, 소형 구조물 등에 한정되어 있었으나, 이후 4기 건설에는 수배전설비, 원료처리설비 등의 플랜트 설비를 국산화하는 데 성공하여 41.5%까지 국산화율을 높였다.(한국산업기술발전사 소재, p.56)
18. 현대중공업은 1971년 울산조선소 건설과 함께 그리스 리바노스 사로부터 2척의 26만 톤급 초대형 유조선을 수주했으며, 1973년 일본 저팬라인으로부터 23만 톤급 선박 4척, 저팬라인과 가와자키 기선으로부터 26만 톤급 선박 4척을 수주했다.(한국산업기술발전사 운송장비, pp.152~153)
19. 1980년대 말 무선전화기 시장은 나우정밀, Maxon, 삼성, 금성사, 현대, 대우 등 제조업체들간의 치열한 경쟁이 이루어졌다.(한국산업기술발전사 정보통신, pp.121~122)
20. 1961년 준공된 충주비료공장과 1964년 완공된 울산정유공장에서 경험을 쌓은 기술인력은 울산석유화학단지 조성에 주축이 되었다.(한국산업기술발전사 화학, pp.211~216)
21. 미국 RCA는 1946년 흑백 TV를 양산했고, 일본에서는 1968년 RCA 방식에 맞서 독자기술로 고화질의 컬러 TV를 출시했다. 우리나라의 경우 1966년 금성사가 흑백 19인치 TV를 처음으로 생산했다.(한국산업기술

발전사 전기전자, pp.115~117)
22. 삼성전자는 1998년 세계 처음으로 디지털 TV의 비디오 및 오디오 관련 핵심 기능을 모두 지원하는 칩셋을 개발해 1억 9천만 달러 규모의 수입대체 효과와 함께 비메모리 반도체 진입 발판을 마련했다.(한국산업기술발전사 전기전자, p.271)
23. 조선내화와 삼화화성은 1970년대 중반 포항에 공장을 건설하고 제철용 내화물을 생산했으며, 동국제강은 계열회사인 창원요업을 설립해 자체 내화물 공급체계를 갖추었다.(한국산업기술발전사 소재, p.210)
24. 삼성전자는 1983년 준공된 수원 공장을 통해 1,500만 달러의 수입대체 효과와 함께 미국에 마그네트론 10만 개(185만 달러) 상당의 수출을 하기도 했다.(한국산업기술발전사 전기전자, p.403~404)
25. 삼성전자는 1977년 미국 AMI와의 기술도입계약 이후 1979년 세계 최초 극소형 마그네트론 개발에 성공하여 해외 유명 규격 인증기관의 시험에 합격해 그 성능을 인정받았지만 제조기술 부족으로 인해 본격적인 생산에는 도달하지 못했다.(한국산업기술발전사 전기전자, p.404)
26. 한국전자재료는 1995년 전자레인지용 마그네트론 부품 생산을 시작해 2015년 세라믹 메탈라이징, 몰리브덴, 토륨 텅스텐와이어 등 마그네트론 핵심부품을 모두 개발했다.(한국산업기술발전사 전기전자, p.405)
27. 한국은 1980년대 초 TDX 개발 성공으로 교환기 및 네트워크 기술을 확보하였으며, 부족했던 무선접속기술은 퀄컴 사와의 협력으로 극복했다.(한국산업기술발전사 정보통신, pp.138~142)
28. 유럽 ABB사는 전 세계에서 가장 우수한 소형 양팔로봇 유미(Yumi)를 확보하였으며, 일본 아스카와는 2009년부터 양팔을 적용한 서비스로봇 및 산업용 로봇을 개발했다. 미국 아마존은 2012년 인수한 키바(Kiva) 로봇을 통해 물류 자동화 시스템을 구축했으며, 중국 알리바바 역시 AI 물류로봇 시스템을 구축했다.(한국산업기술발전사 기계, pp.369~370)
29. 과학기술정책연구소(1997). 연구개발사례 분석. pp.389~433
30. LG화학은 최근 TV의 고급화, 대형화에 맞추어 눈부심 방지 효과를 높인 필름을 개발하였으며, TV용 표면처리 시장에서 세계 2위의 점유율을 보이고 있다.(한국산업기술발전사 화학, p.491)
31. LG화학은 편광판의 고사양화를 주도하고 있으며 전 세계 LED TV용 편광판 시장을 일본 니토덴코 사와 양분하고 있다.(한국산업기술발전사 화학, pp.489~491)
32. LG생명과학은 12년의 개발과정을 거쳐 2001년부터 글로벌 제약 시장에 진출하였으며, 2003년 미국 FDA의 정식 승인을 받았다.(한국산업기술발전사 바이오·의료, pp.97~98)
33. SK는 2003년 본격적으로 SMB 공정 상업생산을 시작했으며, 이를 통해 공정 기술의 국산화뿐만 아니라 신규 사업 창출에 성공하였다.(한국산업기술발전사 화학, pp.241~242)
34. 제일모직은 삼성전자의 기술을 이전한 미국의 Global Foundries에 스핀온카본을 공급하고 있다.(한국산업기술발전사 화학, p.455)
35. 영창화학은 2008년 계면활성제 기술을 응용해 포토레지스트 패턴의 쓰러짐을 방지하는 린스액을 개발했으며 이후 불화크립톤(KrF) 포토레지스트 및 스핀온카본 등을 개발해 하이닉스에 공급하고 있다.(한국산업기술발전사 화학, pp.455~456)
36. 동우화인켐과 동진쎄미켐의 주도로 시작된 KrF 및 ArF 포토레지스트 희석액 개발은 삼성전자 등 국내 반도체 제조회사들과 공동으로 이루어졌으며, 현재 국내 희석액 시장 중 KrF 희석액의 70%를 동진쎄미켐이, ArF 희석액은 동우화인켐과 동진쎄미켐이 100% 공급중이다.(한국산업기술발전사 화학, p.456)
37. 삼성전자는 기술개발 주기가 계속 단축되는 상황 속에서 단기간에 기술을 확보하기 위해 차세대 제품과 차차세대 제품을 동시 개발하는 전략을 폈다.(한국산업기술발전사 전기전자, pp.90~91)
38. 푸른기술은 2015년 국내 최초 7축용 수직관절형 로봇 'PRM7'을 개발했다.(한국산업기술발전사 기계, p.356)
39. 로보스타는 1999년 창업 이후 직교로봇, 수평 과널형 로봇, 소형 수직관절형 로봇

등과 로봇 시스템을 자체 개발해 대기업 뿐 아니라 중소기업에 공급하고 있으며, 2016년 말에는 한국기계연구원과의 공동개발을 통해 국내 최초로 양팔로봇을 개발했다.(한국산업기술발전사 기계, pp.354~355)

40. CJ제일제당은 2011년 필리핀에 코코넛 쉘에서 자일로스를 생산하는 공장을 세웠다.(한국산업기술발전사 섬유·식품, p.464)
41. 삼성전자는 2011년 본격적인 3차원 낸드(VNAND) 양산을 시작했다.(한국산업기술발전사 전기전자, p.84)
42. 삼성전자는 2008년 개발 시작 이후 3차원 낸드의 기술 검증에만 2년을 소요한 후 2011년 본격 개발, 2013년 양산 제품 공개를 통해 3차원 메모리 시대를 알렸으며 경쟁사 제품에 비해 약 12개월의 기술격차를 가진 선행 제품을 보유하게 되었다.(한국산업기술발전사 전기전자, pp.84~85, pp.98~99)

6장

1. 본격적인 반도체 연구는 1973년 미국 GE사에서 근무하던 김만진 박사가 귀국하여 한국과학기술연구원(KIST)의 반도체장치연구실장을 맡으면서부터이다. 김만진 박사는 미국에서 반도체 연구에 필요한 중고장비를 들여와 6명의 연구원과 함께 작은 연구실에서 TV용 반도체를 개발했다.(한국산업기술발전사 전기전자, pp.53~54)
2. 한국과학기술연구소는 1966년 설립되었으나 건물의 준공은 1969년이었다.(한국산업기술발전사 건설, p.109)
3. 성광전자는 일본 기업으로부터 기술제휴를 거부당한 뒤 한국기계연구원와 함께 1998년 불소수지 코팅 알루미늄판 자체개발에 성공하였다,(한국산업기술발전사 전기전자, pp.405~407)
4. 우리나라 전자교환기 개발의 역사는 1972년부터 시작되었다. 당시 청와대는 대통령이 지방을 순시할 때 어디로든 즉시 연락할 수 있는 이동통신망을 구성해 사용하였다. 그런데 공중통신망이 아닌 독자망의 EMD 교환기에 무선통신망을 연결해 운용하였기 때문에 성능이 좋지 않은 데다 통화가 이루어지지 않는 지역이 많았다. 따라서 통신망 개선 필요성을 느낀 청와대 경호실은 프로젝트를 한국과학기술연구원(KIST)에 맡겼다.(한국산업기술발전사 정보통신, pp.48~50, p.64)
5. 시스템 집적반도체 기반기술 개발사업은 과학기술부와 산업자원부가 공동으로 맡아 반도체연구조합의 주도하에 대기업, 중소기업, 대학, 공공연구소가 연계된 연구컨소시엄 형태의 연구개발이 추진될 수 있도록 했다.(한국산업기술발전사 전기전자, pp.79~81)
6. 1997년 항공우주연구원과 두산중공업 삼성테크윈 등은 5년이 넘는 연구개발 끝에 소형 열병합 발전용 가스터빈을 개발했다.('[그때 그 기술 어떻게 됐나] 소형 열병합 발전용 가스터빈', 동아일보(2005.05.12))
7. 2019년 두산중공업은 270MW급 발전용 가스터빈 기술개발을 완료했으며, 2023년 상용화가 완료될 경우 세계에서 5번째로 가스터빈 제작기술을 확보하게 된다.('두산중, 발전용 가스터빈 국산화', 내일신문(2019.09.19))
8. 1986년 개발계획이 확정된 TDX-10은 개념구조,개발방법, 설계, 제작 등의 전 과정이 국내 기술로 이루어져 개발되었으며, 1991년 시내전화국 6개국과 시외전화국 2개국에 최초로 개통되었다.(한국산업기술발전사 정보통신, p.50)
9. LG전자는 1996년 세계 최초 CDMA 상용단말기 LDP-200을 출시하였다.(한국산업기술발전사 정보통신, pp.206~207)
10. 2005년 시작된 5MW급 소형 열병합발전용 가스터빈 개발사업에는 1990년대 소형 산업용 가스터빈 개발 사업에 참여한 인력들이 적극 활용되었다. 2013년 공고된 대형 고효율 발전용 가스터빈 개발사업 역시 1990년대 가스터빈 개발사업에 참여했던 삼성테크윈과 2000년대 이후 지속적으로 가스터빈 관련 사업을 추진해온 두산중공업 등이 참여하였다.(한국산업기술발전사 기계, pp.265~292)
11. 한국전기통신연구소는 금성반도체통신, 대우통신, 동양전자통신, 삼성반도체통신 등 4개 업체를 TDX-1 연구개발 참여업체로 선정하여 기술전수 계약을 체결하였다.(한국산업기술발전사 정보통신, p.66)
12. 대림 H&L은 2003년 한국화학연구원에

서 개발된 폴리이미드 관련 기술을 이전받아 상업화했다.(한국산업기술발전사 소재, pp.303~304)
13. 1982년 독자적으로 부설 기술연구소 설립이 어려운 부품기업들이 연합해 설립된 연구조합들은 특성연구개발사업을 통해 정부 출연금을 지원받아 연구개발을 이어나갔다.(한국산업기술발전사 운송장비, pp.79~80)
14. '초고집적 반도체기술 공동개발사업'은 한국전자통신연구소와 함께 삼성반도체통신, 금성반도체, 현대전자가 결성한 한국반도체연구조합이 공동개발 주체로 참여하여 이루어졌다.(한국산업기술발전사 전기전자, pp.62~73)
15. 1990년 설립된 한국디스플레이연구조합에는 삼성전관, 금성사, 삼성코닝, 현대전자, 금성마이크로닉스, 오리온전기, 한국전기초자 등 40개사가 회원사로 참여하였다.(한국산업기술발전사 전기전자, pp.120~121)
16. 태평양화학공업사의 화장품 연구실은 1950년대 후반 염색약 'ABC 흑발', 파마약 'ABC 파마약' 등의 출시의 시작점이 되었다.(한국산업기술발전사 화학, pp.407~409)
17. 현대자동차는 1986년 남양기술연구소를 설립해 지금까지 이어오고 있다.(한국산업기술발전사 운송장비, pp108~109)
18. 한화토탈이 개발한 PP 촉매는 선진 기업 제품 대비 촉매 활성이 높아 글로벌 시장에서 인기를 끌고 있다.(한국산업기술발전사 화학, pp287~288)
19. 교육부(1965, 2018). '교육통계연보'
20. 1966년 서울대학교 공과대학에 자동차공학 전공이 설치되면서 전문자동차 인력을 양성하게 되었다. 이때는 미군 차량정비기술지침서 TM과 운전지침서 OM을 이용하였다.(한국산업기술발전사 운송장비, p.62)
21. 문교부(1965). '교육통계연보'
22. 교육부(1971, 1981). '교육통계연보'

7장

1. 문교부(1965). '교육통계연보'
2. '넓어지는 취직의 문', 경향신문(1968.1.24)
3. 교통고등학교설치령 제3조, 제6조
4. 한국나이롱, 동양나이론, 미진화학 등은 초기에 켐텍스, 인벤타, 짐머 등 미국이나 유럽의 엔지니어링 회사에서 기술을 도입했고, 이후 일본 화섬제조사의 기술도 도입하였다.(한국산업기술발전사 소재, pp.334~335)
5. 한국전쟁 이후 미국정부의 지원으로 서울대학교와 미네소타대학교 간 재건협약이 체결되었는데, 이를 미네소타 프로젝트라 한다.(한국산업기술발전사 기계, pp.123~124)
6. 강기동 박사는 1974년 12월 미국에서 귀국해 한국반도체를 설립했다.(한국산업기술발전사 전기전자, p.54)
7. 삼성전자는 1974년 한국반도체를 인수하며 반도체 사업을 시작한 후 1980년대부터 해외 시장으로 진출했으며, 금성반도체는 메모리기술 획득을 위해 미국 실리콘밸리에 현지법인을 설치했다. 현대전자산업 역시 1983년 설립 이후 미국 실리콘밸리에 현지법인 HEA(Hyundai Electronics America)를 설립해 해외기술을 도입했다.(한국산업기술발전사 전기전자, pp.56~57)
8. '기계전자화공대로 특성화 문교부', 매일경제(1976.9.24)
9. '부산, 경북, 전남, 충남 4개 특성화대학 선정', 매일경제(1977.4.4)
10. '[열려라 공부+] 국내외 탄탄한 산학협력으로 취업률 · 유지취업률 고공비행', 중앙일보(2019.07.24)
11. '고급기능인 양성의 새활로 기능대신설과 공고확충계획을 살펴본다', 동아일보(1977.6.6)
12. '기업 우수인재 고교서도 찾는다', 세계일보(2011.8.8)
13. '고대 내년부터 인턴십제 첫 실시. 재학생 업체파견 실습학점 인정', 동아일보(1991.7.3)
14. 문교부(1983). '교육통계연보'
15. 교육부(2018). '교육통계연보'; 문교부(1980). '교육통계연보'; 교육부(1997). '교육통계연보'; 교육통계연보의 연도별 박사학위 배출은 연보 발행년도 1년 전 3월부터 당해 2월까지의 취득 인원으로 집계한다.
16. 1988년 서울대학교 치과대학 김영수 연구팀은 틀니의 단점을 극복한 의치지대장치를 개발했다.(한국산업기술발전사 바이

오·의료, p.213)

17. 1993년 서울대학교 의과대학 의용공학과 민병구 교수와 흉부외과 노준량 교수팀이 개발한 좌심실 보조장치는 심장수술 전후 심장출량이 충분치 않을 때 혈액을 인공적으로 방출하는 장치이다.(한국산업기술발전사 바이오·의료, p.214)
18. 카이젬 1호기는 화낙사의 산업용 로봇을 참고하여 만들어졌으나, 주요 부품 및 소프트웨어를 직접 설계하여 개발하였다는 점에서 국내 최초로 독자 개발한 로봇이라 할 수 있다.(한국산업기술발전사 바이오·의료, pp.330~334)
19. 한국과학기술원 전자공학과 변중남 교수, 기계공학과 곽병만 교수, 조형석 교수 및 대학원생 박영제 등 3명이 1980년 개발한 카이젬 1호기는 국내 로봇 연구의 시초가 되었다.(한국산업기술발전사 기계, pp.330~331, p.334)
20. 통계청(2019). '연구개발주체별 연구개발비 사용현황'
21. 한국과학기술원법, 제1조 .
22. 상공부는 표준선형 설계사업을 통해 화물선 15종, 유조선 6종, 객선 11종, 어선 24종, 자항부선 3종, 경비정 1종, FRP선 6종에 대한 표준선형을 설계하고 계획조선사업을 통해 이를 양산할 것을 목표로 하였다.(한국산업기술발전사 운송장비, pp.150~151)
23. 충주비료주식회사(1968). '충비십년사'; '산업인맥 (50) 주조업 〈7〉 동양맥주 [하]', 매일경제(1973.6.21); '산업인액 〈80〉 제분업 (완) 현황', 매일경제(1973.10.11)
24. '샐러리맨 뒤늦은 학점따기 열풍', 매일경제(1992.11.19)
25. 1980년대 들어 최신 염색가공설비 도입을 위해 'ITMA 국제섬유기계 전시회'에 국내 산업시찰단이 파견되기 시작했으며, 외국 기술연구소와의 제휴, 기술세미나 개최 등을 통해 선진 염색가공기술 습득에 노력했다.(한국산업기술발전사 섬유·식품, p.322)
26. 박현철은 1982년 서울북공업고등학교 재학 중 방과 후 8비트 컴퓨터로 한글 워드프로세서 1.0판을 만들었다.(한국산업기술발전사 정보통신, p.354)
27. 이찬진은 1989년 서울대학교 기계공학과 재학 중 컴퓨터연구회에서 만난 김택진, 김형집, 우원식 등과 함께 한글 0.9판을 만들어 상용판을 출시했다.(한국산업기술발전사 정보통신, pp.355~356)
28. 김영렬은 1995년 최초의 한글 검색엔진 코시크(korseek.com)를 만들었으며, 김성훈은 1996년 국내 최초로 검색 에이전트를 이용한 핵심단어 기반 검색엔진 까치네(kachi.com)을 개발했다. 박민우는 1996년 와카노(wakano.com)를 만든 것에 이어 1999년 시스템통합 전문업체 라스21과 함께 해외시장을 노린 검색엔진을 새로이 개발했다. 승현석은 국내 최초의 메타검색 엔진 미스다찾니(mochanni.com)를 2000년 만들었다.(한국산업기술발전사 정보통신, pp.378~379)

8장

1. 새나라자동차는 일본 닛산과 시설차관 및 기술제휴 계약을 체결하여 설립되었으며, 신진자동차는 1960년대 들어 차체 제작에서 벗어나 마이크로버스 생산을 시작했다.(한국산업기술발전사 운송장비, pp.52~59)
2. 현대자동차의 포니는 미쓰비시 랜서의 플랫폼 베이스에 국산화율을 90%까지 높인 최초의 국산 고유모델 자동차이다.(한국산업기술발전사 운송장비 p.68)
3. 피아트-124는 아시아자동차, 포드-20M은 현대자동차에서 각각 OEM 생산했다.(한국산업기술발전사 운송장비, pp.57~58)
4. 충주비료공장은 1955년 착공해 1958년 준공 예정이었으나 미국 MacGraw Hydro-carbon과의 계약 문제로 인해 1961년에야 준공할 수 있었다.(한국산업기술발전사 화학, p.164)
5. 충주비료공장의 건설은 미국의 MacGraw Hydrocarbon이 담당했다.(한국산업기술발전사 화학, pp.163~164)
6. 금성통신은 1964년 독일 지멘스사와 기술제휴를 체결하였다.(한국산업기술발전사 정보통신, p.54)
7. 1977년에 KIST-500 과제는 종결되었으며, 그 결과가 삼성GTE에 기술이전 되어 상품명 '센티넬'(Sentinel)로 상용화되었다. 센티넬의 첫 모형은 삼성전자 수원공장에, 두 번

째 모형은 Bank of America에 판매되었다. 이어 호텔신라, 강원도청, 시티뱅크 등에 약 300여 대가 판매되었다.(한국산업기술발전사 정보통신, p.292)

8. 1962년 이래 서독과 미국에서 도입된 710만 달러 외자를 바탕으로 한영공업이 미국 웨스팅하우스와 변압기 기술도입 계약을 체결하는 등 6개의 전기기기 생산업체가 미국, 일본 등의 대기업과 기술계약을 체결하였다.(한국산업기술발전사 전기전자, p.433)
9. 세종 1호는 당시 청와대 핫라인용 특수 교환기 KIT-CCSS용 소프트웨어를 실행할 수 있는 미니컴퓨터를 제작하는 것을 목표로 했다.(한국산업기술발전사 정보통신, p.293)
10. 1970년 삼양타이어는 일본 미츠이물산과 합작하여 한국합성고무공업을 설립하였으며, 이후 일본합성고무의 제조기술을 도입해 울산에 SBR 공장을 건설하였다.(한국산업기술발전사 화학, pp.348~349)
11. 한국중공업은 1985년 1월 미국 GE와 증기터빈을 비롯한 주요 발전설비 제작기술 전수를 위한 '기술지원에 관한 계약'(TAA; Technical Assistance Agreement)을 체결하였고, 1986년 국내 기술진들이 GE에서 증기터빈 설계절차 및 방법과 관련이론 교육을 받게 되었다.(한국산업기술발전사 기계, pp.246~247)
12. 포항제철소 1기 건설 당시 건설 및 조업을 지원하기 위해 최대 300명의 일본 기술자들이 내한했으며, 포항제철의 기술자가 일본의 여러 제철소에 장기 연수를 받기도 했다.(한국산업기술발전사 소재, p.51)
13. 포스코는 초창기 일본으로부터 많은 기술을 습득했다.(한국산업기술발전사 소재, p.54)
14. 대동공업은 1971년에 미국 포드사와 기술제휴하여 수랭식 디젤 46PS 트렉터를 생산하기 시작하였고, 1976년에는 일본의 구보다사와 기술제휴하여 수랭식 디젤 22PS를 생산하였다. 동양물산은 1975년 독일의 K.H.D. 사와 기술제휴하여 공랭식 디젤 46PS 트랙터를 생산하였고, 1979년에는 일본 이세키(井關) 농기를 수입하고 1980년부터 기술제휴하여 생산을 시작하였다. 국제종합기계는 1978년 일본의 동양사로부터 수랭식 22PS 트랙터를 수입하고 1980년부터 기술제휴 생산하였으며, 한국중공업(현 LS엠트론)은 1979년에 이탈리아 피아트(Fiat)사와 기술제휴하여 수랭식 28PS과 50PS 트랙터를 공급하였다.(한국산업기술발전사 기계, p.137)
15. 현대중공업의 대형 유조선 건조사업은 스코트리스고 설계도면의 한계를 도크(dock) 건조기술을 가진 오덴세의 기술자들이 보완하고, 숙련노동을 전제로 하는 유럽 조선소의 생산기술의 문제를 가와사키의 생산설계기술의 도입을 통해 보완하는 형태로 진행될 예정이었다.(한국산업기술발전사 운송장비, pp.156~159)
16. 삼성은 선진국에 비해 10년 이상 뒤쳐진 반도체기술을 극복하기 위해 1983년 미국 실리콘밸리에 Samsung Semiconductor & Telecommunications International Inc.를 설립했다.(한국산업기술발전사 전기전자, pp.87~88)
17. 럭키는 1984년 초 미국 캘리포니아 에머리빌에 위치한 미국의 바이오벤처 회사 중 하나인 Chiron Corporation과 공동연구 협약을 체결했다. 동시에 현지 연구소 내에 Lucky Biotech Corporation(LBC)이라는 현지 연구법인을 설치하여 유전공학기술을 이용한 재조합 단백질 연구개발을 본격적으로 시작했다. LBC는 미국에서 조중명 박사(현 크리스털지노믹스 회장)를 소장으로 영입했고 국내 연구소의 연구원을 파견하여 연구를 시작했다.(한국산업기술발전사 바이오·의료, p.141)
18. 기아자동차는 1989년 미국 디트로이트에 신기술개발 기술연구소를 설립했으며, 1991년에는 LA에 디지털스튜디오를 설립했다. 대우자동차는 1991년 영국의 IAD를 인수했으며, 1992년 독일에 저먼테크니컬센터를 설립해 기술 및 신제품 개발의 중심을 해외에 두게 되었다. 1994년에는 기아자동차가 일본연구소를 설립해 주요 부품, 차세대 자동차, 신소재 등을 연구했다.(한국산업기술발전사 운송장비, pp.106~109)
19. 1960년대 이후 한국정부는 원료의약품에 대한 수입 제한과 동일 품목의 제조를 금지하는 등의 조치를 취한 결과 1980년대 중반부터 원료의약품 국내 제조가 점차 늘어났다.(한국산업기술발전사 바이오·의료,

pp.74~75)

20. 미국과 일본은 1985년 반도체에 한해 상호 무관세 조치를 시행했으며, 미·일반도체무역협정을 체결했다.(한국산업기술발전사 전기전자, pp.62~63)
21. EC는 한국에 선가 개선을 위한 선가 모니터링 실시, 시장분배 조정 등을 요구했으며, 미국 역시 미국조선공업협회의 제소 이후 여러 번의 무역 협상을 진행했다.(한국산업기술발전사 운송장비, p.166)
22. LG화학이 후발주자로 뛰어들며 시장 점유율을 높여 나가자, 시장을 선점하고 있던 미쓰이화학과 다우케미컬은 2009년 LG화학에 각각 특허 침해금지 소송을 제기하였다.(한국산업기술발전사 화학, p.302)
23. 효성은 3년간의 연구개발 끝에 1992년 국내 최초로 765kV 초고압 변압기 개발에 성공했다.(한국산업기술발전사 전기전자, p.441)
24. 기술제휴 문제로 애를 먹던 현대와 효성은 154kV, 345kV 변압기를 생산하면서 터득한 노하우를 바탕으로 초고압 변압기를 독자 개발하는 쪽으로 방향을 전환했다.(한국산업기술발전사 전기전자, pp.440~442)

9장

1. '위기에 선 면방직공업 구매력 감퇴가 탈', 경향신문(1954.4.6)
2. 통계청 (2019). '주요 품목별 소비자물가 상승률'
3. '완전 가동률은 35%에 불과', 경향신문(1958.8.7)
4. 1963년 삼공공작소는 미국에 삽 36만 개를 수출했으며, 1964년 대동공업은 베트남에 발동기를 수출했다.(한국산업기술발전사 기계, p.132)
5. 1967년 한국비료가 울산에 세계 최대 규모의 단일요소비료 공장을 세웠으며, 조선비료 공장, 경기화학공업, 풍농비료공업 역시 요소화성비료 공장 및 용성인비 공장을 준공하였다.(한국산업기술발전사 화학, p.162)
6. 1950년대 전후 피해복구에 주력하던 면방적 회사들은 1960년대 수출기반시설 확충을 위해 시설의 증설을 활발하게 시작했다.(한국산업기술발전사 섬유·식품, pp.75~76)
7. 1962년 정부는 황산암모늄을 포함한 28종의 비료에 대한 규격을 고시하였다.(한국산업기술발전사 화학, p.162)
8. 삼성전자는 1977년 국내 최초의 컬러 TV인 SW-C3761을 출시했다.(한국산업기술발전사 전기전자, pp.245) / 사진(삼성 뉴스룸 https://news.samsung.com/kr)
9. 삼성전자는 1975년부터 컬러 TV 자체개발에 착수해 1976년 국내에서 첫 번째 컬러 TV 시제품을 시작한 후 1977년부터 본격적으로 생산해 미국, 일본, 파나마 등에 수출했다. 금성사는 1976년 설계 및 기술훈련용 TV 시제품을 개발했으며 이를 토대로 1977년 미주 수출용인 19인치 컬러 TV를 개발해 미국과 중남미에 수출했다.(한국산업기술발전사 전기전자, pp.244~245)
10. 1990년 국내 유일의 액정 리모컨을 채용한 대형 에어컨이 개발되었으며, 마이컴을 내장한 커스텀 에어컨도 이해 등장했다. 1991년에는 온·습도 센서와 인공지능 기능을 갖춘 제품이 등장했고, 1992년에는 절전 인버터를 채용해 전기료를 절약할 수 있는 에어컨이 출시되었다.(한국산업기술발전사 전기전자, p.364)
11. 1980년대 후반 당시 국내 제약업계는 상위 20여개 업체를 제외하고는 대부분이 중소영세 제조 기업이었던 상황에서 물질특허 도입 및 수입자유화로 인해 신약개발을 시도하는 비즈니스 모델로 전환이 필요하게 되었다.(한국산업기술발전사 바이오·의료, p.76)
12. 삼미종합특수강은 1980년 한국 업체 최초로 독일 TUV로부터 품질인증을 획득했으며, 1986년 스테인리스 강봉, 1988년 냉간압연 스테인리스 강판 및 강대, 1990년 스테인리스 강관, 1991년 탄소강, 합금강, 공구강, 스테인리스강 등에 대한 JIS마크를 차례로 획득했다.(한국산업기술발전사 소재, pp.94~95)
13. 삼성건설과 극동건설의 컨소시엄은 말레이시아 페트로나스 타워 건축을 시공했으며, 쌍용건설은 72층 규모의 싱가포르 래플즈시티를 건설했다.(한국산업기술발전사 건설, p.144)
14. '삼성건설 수주 세계 최고 빌딩', 매일경제

(1994.3.31)

15. '신화창조의 비밀 (30) 현대의 바벨탑, 마천루에의 도전- 세계 최고층 페트로나스 타워', KBS(2004.6.18)
16. LG칼텍스는 2003년 오만 국영정유회사 공장 위탁 운영 계약을 수주했으며, 에쓰오일은 2013년 사우디아라비아 아람코와 프랑스 토탈의 합작회사인 Satorp의 공정 시운전을 지원했다. SK이노베이션은 가나 토르(TOR)사의 공정 시운전 용역을 통해 세계 유수의 업체들과 경쟁하여 기술력을 입증해 프로젝트 수주에 성공했다.(한국산업기술발전사 에너지·자원, p.87)
17. 기아자동차의 세피아는 1996년 인도네시아 국민차 생산을 위한 티모르 프로젝트의 기본 모델로 채택되었다.(한국산업기술발전사 운송장비, pp.94~95)
18. 현대자동차는 중형 쎄타엔진을 미쓰비시 자동차에 기술로열티를 받고 기술을 이전할 만큼 기술적 우수성을 인정받았다.(한국산업기술발전사 운송장비, p.117)
19. '현대重, 사우디에 유조선 설계기술 수출', 매일경제(2019.9.17)
20. 삼남석유화학은 자체 개발한 저온산화반응에 의한 TPA 제조기술을 원래의 기술도입 기업에 역수출했다.(한국산업기술발전사 화학, p.210)
21. 동진쎄미켐은 TFT-LCD용 반사형 컬러 레지스트 등 다양한 감광재의 국산화에 성공한 이후 2002년부터 대만 및 중국의 디스플레이 업체들에 수출했으며, 2003년부터는 일본에 휴대폰 액정 감광재를 수출하게 되었다.(한국산업기술발전사 화학, p.494)
22. 1992년 당시 대중 수출 증가율 96.0%는 총수출 증가율 57.0%를 크게 앞선 수치였다. 합성수지 제조업의 수출 중 중국 비중은 1989년 23.6%에서 1996년 48.1%로 크게 늘어났다.(한국산업기술발전사 화학, pp.48~49)
23. 1998년 공작기계 전문업체는 대리기계의 부도를 시작으로 한 해 22개 업체가 부도 또는 사업포기로 문을 닫았다.(한국산업기술발전사 기계, pp.193~195)
24. 국내 자동차산업 등의 호조, 중국 특수, 세계 경제의 호황 등으로 2005년 한국 공작기계산업의 생산액은 3조 5,959억 원, 수출액 11억 5,701만 달러를 기록해 각각 사상 최고치를 달성했다.(한국산업기술발전사 기계, pp.200~201)
25. 2000년에는 금융경색, 2001년에는 9·11테러 등으로 이한 부정적 영향으로 수출이 부진했으나 2002년 월드컵 특수, 신차개발 등의 호재로 수출이 증가세로 전환했다.(한국산업기술발전사 기계, p.202)
26. 당시 현대양행의 초기 보일러 제작기술은 매우 초보적인 수준이었으나 ASME의 품질 인증 심사에 도전했다.(한국산업기술발전사 기계, pp.244~245)
27. 롯데케미칼이 개발한 자동차 연료탱크용 플라스틱은 충격강도, 가솔린 투과도, 기계적 강도 등 대부분 물성이 선진국 제품과 동등한 수준이었으며, 장기 내구성의 경우 선진국 수준을 뛰어넘었다.(한국산업기술발전사 소재, p.306, 한국산업기술발전사 화학, pp.276~277)
28. 1958협정은 유럽 내 통일된 자동차 안전기준의 필요성에 따라 1958년 3월 제네바에서 제정되었다.(한국산업기술발전사 운송장비, p.85)
29. 한국전기연구원의 시험설비 및 역량이 높은 평가를 받고 있었음에도 불구하고 STL 정회원 자격을 얻기 전까지는 시험 결과를 인정받지 못하는 상황이었다.(한국산업기술발전사 전기전자, pp.469~470)
30. 2002년 당시에는 OLED에 비해 유기 EL이라는 명칭이 세계적으로 통용되고 있었다.(한국산업기술발전사 전기전자, p.143)
31. 초대 OLED 국제표준화분과위원장은 한국의 이창희 교수가 맡았으며, 일본이 주장하는 OELD(Organic electro-luminescent display)에 대응한 OLED를 국제표준용어로 정하게 되었다.(한국산업기술발전사 전기전자, p.143)
32. 보건사회부는 1977년 KGMP를 내규로 고시하고, 1981년까지 업계가 자율적으로 실시한 후 법제화하는 목표를 세웠다.(한국산업기술발전사 바이오·의료, pp.60~61)
33. 1984년부터 본격적으로 도입된 KGMP 제도는 제약기업들의 자동화 생산설비 투자를 유도했으며, 의무가입 기한이었던 1994년까지 총 130개 기업이 지정되었다.(한국산업기술발전사 바이오·의료, p.83)

34. 1990년대 초까지만 해도 체계화된 건조 공법이 없었던 이중선체 유조선이었지만 대우조선은 2척을 한 도크에서 동시에 건조하는 기록을 세웠으며 이렇게 건조된 샴 시리즈 선박은 이후세계 3대 해운지(Maritimereport, Naval Architects, Marine Log)로부터 그 성능의 우수성을 인정받았다.(한국산업기술발전사 운송장비, p.172)
35. 2010~2013년 신규 건조 선박 1,643척의 1조 616억 원 규모의 평형수처리설비 계약을 수주했고, 2014년에는 한 해에만 926척, 3,809억 원 규모의 선박 건조 계약을 수주했다.(한국산업기술발전사 운송장비, pp.180~181)
36. 후성은 한국과학기술연구원과 협력해 불소화합물의 기초 원료인 불산 제조기술을 개발했으며, SK머티리얼즈와 효성은 반도체 및 디스플레이 공정에서 사용되는 불소계 특수가스 제조방법을 자체 개발했다.(한국산업기술발전사 화학, pp.112~114)
37. 대우조선은 310만 DWT급 극초대형 유조선을 건조해 1993년 인도했다.(한국산업기술발전사 운송장비, p.171)
38. 정부에서는 2007년 IE2 고효율 전동기를 의무사용 규정을 수립했으며, 2016년 이후 IE3 고효율전동기의 의무사용을 이어나가고 있다.(한국산업기술발전사 전기전자, pp.513~514)
39. 삼성전자는 애플과의 신제품 협의 중 애플에서 와이드 화면이 필요하다는 이야기를 들은 후 1개월도 안되어 세계 최초의 15.2인치 와이드 TFT-LCD 샘플을 확보했다.(한국산업기술발전사 전기전자, p.136)
40. 다우(Dow), 시카(Sika) 등의 해외 기업들이 한국 시장에 진출함에 따라 국내 기업들은 해외 기업들과의 경쟁에서 살아남기 위해 기술개발에 나섰으며, 이는 접착제 분야의 산업기술 발전을 이끌었다.(한국산업기술발전사 화학, p.528)
41. 한국의 주요한 줄기세포치료제 연구 회사로는 파미셀, 메디포스트, 안트로젠, 코아스템, 네이처셀 등이 있다.(한국산업기술발전사 바이오·의료, p.123)
42. 암치료제로서 면역세포치료제 허가를 승인받은 국내 4개 기업은 이노셀(간암세포치료제 이뮨셀LC), 이노메디시스(폐암치료제 이노락), 엔케이바이오(악성림프종 치료제 앤케이이엠주), 크레아젠(신장암치료제 크레아박스알씨씨주)이다.(한국산업기술발전사 바이오·의료, p.186)
43. 두산중공업은 기술 확보 및 경쟁력 제고를 위해 글로벌 M&A를 적극 활용했다.(한국산업기술발전사 기계, pp.253~254)
44. OCI는 2009년 제2공장 완공을 통해 세계 2위의 폴리실리콘 업체로 부상했으나 2017년 일본 도쿠야마의 말레이시아 공장을 인수하는 등 계속해서 총생산능력 확보를 위한 노력에 나섰다.(한국산업기술발전사 에너지·자원, pp.377~378)
45. 한화는 2012년 독일 큐셀을 인수해 한화큐셀을 출범시켰다.('한화, 독일 태양광 업체 큐셀 인수, 세계 3위 도약', 중앙일보(2012.10.30))
46. 한화큐셀은 2010년 중국 Solarfun사, 2013년 독일 Q-Cell을 인수했다.(한국산업기술발전사 에너지·자원, p.9, pp.416~417)

10장

1. 대왕제지의 김창규 회장은 1960년대 드라이어 자체 설계 시 설계, 철판 가공, 주물 작업 등 제작의 전 과정에 직접 참여했다.(한국산업기술발전사 화학, p.122)
2. 현대조선의 정주영 회장은 1971년 혼자서 유럽을 돌며 차관을 받기 위해 노력했다.(한국산업기술발전사 운송장비, p.149)
3. '정주영 회장, 500원 지폐 '거북선' 보여주며 차관 유치', 동아일보(2015.09.07)
4. 미원의 임대홍 회장은 글루탐산 나트륨(MSG)뿐 아니라 라이신, 로이신 및 핵산계 조미료의 발효에도 기여하였다. 제일제당은 1970년대 중반 사업전략을 바꿔 2세대 조미료인 핵산조미료(다시다)를 출시해 미원과의 경쟁에서 승리했다.(한국산업기술발전사 바이오·의료, p.286. 한국산업기술발전사 섬유·식품, p.406, p.414)
5. 1977년 미원은 '복합미원', 제일제당은 '아이미'라는 핵산조미료 제품을 각각 출시했다.('조미료판매전 본격', 매일경제(1977.12.08)
6. 1994년 삼성전자는 무게 199g의 휴대폰

SH-770을 출시했는데, 산이 많은 한국 지형에 맞춰 통화성공률을 높여 모토로라 휴대폰과 경쟁하였다. 1995년 LG전자는 최경량(178g), 초소형(길이 14cm) 및 진동, 핸즈프리 등의 기능을 포함하고 영하 30도에서 영상 60도 사이의 온도변화에도 균일하게 통화품질이 유지되는 GC-800을 출시했다.(한국산업기술발전사 정보통신, pp.199~203)

7. 현대중공업과 대우조선은 일본 조선소와의 경쟁을 위해 컨소시엄을 구성해 양사 설계의 단점을 보완하고 장점을 살리는 기술협력을 수행했다.(한국산업기술발전사 운송장비, pp.170~171)
8. 2006년 한국기계연구원이 주관기관으로 연구를 시작한 '고효율 친환경 가정용 콘덴싱 가스보일러 개발' 과제는 린나이, 경동나비엔, 귀뚜라미, 롯데기공, 대성셀틱, 대우가스보일러 등 당시 가스보일러를 생산하던 6개 기업 모두가 공동개발에 참여했다.(한국산업기술발전사 기계, pp.305~307)
9. 1983년 일본 미쓰비시 연구소의 보고서에서는 기술력의 부족, 회사 규모의 한계, 좁은 내수시장, 빈약한 전후방 산업, 사회간접자본의 부족 등의 이유를 들며 한국 반도체사업의 실패를 예상하였다.(한국산업기술발전사 전기전자, p.57)
10. "[창간37주년: 특별인터뷰 I] '반도체 克日 주역' 김광호 초대 한국반도체산업협회장 '기술독립, 기초기술부터'", 전자신문(2019.09.17)
11. 현대양행 정인영 회장은 1964년 현대양행 설립 후 발전설비 국산화에 대한 열정으로 설비투자와 해외기술협력 기반구축에 나섰다. 1970년대 국내 산업이 일천했음에도 불구하고 발전용 보일러, 증기터빈 국산화 이후 가스터빈 국산화에까지 도전하고자 했다.(한국산업기술발전사 기계, p.243)
12. 세포탁심과 세프트리악손은 약효가 우수하지만 이를 생산하기 위해서는 고난도 합성기술이 필요했음에도 불구하고 한미약품은 한국과학기술연구원과 공동으로 세포탁심 개발에 착수했다.(한국산업기술발전사 바이오·의료, pp.79~80)
13. 삼성전자의 12.1인치 TFT-LCD는 당시 IBM, 도시바, 컴팩(Compaq), 델(Dell) 등 노트북 기업들의 수요에 맞아 떨어져 큰 성공을 거두었으며, 이후 개발한 14.1인치 역시 적극적인 홍보를 통해 1998년에 샤프를 제치고 TFT-LCD 업계 1위가 되었다.(한국산업기술발전사 전기전자, pp.122~123)
14. 삼성전자가 1995년 2조 7,192억 원에 이르는 막대한 흑자를 기록할 수 있었던 요인은 16M D램 양산 라인을 200mm 대형 웨이퍼 라인으로 건설했기 때문이다.(한국산업기술발전사 전기전자, p.94)
15. 건설기계 주요 핵심부품인 유압시스템 관련 부품은 건설기계 완제품 업체뿐만 아니라 동명중공업, 광진기업 등의 업체에서 개발 및 생산이 시작되었다.(한국산업기술발전사 기계, p.88)
16. IPS 모드는 광시야각의 장점이 있고 터치할 때 하얗게 번지는 터치 무라(touch mura) 현상이 없지만 설계와 공정이 어렵다는 단점이 있다. LG 디스플레이는 1990년대 말 IPS 모드를 선택 한 이후 4년에 걸친 노력으로 2000년 세계 최초로 IPS LCD 대량 양산에 성공했다.(한국산업기술발전사 전기전자, p.125)
17. 효성의 조석래 회장은 자체기술 개발만이 기업의 지속적인 성장을 이끈다는 철학으로 효성섬유연구소의 연구원들에게 당시 미국, 독일, 일본만이 보유하고 있던 스판덱스 제조기술을 개발하는 과제를 주어 1990년 3명의 연구원이 연구개발을 시작했다. 1991년 첫 스판덱스 공장 건설이 시작되었으나 시운전에 돌입하자마자 여러 문제가 발생하며 1년간 설비의 문제점을 하나하나 찾아내고 개선했다. 스판덱스 독자기술 개발이 지지부진한 동안 효성 내의 반대 여론이 있었으나 조석래 회장은 연구진을 격려하고 독려하며 스판덱스 기술개발을 이어나갔다.(한국산업기술발전사 섬유·식품, pp.222~225)
18. GM코리아는 거부권을 가진 부사장이 파견되는 조건으로 설립되었으며, 현대자동차는 영국 자동차회사 BLMC의 중역 출신 턴불(George Henry Turnbull)을 부사장으로 영입했다.(한국산업기술발전사 운송장비, p.57, p.61)
19. 현대중공업은 덴마크 오덴세(Odense) 조선소의 스코(J. W. Schou) 사장을 생산책임자로 임명하고 기술진을 영입했다.(산업기

술발전사 운송장비, p.157)

20. 한국전력공사는 1980년 기술반을 발족해 GE 출신의 이중호 박사를 사장 기술고문으로 초빙하고, 이후 보일러 분야에서 영국 밥콕(Bobcock) 출신의 구재광 박사를 영입했다.(한국산업기술발전사 에너지·자원, p.231)
21. 한국비료 유경종 회장은 1961년 충주비료 공장의 암모니아과에 합류한 이후 1968년 영남화학에 합류해 성공적인 시운전과 정상 가동을 주도했다. 1977년 한국비료의 공장장이 되었으며, 1989년부터 한국비료의 사장에 올랐다.(한국산업기술발전사 화학, pp.71~72)
22. 1964년 금성사의 냉장고 개발을 이끈 임정염 공작과장은 이후 금성통신의 사장이 되었다.(한국산업기술발전사 전기전자, p.310)
23. 공학기술의 전문가였던 대우전자 배순훈 사장은 대우전자 냉장고 연구소를 통해 세계 최초 냉장고 기술들을 개발했으며 높은 매출액 신장 역시 이루었다.(한국산업기술발전사 전기전자, p.315)
24. 한미약품의 랩스커버리 연구는 당시 연구소장이던 이관순 한미약품 사장의 주도로 2003년부터 시작되었다.(한국산업기술발전사 바이오·의료, pp.177~178)
25. 삼성전자는 10~20년 이후 반도체 기술추세를 예측해 스택 방식을 채택했다.(한국산업기술발전사 전기전자, p.60)
26. 고려아연은 1996년 미국의 BRZ를 인수해 미국시장 점유율을 늘려나가는 한편 같은 해 호주에 4억 5,300만 달러를 투자해 비철금속 분야에서 최초의 해외개발사업을 시작했다.(한국산업기술발전사 소재, pp.170~171)
27. 대우중공업 중앙연구소 로봇개발팀 출신 김원경 과장은 2000년 라온테크를 설립해 반도체 및 LCD용 진공로봇 및 시스템을 개발했고, 류재완 대리는 이노스웰을 설립해 원자력용 로봇을 개발했다. 김근연 대리는 다인큐브를 설립해 로봇 교시반을 개발했으며, 현대중공업에서 로봇제어기 개발에 나선 신제호 과장은 2016년 다인큐브에 합류해 로봇제어기 및 모터 드라이브를 개발하고 있다.(한국산업기술발전사 기계, p.347)
28. 우리별 위성 개발 참여자인 한국과학기술원 인공위성센터 연구원들이 1999년 창업한 쎄트렉아이는 현재 매출액 350억 원, 종업원 수 200여 명 규모로 해외에 처음 우리 인공위성을 수출하기도 했다.(한국산업기술발전사 운송장비, p.311)
29. "'우주 올림픽' 이스라엘서 팡파르… 한국, 활발한 '우주 외교'", 국민일보(2015.10.13)
30. 한국과학기술원 학생 10여 명이 영국 Surrey 대학교에 파견되어 설계·제작된 우리별 1호는 1992년 발사에 성공했으며, 이들은 귀국 후 1993년 우리별 2호를 제작하여 발사했다. 이후 한국과학기술원 인공위성연구센터는 1995년 국내 최초로 독자설계한 우리별 3호를 발사했다.(한국산업기술발전사 운송장비, p.312)
31. 의료기기 전문제조업체인 오스테오시스는 2000년 발뒤꿈치 뼈로 골다공증을 간편하게 진단하는 SONOST-2000을 개발했는데, 이 기업의 창업자인 안영복 박사는 한국과학기술원 초음파연구실 박사 출신으로 건국대학교 전자과 교수이기도 했다.(한국산업기술발전사 바이오·의료, pp.218~219)
32. LG화학은 기존 자동차용 전지 대비 낮은 출력을 가진 배터리를 통해 전기저동차용 전지의 한계를 극복하였으며, 이를 GM Bolt에 채용해 전기자동차의 대중화 시대를 열었다는 평가를 받고 있다.(한국산업기술발전사 화학, pp.467~468)
33. 유한양행은 2018년 11월 얀센 바이오테크에 비소세포 폐암 치료제 '레이저티닙'을 기술이전했다.(김윤진(2019). "안에 없는 건, 밖에서 찾아 내 것으로" 개방형 혁신, 글로벌 강자로 만든 '명약', 동아비즈니스리뷰, 270호)
34. 네이버는 2017년 파리에 '스페이스 그린'을 개관해 창업초기기업 육성에 나섰다.(한국산업기술발전사 정보통신, p.388)
35. '한국 기업, 벤처강국 핀란드에서 창업 생태계 조성과 혁신 성장 방안 모색', 경향신문(2019.6.11)
36. '세계 2위 제약사 '머크' 수석 부사장, 한국 중소기업 사내이사 맡은 이유는', 동아일보(2017.6.12)

11장

1. 1953년 상공부는 3F 정책을 내세워 전력, 비료, 판유리, 시멘트, 철강 등을 주요 산업으로 지정하였다.(한국산업기술발전사 화학, p.161)
2. 1955년 충주비료공장이 착공되어 본격적인 비료산업이 시작되었다.(한국산업기술발전사 화학, p.162)
3. 석유배정요강에 따르면 상공부장관이 매달 직배처, 서울시장 및 도지사에 배정량을 통보한 후, 시장, 도지사 등이 배정량 범위 내 구입증을 발부하도록 했다.(한국산업기술발전사 에너지·자원, p.40)
4. 기계공업진흥법, 조선공업진흥법, 섬유공업시설에관한임시조치법(이후 섬유산업근대화촉진법으로 개정)(이상 1967년 제정), 전자공업진흥법(1969년 제정) 철강공업육성법, 석유화학공업육성법(이상 1970년 제정), 비철금속제련사업법(1971년 제정)
5. 구 기술개발촉진법 제8조의3
6. 구 공업발전법 제13조, 제14조
7. 구 기술이전촉진법(2002.7.1. 법률 제6580호로 개정되기 전의 것) 제4조~제16조
8. 기술의 이전 및 사업화 촉진에 관한 법률
9. 벤처기업육성에관한특별조치법
10. 구 대덕연구개발특구등의육성에관한특별법
11. 지역특화발전특구에대한규제특례법
12. 과학기술정보통신부(2017). 과학기술 50년사 1편 과학기술의 시대적 전개, p.43
13. 1982년 특정연구개발사업에는 한국기계연구원과 현대정공이 참여하였으며, 2006년 틸팅열차는 현대로템이 개발했다.(한국산업기술발전사 운송장비, pp.430~433)
14. 과학기술정보통신부(2017). 과학기술 50년사 1편 과학기술의 시대적 전개, p.44
15. 과학기술정보통신부(2017). 과학기술 50년사 2편 과학기술 정책과 행정의 변천, p.181
16. 과학기술정보통신부(2017). 과학기술 50년사 1편 과학기술의 시대적 전개, p.44
17. 포스코는 1990년 산업과학기술연구소 주관으로 파이넥스 공법 연구개발에 참여했다.(한국산업기술발전사 소재, p.79)
18. 'G7 프로젝트 연구추진과제 14분야 445개 선정', 매일경제(1992.5.20)
19. 2001년 국립환경연구원이 주관한 하·폐수 고도처리 기술개발사업을 통해 하수처리기술 연구에 있어서 파일럿 플랜트 개념이 도입되는 등 기술발전이 이루어졌다.(한국산업기술발전사 건설, pp.355~356)
20. 고속전철기술개발사업은 한국철도기술연구원을 중심으로 82개의 기업, 18개의 연구소, 29개의 대학에서 총 4,934명이 참여한 대형 프로젝트였다.(한국산업기술발전사 운송장비, pp.414~417)
21. 이 시기 기초 금속, 고분자 화학, 신섬유 소재 등 21개의 기술혁신센터가 설치되어 전략적인 기술개발 및 상업화를 도모했다.(한국산업기술발전사 소재, p.384)
22. KTX-산천은 2006년 KORAIL에서 발주되어 2010년 본격적으로 상업운전에 투입되었다.(한국산업기술발전사 운송장비, p.418, p.441)
23. 1980년 준공된 평택화력 1, 2호기는 최초로 국내 건설업체가 설계, 시공, 감리 및 기자재를 공급하는 방식으로 시공되었다.(한국산업기술발전사 에너지·자원, pp.223~224)
24. 1982년 현대중공업은 현대중공업 종합연구소를 설립했으며, 삼성중공업은 1996년 대덕중앙연구소에 세계 최대 규모의 상업용 예인수조를 준공해 연구개발 역량을 확대했다.(한국산업기술발전사 운송장비, pp.206~216)
25. 1994년 건조 완료된 한국 최초의 LNG 운반선 현대 유토피아호의 안전성과 성능은 세계적으로도 인정받아 우수 선박으로 선정되기도 했다.(한국산업기술발전사 운송장비, p.186)
26. 현대중공업이 건조한 12만 5천m^3급 모스형 LNG 운반선은 1994년 인도되었다.(한국산업기술발전사 운송장비, p.186)
27. 1982년 당시 국내 개인용 컴퓨터는 약 1천여 대가 판매된 것으로 추산되었으며, 이를 확대하기 위해 제1차 교육용 컴퓨터 공급계획을 통해 한국전자기술연구소의 검수하 삼성전자, 동양나이론, 삼보컴퓨터, 금성사, 한국상역이 교육용 컴퓨터를 개발하도록 했다.(한국산업기술발전사 정보통신, pp.312~314)

28. 교육용 스마트로봇 '로보샘'은 원어민 수준의 영어 교육을 통해 비용 절감 및 지역 간, 계층 간 교육 불균형 해소에 기여하고자 했다.(한국산업기술발전사 기계, p.411)
29. 환경부는 연구개발을 통해 상수도 관망진단 로봇을 개발해 전국 상수도 41㎞를 대상으로 진단을 실시해 신뢰도를 제고했다.(한국산업기술발전사 기계, p.410)
30. 한국토지주택공사와 SH공사는 공공기관공급 아파트 및 주택에 콘덴싱 보일러 설치를 의무화하고 있다.(한국산업기술발전사 기계, pp.308.); 'SH공사 신축 아파트에 콘덴싱 보일러 의무 설치', 가스신문(2017.7.23); '[서울시 미세먼지 저감대책과 과제] ① 발생원 1위는 난방·발전' 아시아투데이(2018.4.9)
31. 한국수출산업공단(1994). 한국수출산업공단 30년사
32. 울산석유화학단지는 1968년 착공되어 1972년 완공되었다.(한국산업기술발전사 소재, pp.282, 한국산업기술발전사 건설, p.92)
33. 대구섬유단지는 꾸준한 자동직기 증설에 따라 재래식 직기보다 5배 이상의 성능과 자동화를 갖춘 워터제트 직기(WJL)가 크게 늘었다.(한국산업기술발전사 섬유·식품, p.267)
34. 에틸렌, 프로필렌 등 기초유분을 생산하는 업스트림 공정은 미국 걸프사와 정부가 공동 출자한 대한석유공사 울산정유공장이, 중간원료, 합섬원료, 합성수지 등을 생산하는 다운스트림 공정은 충주비료 석유화학팀이 담당했다.(한국산업기술발전사 화학, pp.212~213)
35. 마산수출자유지역에는 1975년 기준 총 110개 공장이 조성되었다.(한국산업기술발전사 건설, pp.105~106)
36. 수출자유지역은 외국인 투자를 목적으로 해 국내 기업은 배제하였지만 국내 기업의 공동 투자 기업은 입주가 가능했다.(한국산업기술발전사 건설, p.105)
37. 자유무역지역은 2016년 말 기준 마산, 군산, 대불, 동해, 율촌, 울산, 김제 등 7개 산업단지형과 부산항, 포항항, 평택·당진항, 광양항, 인천항, 인천국제공항 등 6개의 공항 · 항만형이 지정되어 있다.(한국산업기술발전사 건설, pp.106~107)
38. 1969년 한국과학기술연구원(KIST) 준공 이후 한국과학기술정보센터, 국방과학연구소, 한국개발연구원, 한국과학원, 한국원자력연구소 등이 홍릉과 주변에 설립되었다.(한국산업기술발전사 건설, p.109)
39. '대덕특구 만형 표준과학硏, 입주 40주년 맞아', 헤럴드경제(2018.03.27)
40. "'한국판 실리콘밸리' 대덕테크노밸리 조성 완료", 세계일보(2009.11.05)
41. 1999년 대덕연구단지는 〈대덕연구단지 관리법〉을 통해 연구와 교육 뿐 아니라 생산활동이 가능한 클러스터로 변모하였으며, 2005년 〈대덕연구개발특구 등의 육성에 관한 특별법〉을 통해 산학연 혁신 클러스터화 되었다.(한국산업기술발전사 건설, p.110)
42. "'굴뚝' 구로, 지식기반산업 메카 탈바꿈", 산업일보(2009.12.24)
43. 'G밸리 개조작업 스타트…', 전자뉴스(2017.01.15)
44. 구로공단(한국수출산업공업단지)은 1966년 완공 이후 1980년대 중반까지 경공업의 수출산업화 전략을 추진하였는데, 섬유, 봉제, 조립금속업종이 구로공단 전체 수출액의 90% 이상을 차지할 정도였다. 1980년대 후반부터 발생한 국제 무역 환경의 변화, 노사분규에 따른 임금상승, 공해업종의 지방 이전 정책 등에 의해 시작된 구로공단의 침체가 1990년대 중반까지 지속됨에 따라 1997년 한국산업단지공단은 '구로수출산업단지 첨단화 계획'을 수립하게 된다.(한국산업기술발전사 건설, pp.110~111)